兼田麗子

福祉実践にかけた先駆者たち

留岡幸助と大原孫三郎

藤原書店

留岡幸助
(1864-1934)

留岡幸助

東京家庭学校

北海道家庭学校礼拝堂

北海道家庭学校

(写真所蔵・提供／社会福祉法人東京家庭学校)

大原孫三郎（1880–1943）

青年期の大原孫三郎
（所蔵・提供／財団法人大原美術館）

晩年の大原孫三郎
（所蔵・提供／財団法人大原美術館）

倉敷紡績本社工場（所蔵・提供／倉敷紡績株式会社）

倉紡中央病院（所蔵・提供／倉敷紡績株式会社）

倉敷労働科学研究所（所蔵・提供／倉敷紡績株式会社）

大原社会問題研究所（所蔵・提供／法政大学大原社会問題研究所）

大原美術館（所蔵・提供／財団法人大原美術館）

はしがき

生活スタイルや人々の意識、及び社会構造の変化によって少子高齢社会化が進んでおり、労働力、年金といった経済・福祉の問題は一般的にとても大きな不安材料となっている。より良い暮らしを求めてのニーズは多様化・増加する一方で、もはや、それらへの対応を一極集中的に国に期待すること、あるいは国をはじめとする公的機関に依存するのみの福祉政策には無理があるのではないかと考えられるようになってきた。このような状況下で、自助の精神を持ちながら、国や自治体の限界にも対応しようとする非営利団体（ＮＰＯ）や互助の活動が活発化し、クローズアップされるようになった。我々により近い存在の主体が地域を中心にしてリーダーシップを発揮していく重要性がこれまで以上に強く認識され始めている。

私は、修士課程では、フィランソロピー（社会貢献）精神を基礎に持つＮＰＯをテーマに選択して、日本のＮＰＯの現状と問題点を他国との比較も含めて整理した。そして、高齢者福祉分野のＮＰＯを事例にとり、ＮＰＯが公共分野の「下」からの担い手として発展を遂げて、人々の期待に応えていくにはどのような役割を担っていけば良いのかを考察するためにアンケート調査を行った。その結果として、私は、高齢者福祉分野におけるＮＰＯには、国や自治体、及び営利企業とは異なる役割分担の可能性が存在すること、そしてそれが期待されていることを確認した。また、ＮＰＯのみで現実問題の実際的解決にあたることは難しく、政府などの「官」とＮＰＯなどの「民」が連携していくことが重要であることも再認識した。

その後の博士課程で私は、ＮＰＯとそれに関連する現代の福祉政策を学ぶことを選択せずに、それらを見据えながら、現代社会が抱える問題の処方を歴史に求めることにした。歴史研究から出発して、民間活力溢れる市民福祉社会づくりに必要な視点を過去から洞察しようと考えたのであった。

近代国家成立以前には日本でも民間活力や果敢な行動力、創意工夫が富んでいたと言われるが、社会貢献の動きは、日本の歴史上にこれまで存在しなかった新しいことではなく、遡ること百年前の二十世紀初めにもあった。日本では、封建時代を過ぎても、個人や市民という意識は確立されず、欧米諸国の近代国家という枠組みのみを模倣した形で、中央集権国家が「上」からつくられていった。そのような、「上」からの、という動きが主たるものであった時代の制約の中で、人々のフィランソロピー精神、変革への参加意志と勇気、行動力、創意工夫の度合いはかなり大きかった。近代国家づくりが行われた頃は、現代と同様に、意識や社会構造が変化し、閉塞感や危機感の充満する変革の時代であったのである。従って、私はそのような時代に生き、フィランソロピー精神の下で、問題点を進んで改良しようとした先駆的な社会福祉実践者の思想と実際の活動を現代的意義を求めながら考察することにしたのであった。

なぜ留岡幸助と大原孫三郎か

上述したように、明治・大正期には社会貢献を行い、変革や啓蒙に従事した人物は多数存在した。社会福祉に何らかの役割を果たした人物も少なくないと思われる。しかし、私の力量から考えると、可能な限り少人数に絞って研究することが最善策と思われたため、私が考えた条件に合う人物二人に絞ってまずは研究を進めることにした。それらの人物が、本書で取り上げた留岡幸助《とめおかこうすけ》と大原孫三郎《おおはらまごさぶろう》である。私が二人を選択するにあたって、漠然と考えたキーワードは、フィランソロピー精神、民間人としてのリーダーシップ、体系的な実践、創意工夫、経済や現実に対する合理的視点、個人も重視する姿勢、私益偏重や功利主義的ではない、心・精神・道徳と学術・経済・物質・科学の両立などであった。

留岡幸助は、幕末に生まれ、明治、大正、昭和を生きた日本の社会事業の先駆者と目される実践家である。明治維新を経て急速な近代国家づくりへと向かう中でさまざまな社会的歪みが表面化してきた時代に、多様な人との交流を通じて多岐にわたる活動をした人物である。キリスト教を信仰するようになった幸助は、同志社を卒業後、活けるキリスト教で社会改良へと乗り出した。幸助の最初の本格的な社会実践の場は、教会を拠点に伝道を行った京都の丹波周辺であった。その後、幸助は、以前から心密かに目指していた監獄改良への道を一歩踏み出すことができた。幸助は北海道空知集治監の教誨師に就任し、そこで、囚人達の置かれている状況やそれまでの経歴などを見聞する機会を得たのであった。そして、国家が「上」からつくられていた時代で、なおかつ、監獄改良の分野では「官」関係の人達でも海外留学をほとんどしていなかった頃に、幸助は、一民間人として、海外における監獄状況や動向を研究するために渡米した。

明治時代という時代の制約上、惰民観や国家主義という側面も幸助は有していたが、活けるキリスト教で不遇な人たちを照らし、「施し」的な慈善事業から学術を備えた社会事業へと進める必要性をいち早く説いた。また、幸助は、民間人として信念に基づいて感化教育に携わったのみならず、内務省地方局の嘱託という「官」の立場からも社会改良を試みた。公的福祉制度としては一八七四（明治七）年に制定された恤救規則しか存在しなかった頃に幸助は、社会行政の整備も必要であるとの見解を示し、「民」と「官」との連携をいち早く図ろうともした。

大原孫三郎は、留岡幸助よりも十六年後に、地主と紡績会社の経営を兼ねる資産家に生まれ、青年期に岡山孤児院を運営していた石井十次《じゅうじ》に感化されてキリスト者となった一地方の実業家であった。大資産家の子供として生まれ、金銭で失敗を犯した大原孫三郎は、石井十次や聖書、二宮尊徳などから影響を受け、「金のある家に生まれた者はそれだけで責任が重い。……其金の使用法は必ず神の御心に叶うようにせねばならぬ。……働かないで得た金であるから尚々責任が重い。……」と改心した。(二)そして、「日本の敵は英国にあらず、……現在の如く腐敗せる宗教と而して教育と政治である。これ実に亡国の所以である。これを救うは余の責任であるから、……神より与えられたる余の仕事である。即ち余の天職なりと信ずる。……」というような使命感を抱き、(二)理想実現のために行動していった。

孫三郎は、企業内の改革や社会の改良を自分の使命として、人格向上主義にたって一生涯、その使命に向き合い、教育や学術面を中心にさまざまな支援を行った。その支援やリーダーシップは、一概に、資産家だったために可能だったとは言いきれない徹底ぶりであった。大原孫三郎は、頑固な性格などによって生前、誤解される面も多かったようであるが、留岡幸助共々、そのスケールの大きさなどに私は魅力を感ぜずにはいられない人物である。

先行研究と本書の構成について　二人を実際に考察するに際しては、留岡幸助の場合は、『留岡幸助著作集』と『留岡幸助日記』、各々五巻ずつをはじめとして幸助自身が残した文章が多かった上に、ご子息の留岡清男《きよお》氏の著作や『留岡幸助君古稀記念集』も出されているなど、多くの研究材料に恵まれた。また、同志社大学の関係者の方々も多数、留岡幸助について研究されており、井上勝也氏、小林仁美氏、滝内大三氏の論文や田中和男氏の『近代日本の福祉実践と国民統合――留岡幸助と石井十次の思想と行動』、田澤薫氏の『留岡幸助と感化教育――思想と実践』、室田保夫氏の『留岡幸助の研究』、恒益俊雄氏の『内村鑑三と留岡幸助』、村山幸輝氏の『キリスト者と福祉の心』、岡田典夫氏の『日本の伝統思想とキリスト教』、藤井常文氏の『留岡幸助の生涯――福祉の国を創った男』、高瀬善夫氏の『一路白頭ニ到ル』、及び守屋茂氏や吉田久一氏の日本の社会思想史研究書などを可能なかぎり参考にさせて頂いたつもりである。一方、大原孫三郎の場合は、孫三郎自身が書いたものは日記を除いてほとんどないと思われるため、ご子息の大原總一郎氏とお孫さんの大原謙一郎氏の論筆や『大原孫三郎伝』、『大原孫三郎父子と原澄治』という伝記類、二村一夫氏の論文、城山三郎氏の『わしの眼は十年先が見える』、竹中正夫氏の『倉敷の文化とキリスト教』、倉敷紡績の社史、及び孫三郎が設立した研究所の所史や関係者の著作、及び経営者史などを研究材料とさせて頂いた。

このようにして書きまとめた本書は、留岡幸助を扱った第Ⅰ部と大原孫三郎についての第Ⅱ部から成っている。これまでの意識や社会構造は変化を遂げ、閉塞感や危機感が充満している現代社会の処方を割り出す手がかりを得るためには、変革や危機感が同じように意識された過去において問題点を改良しようとした先駆者の思想と実際の活動を考察することが有効だと筆者は考える。

そのため、そのような考えに基づいて、現代的有意性を求めながら第Ⅰ部では留岡幸助の思想と活動を考察した。第Ⅰ部の第一章と第二章では、留岡幸助の経歴、そして、民間人として創設した感化学校での実践活動とその背後にあった思想についてまとめた。第三章では、報徳思想を手段として、幸助が内務省嘱託の地位で携わった地方改良運動の有意性の考察を試みた。第四章では、社会事業経験の集大成として幸助が創設した北海道家庭学校と新農村での実践をロバート・オウエンの実践とも比較しながらその有意性を考察した。そして、第Ⅰ部の付論として、行刑制度分野でも活動した幸助と法律関係者達との交流についても法律の門外漢ながらも簡単にまとめてみた。

次に、大原孫三郎について記した第Ⅱ部では、初めの第五章で、孫三郎の生きた時代、及び孫三郎の経歴と思想形成過程についてふれた。第六章と第七章では、孫三郎の企業内改革や研究所設立などの実際の活動について取り上げた。そして、第八章と第九章では、各々、武藤山治《むとうさんじ》、渋沢栄一を取り上げ、孫三郎と比較検討を行った。

筆者は、これら全九章プラス付論を一定の基軸でまとめる努力をしたつもりである。読者の方々に最後まで読んで頂いて、この序文の初めの方で長々と前述した私の問題意識や研究意図を少しでもご理解いただけたら幸いであると思っている。

注

(一) ダイヤモンド社編『財界人思想全集』第五巻、ダイヤモンド社、一九七〇年、二六〇頁。
(二) 同右、二六〇頁。

福祉実践にかけた先駆者たち／目　次

第Ⅱ部　大原孫三郎（一八八〇―一九四三年）

第九章　大原孫三郎と儒教的人道主義の渋沢栄一　267

福祉実践にかけた先駆者たち

留岡幸助と大原孫三郎

第Ⅰ部　留岡幸助（一八六四―一九三四年）

留岡幸助（とめおか・こうすけ）

一八六四年（元治元年三月四日）―一九三四年（昭和九年二月五日）

明治・大正・昭和初期の社会事業家。岡山県高梁出身。同志社大学卒業。京都丹波第一教会の牧師を経験後、北海道空知集治監の教誨師に就任。囚人達との面談・調査、および欧米の動向研究などにより、監獄改良よりも根本的な対策と感じ取った少年感化事業に関心を持ち、実際に研究するために明治二十七年渡米。帰国後は、同三十二年に東京巣鴨に「家庭学校」を創立し、少年の感化救済に尽力した。その一方で内務省地方局の嘱託にも就任し、全国の市町村で調査・講演を行った。また、大正三年には自己の社会事業の集大成事業として、感化部と理想農村から成る「北海道家庭学校」を設立した。

第一章　留岡幸助——社会事業を本格的に志すまで

まず最初に本章では、幸助の根本的な人間観や社会観が形成された過程を概観してみよう。近代的国家づくりが模索されていた幸助の生きた時代には、社会的発言や発信を行い、存在をアピールした人々が多かったように思われる。幸助もその一人で、「民」の立場ででも積極的に社会に参加し、改良しようとした人物であった。そのことを確認するために本章は、幸助の著作や言葉を忠実に分析することに特に力点を置きながら、米国留学後までの経験、調査、学術に基づいて幸助が最初に取り組んだ「民」の立場での実践例、巣鴨家庭学校を考察する。幸助が採用した感化教育の方法論とその背後に密接に存在した思想を明らかにし、幸助、及びその活動が現代の社会に訴えかけるもの、それらの現代的意義を模索してみることにする。

一　生い立ち

留岡幸助は、幕末の一八六四（元治元）年[一]に備中高梁（旧松山藩、現在の岡山県高梁市）で理髪業を営む吉田万吉とトメの次男として生まれ、誕生後すぐに、米穀・雑貨商を営む留岡金助と勝夫妻の養子になった。藩主の板倉勝静《かつきよ》が幕府の老中を務めていた松山藩は、保守的、かつ耶蘇嫌い（二）の土地柄で、明治時代になっても身分制などの伝統的な価値観が色濃く残っていた。幸助は、士族の子供も町人の子供も一緒に学ぶ伊藤武一郎の寺子屋に一八七二年から通い始めた（三）。ある日の帰り途、町人出身の幸助は、口論となった士族の子供に木刀でひどく撲りつけられたために、相手の手首に噛みついた。その結果、幸助の父は、その士族屋敷への出入りを差し止められ、幸助は、怒った父に激しく殴られてしまった。このとき幸助は、士族であること、町人であることの理不尽さを強く感じた。幸助が、十六歳のときにキリスト教を信仰するようになった理由もこの理不尽さに関係していた。西洋の軍団講釈と思い、何度か通ったキリスト教宣教の場（四）で幸助は、「士族の魂も町人の魂も神の前に出れば平等だ」という教えに心をとらえられ、子供の頃から悪いものだと思い込んでいた耶蘇を信じたいと熱望するようになったのであった。

二　キリスト教信者になって

家庭に金銭的な余裕がなかったため、そして、身体虚弱であったために、幸助は、十二歳で高梁小学校を終え、その後は多数の漢籍（五）を独学で読みながら、家業の手伝いをした。幸助は、高梁から一里のところにある川上郡玉村に買い出しによく行き、その度にそこの水を飲んでいた。そのため、十六歳の頃に、その地方の風土病である肺ジストマにかかってしまい、幸助は、キリスト者の医師、赤木蘇平《あかぎそへい》やドクトル・ベリーの治療を受けるようになった。やがて、幸助は、一ヶ月当たり白米一俵で赤木医師宅で生活するようになり、一八八二（明治十五）年には洗礼を受けた。父、金助は、警察署長に説得を依頼したり、腕力、拘禁策を使ったりして棄教を迫ったが、幸助はその要求には応じず、二度の家出を企てた。一度目は、京都の同志社の「同志社三十番」（六）というところに潜伏したが、すぐに連れ戻された。二度目は、留岡家の養女になっていた夏子、（七）金森通倫《つうりん》牧師、松村介石《かいせき》牧師、ドクトル・ケリー達の助けを得て、横井時雄（八）がいた今治教会に落ち着いた。幸助は、今治で伝道活動を行いながら二年間を過ごしていたが、徴兵検査のために止むなく帰郷することとなった。しかし、病後で身体が衰弱していたために徴兵検査は不合格だった。そして、その頃には、父の金助が幸助に棄教を迫ることを断念していたために、幸助は、一八八五年に二十一歳で、同志社の別科神学科邦語神学課程に入学することができた。（九）幸助は、平民主義と活きたキリスト教によってキリスト教精神を培った人材を広く世に輩出することを教育方針としていた同志社で、日本で初めて体系的な経済学を講義したラーネッド教授や京都の貧民地域にセツルメント・ハウス幼稚園を設立し、実際的な指導に当たっていたゴルドン教授達の講義を受けた。そして、一八八八年六月には、三ヶ年のコースを修了し、十人の学友と共に同志社を卒業した幸助は、丹波第一教会で約三年間定住伝道を行い、その後、金森通倫の紹介によって、北海道空知集治監の教誨師に就任した。空知集治監では典獄の大井上輝前《おおいのうえてるちか》が同志社出身の教誨師を求めており、東京にいた金森通倫に紹介を頼んでいたのであった。幸助は、既に北海道にわたっていた原胤昭《たねあき》[一〇]に次いで全国で二人目の正式採用のキリスト者教誨師となった。「私は同志社の書生時代に早くも監獄改良に志を持つようになり[一一]遂にこの一生をこの事業に献げたい決心を築いたのであった。しかもこの決意は、私を血気時代の危険から救い給いし[一二]神への御礼奉公にこれが一番適していると考えたからであった」と幸助は後に記述しているが、空知集治監への赴任の話が実際に浮上する以前から幸助は監獄改良に専心しようと決意していたのであった。

三　北海道空知集治監の教誨師

幸助が空知に赴いた一八九一（明治二十四）年当時、ロシアの東進を脅威に思っていた明治政府は、早急な北海道開拓を至上命題としていた。囚人達は、外役として道路づくりや採炭、採掘での重労働を担わされていた[一三]。囚人酷使を正当化した背景には、応報刑主義に基づく「苦役本分論」があった。一八八五年八月には、内務卿の山県有朋が「囚人が不幸にも死傷しても扶助手当を支給することは妥当ではない」という旨の訓示を各県令に出した。また、囚人による北海道開拓論に大きく寄与したと思われる伊藤博文によって、北海道三県の巡察に派遣された伊藤の秘書官、金子堅太郎は、巡察後、「囚人には非情な労役がふさわしく、必要な工事によって囚人が死亡、つまり人員が減少するということは、監獄支出が大変な今日、それも仕方がない」という内容の「北海道三県巡視復命書」を同年に出した。これを受けて北海道庁長官の岩村通俊は、翌年に「囚人が死亡しても報告する必要はなし」

とする訓令を発した。(一四)囚人に対するこのような非人道的扱いについては幸助のみならず、典獄の大井上輝前、原胤昭も改善の必要性を強く感じていた。幸助の教誨師就任後四ヶ月で樺戸本監に初代典獄として転属していった大井上の後任者、木下勝全に対し幸助は、囚人労働の改善を求めた。しかし、とりあってはもらえなかった。大井上輝前が囚人労働の反対、そして廃止を打ち出したために免職され、それら一件をめぐって北海道のキリスト者教誨師達が連袂辞職するのは、これより後、幸助が米国留学中の一八九五年のことであった。(一五)

幸助が空知集治監の教誨師に着任して一年後の一八九二年に「教誨規程」が大井上輝前の名前で呈示された。教誨の目的は、「囚徒の心性を改良感化して社会有用の良民に復帰せしむる」となっており、教誨の方法としては「総囚教誨、宗教教誨、臨房教誨、学室教誨、個人教誨」の五つが掲げられていた。幸助は、教誨を行う際には、まず最初に宗教と道義の区別を明確にしておかねばならないと考えた。まるで国教であるかのような一方的な教誨を行えば個人の自由意志を奪うことになってしまうことを幸助は憂慮したためで、宗教教誨というのは自由意志で参加できる形態にすべきだと考えたのであった。幸助は、理想的な教誨師の要件として、無欲、同情に厚い人、天真爛漫、そして在監者の事情に精通することの四つを掲げ、立ち会いの看守をおかずに監獄内の密室で、囚徒と一対一で向かい合う個人教誨を最も重視した。そして、幸助は、可能な限り対等な立場になるように配慮して臨んだ個人教誨において、囚人達の犯罪に至る動機や生い立ち、家庭事情、教育歴などを聞き取り調査し、性格などと共に事細かにメモした。そうしていく中で、囚徒達には共通性があることを幸助は認識した。家庭や境遇に恵まれなかったこと、若年齢から非行の道に入っていたこと、再犯者が多いことなどが共通していたのであった。

四　欧米事情の研究と渡米

空知集治監において幸助は、教誨師としての経験を積み、聞き取り調査を行ったのみならず、学術にも接近した。幸助は、同志社のゴルドン教授に依頼して、世界各国の行刑学者や事業家のバイブル的存在になっていたイノック・ワインズ（Enoc C. Wines）の『文明社会における刑務所と児童救済施設の状況』（*The State of Prison and Child-Saving Institutions in the Civilized World*）を米国から入手し、翻訳に取り組んだ。囚徒を救済する方法を模索していた幸助は、この著作で欧米の行刑理論の動向を研究し、不定期刑論主義の存在を知るに至った。幸助は、囚徒の更正を助長するというこの刑期のあり方に興味を抱き、不定期刑を実践していると記述されていたエルマイラ監獄のブロックウェイ典獄（Zebulon Brockway）に書簡を出した。ワインズの著作からは、また、犯罪者の処遇改善を目指す監獄改良よりも、犯罪者につながる非行少年を教育感化する方が得策であること、そして、この得策、つまり、非行少年の感化施設事業が欧米には存在することを幸助は学んだ。やがて、幸助は、志していた監獄改良やそれよりも根本的な改良と思われる少年の感化事業を自分の目で観察して学びたいと思うようになり、監獄制度を研究するために欧米各国へ遊学した者は政府関係者にも民間にもいなかった時期に、「米国は発明の多い国だから、この方面にも何かよい発明があるだろうと考え、渡米すべく決心した」[一六]。幸助は、一八九四（明治二十七）年五月に渡米し、約二年間、米国で生活した。その間、幸助は、マサチューセッツ州コンコードの州立青年感化監獄[一七]を拠点にして、日本と米国で書簡を交換していたブロックウェイ典獄のいるコネチカット州エルマイラ監獄をはじめ、米国各地の監獄や施設などを精力的に視察した[一八]。

五　監獄改良と不定期刑論

幸助が監獄改良を志した当時、犯罪者についてはイタリアのチェーザレ・ロンブローゾ（Cesare Lombroso）（一八三六―一九〇九年）が唱えた生来性犯罪人説が学界などでは注目されていた[一九]。この説によると、人には生まれつき罪を犯す素質のある人がおり、そういう人を矯正することは不可能だというのであった。このような刑事人類学理論が主流だったこともあり、幸助も当初は「或時は犯罪の原因を社会上経済問題に帰し、或時は之を教育問題に、或時は之を境遇問題に求む等一つにしてたらざるなり、吾人の考ふるところによれば犯罪なるものは単純なる一種の原因より来るものにあらずして、万種の原因之が基本をなすや明らかなり矣……余二千五百有余の罪因に接する茲《ここ》に年あり、而其が犯罪の原因一にして足らずと雖《いえども》、就中脳髄不発育より犯罪せしもの甚だ多を見るなり」と犯罪病根論に賛同する立場を示していた[二〇]。また、幸助は、「未だ充分の観察研究せしことなしと雖、恐らくは遺伝的及不正育脳髄より起こる遇犯的道義心の狂状にあらずや」と遺伝に帰因させる側面も有していた[二一]。し

ロンブローゾ（『死後の生命』内田老鶴圃より引用）

かし、ワインズの著書を基に研究を進めるに従って幸助は、犯罪人の矯正可能性を確信するようになったと思われる。前述した二つの引用文は一八九三年に幸助が書いた「犯罪病根論」の一部であるが、米国留学を経た一八九六年には、幸助は、「犯罪人とは何ぞや、此は此れ一大問題に属すと雖吾人の見る所に依れば犯罪人は畜生にあらず、悪魔にあらず、矢張り吾人々類と同一性を享有する者なり、彼が犯罪人となりたるは教育の欠乏、遺伝の余快、境遇の悪かりしが為なり、……然らば即はち絶対的に改良し能はざる囚人は実に僅少の数と謂ふべし、夫の病者の最大多数が医師の施術によりて治癒するが如く犯罪者の最大多数は監獄改良家の尽力によりて改悛し得べし、是れ吾人が罪囚改良に於ける確信と実験なり（二二）」という見解も示すようになっていたのであった。

そして、一八九四（明治二十七）年には、東京帝国大学の刑法学者、岡田朝太郎《あさたろう》（二三）の勧めで、「犯人の多数が精神上薄弱にして、然も其犯罪は病的（身体機関の不発育及欠損）に帰因するもの多しとすれば之を病人に比較するは当然のことなりとす、而して病人と比較することを得るとせば其遇囚法たるや恰《あたかも》も患者に於ける医師が其全癒を待ちて後ち退院さするが如く、罪囚自らは全然改悛するまでは予定の刑期を科すべからず、……刑期を刑法に於て前定するは原理に於て許さゞるものとす、於是乎不定刑期を宣告して放免の時期は犯人の性行を終始視察し以て適度の医薬を施し得る監獄の運転師則ち典獄に専任すべきものとす」[一四]という日本では先駆的だった不定期刑論を幸助は『監獄雑誌』に発表した。幸助にとっての論文発表は思想を基盤にしての実践の一部であり、幸助は生涯を通じて、意欲的にペンによる啓蒙活動という実践に取り組んだ。米国留学中には、内務官僚、印南於菟吉《いんなみおときち》が「応報刑主義の苦役本分論に基づいた炭坑での酷使は囚人労働に最も適したもの」と主張した「作業の性質を論じて北海炭鉱業に及ぶ」という論文を『監獄雑誌』に掲載したことに対して、幸助は、反対論を二度にわたって米国から日本へ書き送った。[一五] 監獄作業の目的は懲罰ではなく、惰弱の囚人に作業を授け、労作の習慣を養成させ、労作を愛することを習慣として囚人の心裡が道徳力となるまで力役させるものである、炭坑での作業は、感化に必要な希望を絶滅させてしまうと幸助は印南に反論したのであった。[一六]

このように、幸助は、犯罪と刑罰の度合いを一致させ、苦痛の多い仕事を囚人に与えて懲らしめるという応報刑主義ではなく、教育に重きを置く感化主義が米国では採用されていることを学び、それに賛同するようになっていったのであった。

注

（一）　後に同志社で幸助が直接・間接的に交流を持った新島襄は、幸助の生まれた元治元年の二十一歳のときに函館から渡米を企てた。元号は、翌年には、慶応に、四年後には明治となった。ちなみに、この年には、女性初の米国留学生となった津田梅子も誕生している。津田梅子の父、津田仙と幸助との間には交流があり、幸助は、津田仙が関与して創立されたキリスト教的ユートピア結社の赤心社からも農業経営を学んだ。津田仙については第七章の注（五三）を参照。

（二）松山藩主、板倉勝静の先祖、板倉重昌《しげまさ》は、島原の乱の制圧に向かい、討死にした。このため、藩内には「耶蘇は敵」という空気が充満していた。一八七三（明治六）年にキリスト教禁教高札は撤廃されたものの、高梁教会は激しい投石などの迫害を受けた。

（三）一八七二年の学制公布によって小学校が開設されたため、幸助が寺子屋に通ったのは短期間であった。

（四）このとき、二人の日本人と共に伝道に来ていた西洋人はドクトル・ケリー、二人の日本人の内、一人は金森通倫だった。日本のプロテスタントの三源流、「熊本バンド」、「横浜バンド」、「札幌バンド」の中の「熊本バンド」のメンバーだった金森は、岡山教会を創設した。ちなみに、大原孫三郎に感化を与えた石井十次は岡山で金森から洗礼を受けた。そのこと、及び岡山とキリスト教については第九章の注（四〇）でふれた。

（五）「漢学は私の住んでいた町では学ぶに頗《すこぶ》る便利な所であった。先には山田方谷先生あり、後には三島中洲《ちゅうしゅう》先生あり、大儒小儒は我が町に其処此処に居て咿唔の声は絶たなかった」と幸助が回顧したように（同志社大学人文科学研究所編『留岡幸助著作集』第四巻、同朋舎、一九八〇年、三二〇頁）、幸助の育った環境下では、松山藩の藩校、「有終館」を全国的に有名にした貢献者の一人である陽明学者、山田方谷の私塾などの影響もあって漢学は人気が高かったようである。中国・四国地方における最初の女学校、順正女学校を設立したキリスト者の福西志計子も、幼少期には隣家の山田方谷について漢学を学んだ経験を有していた。山田方谷については、山田琢『山田方谷』明徳出版社、二〇〇一年を参照。

（六）新島襄は、京都府顧問であった山本覚馬の協力を得て京都に同志社英学校を創立しようと奔走した。仏教界から強い反対を受けた京都府は、聖書を授業科目には入れないことという条件付きで設立を許可した。このため新島は、同志社に隣接する元豆腐屋の二階建て家屋を一八七六年に四十円で購入し、正規の学課に加えることのできなかったキリスト教をそのA三十番（「同志社三十番」）と名づけた教室で教えることにした。

（七）幸助との結婚を前提にして留岡家に養女に入った夏子は、注（五）で引用した福西志計子のところに手伝いに入り、順正女学校で学んだ。幸助と夏子は、幸助が同志社を卒業して丹波第一教会に赴任した際に結婚した。しかし、夏子は、家庭学校創立後間もなく病死し、幸助は約一年後に家庭学校の家母を務めていた寺尾きく子と再婚した。

（八）横井時雄は、幕末の政治思想家・儒学者の熊本藩士、横井小楠の長男で、金森通倫と同様、「熊本バンド」の一員だった。横井は、同志社で学び、今治教会の初代牧師に、そして後には同志社教授を経て同志社の社長（総長）になった。横井と徳富蘇峰、蘆花の兄弟は従兄弟同士で、幸助が今治の横井時雄のところに落ち着いた際には、徳富蘆花が食客として既に滞在していた。

（九）高梁教会から学費を得ていた幸助は、結婚することになっていた夏子も勉学を志していたため、教会からの支援金の一部を夏子に送金していた。

（一〇）出獄人保護事業に力を入れ、「免囚保護の父」と後に呼ばれるようになった原胤昭は、福島事件に連座した民権家達の錦絵を売り出したことにより、軽禁固三ヶ月で石川島監獄に入れられた。そこで、囚人達への悪待遇を自ら体験した原は、監獄改良を目指して出所後には教誨師になった。

（一一）遊廓問題や監獄問題は当時、注視されることのない二大暗黒面だったため、幸助は、キリスト教の光をもってどちらか一方を照らす事業につこうと考えていた。幸助は、偶然に同窓の友人から監獄改良の祖ともいえるジョン・ハワードについて書かれている本を借用したこともあって、監獄を改良することを堅く決心した（留岡幸助『留岡幸助　自叙／家庭学校　人間の記録』日本図書センター、一九九九年、七・八頁）。ジョン・ハワード伝については、サミュエル・スマイルズ『西国立志編』中村正直訳、講談社学術文庫、一九八一年、三一〇頁を参照。

（一二）幸助の青少年期は自由民権思想が盛んな時代であり、幸助の故郷、高梁にも関連の結社があった。幸助は、キリスト教を信仰するまでは、短気で乱暴者だったため、キリスト教に触れていなければ、政治運動に参加していたに違いない、今こうしていられるのはキリスト教のおかげであるという感謝の気持ちを持っていた。

（一三）　北海道の上川―網走間の中央道路などは囚人労働によって建設された。悪天候下の重労働によって多くの囚人達が死亡し、道路端に埋められた。盛り土ができたそれらの箇所は、囚人を繋いでおいた鎖が上に置かれたことから鎖塚と呼ばれた。小池喜孝氏によると、北見の発展に寄与した道路の突貫工事によって、三百人の囚人が死亡したということである（小池喜孝『鎖塚』現代史出版会、一九七三年、一四頁）。昭和に入って遺骨の発掘が行われ、国道開削殉難慰霊碑が建立された。

（一四）　藤井常文『留岡幸助の生涯――福祉の国を創った男』法政出版、一九九二年、七六―七頁。

（一五）　キリスト者教誨師の連袂辞職については第四章二節（二）iiで詳述した。

（一六）　留岡幸助『留岡幸助　自叙／家庭学校　人間の記録』四一・四三頁。

（一七）　スコット典獄は、訪ねて行った幸助の話を聞き、囚徒と共に終日労働しながら研究・勉学するという便宜を図ってくれた。後に幸助は、多忙で体調を崩しがちだったことと勉学をする時間がとれなかったことから、作業を半日のみにしてもらった。

（一八）　幸助は、社会問題や社会学などを十年間米国で勉強していた当時三十五歳の片山潜と新島襄ゆかりのアンドバー神学校で出会った。幸助と片山は、十日間ぐらい起居を共にし、問題意識について意見を交換し合ったりした。帰国後、セツルメント活動を開始した片山は、その頃までは幸助と交流を持っていたようだった。しかし、片山は労働運動や社会主義思想に、そして幸助は体制内改良を目指して内務省の嘱託にも就きながら慈善事業に傾斜していったこともあって交友は途絶えていった。

（一九）　ロンブローゾは、イタリアのトリノ大学の精神病学及び法医学の教授で、犯罪人の頭蓋骨を基に生物学的研究を行い、犯罪人の身体的特徴を発表した。ロンブローゾによると、「ホモ・デリンクェンス（犯罪人）」という特種な遺伝的人種は、額が大きく、眉骨や下顎が突出しているなど、原始人のような特徴を有しているということであった。東京帝国大学の牧野英一は、ロンブローゾのこの「先祖返り」という思想の背景には犯罪の進化論的意義があったと指摘している（牧野英一『刑事学の新思潮と新刑法』有斐閣、一九三五年、七三―四頁／団藤重光『死刑廃止論』有斐閣、一九九七年、二四九頁他)。また、牧野英一によると、ロンブローゾは、犯罪人論を高唱はしたが、生来性犯罪人には同情をもって対応しなければならないと考えたということであった。牧野は、「ロンブローゾの社会防衛論は、その精神において闘争主義のものでないことを考へねばならぬ。社会は適当な刑事政策的技術に因って、犯罪人を適当に処置しつつ自己の保全を完うせねばならぬとし、そこに、刑罰を越えて広く刑罰代用制度といふことを案出したのであった」と指摘している(牧野英一『法律学の課題としての神』有斐閣、一九三八年、一四八―九頁)。

(二〇) 『留岡幸助著作集』第一巻、同朋舎、一九七八年、二二三頁。

(二一) 同右、二四頁。

(二二) 同右、一五〇頁。

(二三) 幸助が空知集治監で教誨師を務めていた際に岡田朝太郎は、幌内炭坑内における囚人労働の実態調査に訪れた。岡田は、「旧北海道幌内炭坑ノ外役」と題してその観察結果を『日本刑法論(総則之部)』(岡田朝太郎、有斐閣、明治二十七・一八九四年、一九九五年の復刻版では七七四―八〇頁)に発表した。それによると、囚人外役は、囚人の身体面のみならず品行面にも悪影響を及ぼしていたことがわかる。その当時の炭坑内では、囚人と共に一般民衆も作業を行っていたため、囚人の中には喫煙や美食、飲酒を行う者もいたし、また、逃走する者もいたということである。また、身体面への影響としては、昼夜交替制による不規則な食事のために胃腸病がみられることと、及び労働環境・衛生上の問題によって呼吸器系疾患が多発していることが指摘されていた。さらにこれら内科的疾病と共に、落盤事故などによる外科的疾患も多発しており、岡田達が調査したときまでの廃疾者の総計数は二〇六人にも上っていたというのであった。尚、幸助と岡田の交流ついては付論でもふれた。

(二四) 『留岡幸助著作集』第一巻、三九頁。

(二五) 高瀬善夫『一路白頭ニ到ル』岩波新書、一九八二年、一二二頁。

(二六) 『留岡幸助著作集』第一巻、八〇―二頁。

第二章　「民」の立場での実践例——巣鴨家庭学校

一　家庭学校

（一）監獄改良よりも根本的な対策――感化教育

幸助は「近来犯罪の数漸次増発して毎年法網に触れて犯罪者となるもの、其数凡そ十七八万の多きに達せりと云ふ、民の父母を以て其責とする政府、国を愛するの志士仁人、かゝる由々敷大事を対岸の火災視して可ならんや、而犯罪者中百分比例の七十若くは七十五は再犯以上なりと云ふ、……其最大原因の一たるものは悪少年を教育する感化院(一)のなき事なり。少年者の犯罪を為すに至る、素より彼等に良家庭なく、良教育なきを以てなり……然るを犯罪したる少年を捕へて此を悪漢化し、難き罪囚の群たる監獄に繋ぐは、我国刑法の一大汚点なりとす、……罪の頑然成りたるを改良するは難く、此を其初期に於て防遏するは易し、此れ感化事業の今日に必要なる所以なり」と説明して「感化院設立の急務(二)」を唱えた。幸助は、英国では人口千人につき二人という割合の犯罪者数が、二十年後にはその割合が一人弱に減少したことを引き合いに出し、英国の犯罪者減少の理由は多々ある可能性を認めながらも、「重因は犯罪を未成に防ぐ感化事業の整備にあり」と断定した。さらには、「少年を繋獄《けいごく》するは啻《ただ》に少年者を悪化するの虞《おそれ》あるのみならず、其感化の難しくて失費の多き、之を感化事業と比較して甚だしき大差あるを見る。……感化院を建築するの経費と少年者を教養する費用とは、之を犯罪者に関する一切の失費額と比較するに極めて少額なるは言を俟たず」と経済的側面からも感化院を幸助は高く評価した（三）。

約二年間の米国留学から戻った幸助は、元大審院院長の三好退蔵《たいぞう》達と共に感化院設立に向けて活動を開始した（四）。しかし、幸助と三好の構想は実現されなかった。日本の社会一般におけるキリスト教のイメージを考えると、キリスト教主義を外部に表明しない方が得策であるという三好の意見に幸助は同意することができなかったのであった。

このように、幸助の感化院設立構想は一度は失敗した。しかし、幸助は、当時牧師を務めていた霊南坂教会の信者達の支援を得て、自らの理論の実践場となる感化院を一八九九（明治三十二）年に巣鴨に創設することができた。偉大な大教育家と目するペスタロッチの「学校即家庭、家庭即学校」という主義に感銘を受けていた幸助は、「学校内に家庭の分子を成るべく多く入れ、また家庭内に学校の分子を成るべく多く入れ、……」という趣旨の下、この感化院を家庭学校と名づけた（五）。後に幸助は、感化院や孤児院という名称に反対する運動を展開していったのであるが（六）、それは、「感化院は言はゞ悪しき少年の在る所、若くは監獄の支店なるが如き観念殆ど直覚的に人の頭脳に響くものにて悪人は自ら其の罪悪たるを自覚すれども、尚ほ汝は悪人なりと言はるゝに至っては感情を害せざるもの殆ど稀なり。余が監獄教誨に従事したる経験に懲するも、心中犯罪者を以て罪人なりと思惟《しい》しつゝ教誨せし時は其意言外に現はれ、教誨の功を奏すること難かりき。……一見直ちに不良少年収容所たるを知らしむるが如き名称、即ち感化院等の名を以てするは、教育の原則に反したるものと謂はざる可らず」というように経験上からも考えてのことであった（七）。

(二)「教育は引き出すもの」――三位一体実物教育

幸助が「感化院は、刑事政策の上より論ずれば犯罪を未然に防ぐもの、之れを教育上より見れば特別の施設を以て子弟を教化する所なり(八)」との認識に立って創立した家庭学校の十八条から成る概則によると、入校者は「八歳ヨリ十六歳ニ至ル少年」で、目的は「官庁ノ説諭ニ依リ又ハ一私人ノ勧誘又ハ父兄ノ嘱託ヲ以テ送リ来リタル不良少年ヲ父兄ニ代リテ教養スルニアリ」となっていた。幸助は、「父兄ニ代リテ」ということを体現するためにも、「人の子なるが故に我が子と思うて教育すればきっと普通の者にはなりうる資質を有していることを信ずる(九)」ようにと教師達にアドバイスした。

幸助は「大教育家ペスタロッチ」と題した論文の中で「教育は外部から強いられるものではない、内部から起こり来るべきものである。教育とは教師が生徒の持たないものを与へると言ふことでない、既に其中に有して居るものを、引き出すのである、……神が生まれつきの人間に与へたものを引き出すことである」というペスタロッチ(一〇)の言説を紹介している。そして、ペスタロッチを高く評価した幸助自らも、「教師と書籍より来る教育は其一部にして全き教育にあらず、教育に於て大切なることは観察することと、考究することなり、……凡そ外部より装飾するものは時世の推移と共に徐々に破滅す、然れども内部より発生したるものは永遠に損せん、教育とは付焼刃にてせらるべきものにあらず、外部よりの啓蒙と共に内部より発達せざるべからず」と考えた(一一)。子供は見習うものであるから、口頭で教えるのではなく、まず手本を実践してみせることだというペスタロッチの実物教育主義を幸助は強調した。

では、家庭学校では具体的にどのような感化の方法が用いられたのだろうか。家庭学校は三位一体の教育方針を採用した。知育、徳育、体育を唱えたスペンサー(一二)や体育・知育・実学の三位一体教育を導入していた感化主義の先駆的施設、米国のエルマイラ感化監獄を家庭学校は見習ったのであった。家庭学校における三位一体教育の一つの柱は、健全な精神のベースとなる健全な身体を得るための体育の重視と徹底した入浴指導であった。(一三)二つ目の柱は、普通教育、三つ目の柱は、一般社会復帰後の生活手段を具備するためのさまざまな実業訓練に基づいた実業教育であった。このような教育を宗教の愛を基盤にした家庭的な雰囲気の下で施して境遇を改善すれば、「他日必ず国家や民人の為に相応の働きをなしうる人物となることができる」との信念を幸助は持っていたのであった。(一四)

(三)家庭的情味——家族制度

幸助は、「第一、教育上大切なことは家庭である。家庭の大切なことは云ふ迄もない。次に大切なことは学校と社会である。……故に教育上尤も考へを要すべきことは境遇といふことである。境遇が人間の上に及ぼす勢力の大なることは真に驚くべきものがある」(一五)というように、境遇を重視した。さらに、「人の子を教育する最も適当の場所は、地球の上に於ては何所であらうか。ヲックスフオルド大学であるか、ハーバードか、エールか、乃至《ないし》伯林《ベルリン》大学であるか。……けれども人間をよくする基本は家庭にある」(一六)という文言からもわかるように、幸助は境遇の中でも家庭を最も重視した。空知集治監時代に囚人に対して行った聞き取り調査も与って、幸助は、社会からの逸脱には家庭や境遇が大きく関係していると考えるようになった。幸助が出会った囚人の多くは、元々は非行少年であったし、また不幸な家庭や境遇に育っていたのであった。

そこで、「感化教育に於て最も緊要なるは劈頭《へきとう》第一に不良少年の境遇を転換するにあり。境遇の転換とは不良なる家庭に成長しつゝある者を、道徳的分子多く、而かも愛情温かなる家庭に移（一七）」すという実践を開始した幸助は、あたかも家族のごとく生活する家族制度――ファミリーシステム――を家庭学校に取り入れた。このシステムは、フランスでド・メッツがつくったメット・ライ農業感化院などでは既に採用されていたが、一校舎に暮らす一家族の人数が、十五人以内という小規模なところは家庭学校の他には存在しなかった。家族制度の下では、教師夫婦が父親役と母親役を担い、男性教師が家族長として一家を監督し、女性教師が主婦としてその補佐を行った。さらに、主婦を助ける補助主婦もおり、家族的生活を送る中で皆が寝食を共にした。一家族内には学課用の教場も、食堂も備わっており、家長の男性教師は、一家内の規律を掌《つかさど》るのみならず、午前中は生徒を教育し、午後は共に労働に勤しんだ。また、非行少年には社会性が備わっていないことが多いため、共同生活と助け合い精神を体得させるために、家事も分担させられた。しかし、家事のための時間枠が特別に設けられていたわけではなく、学課や作業の合間にこなすことになっていた。「我国の教育には情味が足らない。この情味が足らぬといふことは各方面に色々な悪結果を生む。殊に著しいのは即ち不良少年少女の増加である」と考えた幸助は、「故にこの欠陥を補はん為には、……学校の生徒をして出来る丈け家庭的情味に接触せしめ、そして此等生徒の徳育は家庭に於て両親が活きた模範を示すことに依りて成し遂げらるゝのである。家庭的情味は恰も軟かき草木に対する温室のやうなものである」（一八）と持論を展開した。これらの文言からは、幸助が家庭に内包されている情味をいかに重視したかをうかがい知ることができる。

また、幸助は、親の役割を重んじた。「一体学校へさへ遣れば子供が良くなるものと思っているのが大変な誤りである。学校も教師も子供の教育上に全能力を有ったものではない。実をいふと、子供の徳育は家庭が八分で学校が二分である。……徳育のことまでも教師がしてくれるものと極め込むのは何んという量見違ひであらう。斯ういふ親の許に育って居る子供がどうも能くならんのは寧ろ当然のことである」と幸助は考えたのであった。（一九）

さらに、「児童教養の一事に関しては無学なる慈母すらも学識ある教師に優る万々なり。況《いわん》や教養ある慈母に於てをや。家庭に於ける慈母の位置や重しと謂ふべし」というペスタロッチの言説を幸助は紹介し（二〇）、家庭の主婦、ひいては「間接直接に人情を知らしめ、義理を教へ、家族の温かなる愛により て成長したる者と等しき心情を養成せしめん」（二一）と図っていた家庭学校においては、家母の役割を特に重視したのであった。

（四）勤勉――労作業

幸助は、慈善については「単に慈善を施与と考へたるこそ大誤謬なれ、慈善を施与と解釈して実行する結果や怠惰を奨励し、乞食を繁殖せしめ、到る処遊惰の民を造らずんば止まず、……慈善を単に施与と解釈するものは慈善は金銭を以て為さるべしと思ふなれども、此れ甚だしき了見違と云ざる可らず、……近時最も進歩したる道義学者の説によれば慈善は単に施与にあらずして労作なり教育なりと云へり、……近世に於る慈善は、金銭を与ふるよりも物品を与へ物品を与ふるよりも職業を与へ、職業と共に忠告、教訓、同情を与へて彼れ被保護者を教育するなり」との見解を有していた。[二二]かわいそうだ、気の毒だという気持ちから施すだけの拙劣な方法の慈善は、惰民助長という恐ろしい結果をもたらしかねないと幸助は考えていたのであった。また、幸助は、被救護者化する原因は一様ではないとした上で、その中でも代表的な三原因を掲げた。それらの内の一つ目は、勤勉を嫌忌して怠惰に日を送ったため、二つ目は、各種の事情によって業務を失ったため、三つ目は、病弱ゆえに労作することが不可能となったため、というものであった。事情はあるのだろうが、言わば、「彼等は惰民であるが故に救済を受けねばならぬような境界に陥ったのである」と幸助は断言していた。[二三]

その一方で幸助は、労作することを教えることが真の救済であり、慈善事業の真の生命、そして究極の目的であると主張した。幸助の言葉をもって表現すれば、「慈善の最極度は勤労の習慣を養成せしめて独立せしむること」[二四]なのであった。このような見解をベースにしていた幸助は、「インダストリーのなき教育は無益である。……勤労は人の心を高尚ならしむる唯一の方法である」というペスタロッチの主張と「どの様に考へても、邪念や情欲を抑止することは出来ぬ。併し勤労を始めたならば、之を抑制する事が出来る。労働は驕傲をたつのみならず、不善を断つものである」というトルストイの言説との共通性を示しながら勤労の重要性を指摘した[二五]。

家庭学校では、学校概則に「毎週午前ハ学業ヲ授ケ午後ハ労働ニ就カシムヘシ」と定められていたように、生徒達は、午後になると袴から作業衣に着替えて、専門家の指導による実業訓練を受けた。藤井常文氏によると、「当初は、木工、西洋洗濯、園芸、農業の四部に分け、園芸と農業を中心的な教育手段と考えていたが、実際には敷地が狭いため、木工と西洋洗濯を主にせざるを得なかった。木工部では箪笥や食卓、鏡台などを作って後援者に配ったり、近隣の住民の要望に応えて嫁入り支度の品として作ったりした[二六]」ということであった。

（五）自然の感化――農業

幸助は、勤労と労作の重要性を説く中で「其重なる労作は即ち農業なりとす、由て少年を感化するには必ずしも高尚なる教育を用いることを要せず、至極平易なる、即ち自然の産物を利用して大問題たる人生といふことを教へざるべからず」と主張して[二七]、自然と農業に焦点を当てた。自然に触れる機会は農業が最も多いため、幸助は、労作の中では農業を第一とし、それに附帯して牧畜や家禽の飼育、徒弟教育を行うべきだと考えた。

自然に関して幸助は、ルソーやペスタロッチ、ラスキンなどの思想の影響を受けていた。幸助は、自らの自然観を表明する際に、ラスキンの「人と自然とが共にあれば人も幸福であり、……人は自然に帰ることによりてその幸福を回復し、自然は人を通訳者としてその美を発揮すべきである」という言葉やフランスのメット・ライ農業感化院の設立者、ド・メッツが掲げていた標語、「土地は人を化し、人は土地を化す」を引用していた。(二八) このような自然観に基づいて幸助は、天然の感化力が多く発揮されそうな、開校当時は森林地帯だった巣鴨を家庭学校の地に選択した。人間社会で悪くなった少年を人間が多く、悪への誘惑が多い場所で改善しようと試みることは至難の業だと幸助は考えたのであった。天然は、非行少年だからといって「プレジュディス」を持つことはないため、子供を自然に感化するのだと幸助は訴えかけた。その根拠として幸助は、家庭学校で馬鈴薯を収穫したときのエピソードを例示した。(二九) 幸助によると、通常は三十分の勤労ですら忍耐できない少年達が、地中から続々と出てくる馬鈴薯という自然物に興味をそそられ、日の暮れるのも忘れて労働していたということである。

(六) 感化事業の支え——キリスト教の愛

家庭学校概則には「本校ノ主義ハ勤勉、独立、正直、清潔ノ四代主義ニシテ之ヲ総括スルモノハ活ケル信仰ナリ」という文言が設けられていた。また、「本校の生命」と題して幸助は「形骸ありて精神なき人間は人にして人にあらず、学校に於けるも亦之に同しく形式完備するも主義精神なき学校は学校にして学校にあらざるなり。我が校の精神若くは生命と称するべきものは基督なり。語を換へて之を言へば基督は愛なり。故に家庭学校は愛を以て生命となす」との見解を示していた。(三〇) 幸助は、欧米の感化施設を視察した際に、感化事業を支えているものはキリスト教であり、キリスト教が徳育の源泉になっていると確信した。そのため、幸助は、家庭学校では三位一体の教育プラス宗教教育で感化を行うこととし、礼拝や祈祷会、日曜学校などの時間を組み込んだ。しかし、幸助は、教誨師時代と同様、生徒にキリスト教を強いることはしなかった。

また、家庭学校には、鍵も塀も設けられなかった。感化院のこのような開放策は、当時、一般的とはみなされなかった。それにも関わらず家庭学校が敢えてこのような方針をとった理由は、前述した「内からの発達」を重視する幸助の教育観にあった。即ち、生徒自らが啓蒙されて変わらなければ、拘禁したとしても、それが解けた場合にはやはり立ち直っていなかったという結果になりかねないとの考えに基づいていたのであった。フランスのメット・ライと同様に、幸助が視察・研究したドイツの感化施設、ラウエ・ハウスの創設者、ウィッツヘルンは、「生徒をつなぐところの鎖は愛なり、愛の深浅を測るところのものは忍耐なり、キリストの愛の精神あるところには最も堅固なる障壁もまたその用をなさず」という言葉を残している。[三二] そして、家庭学校もこの「内からの発達」、つまり、真の感化を支援していくものをキリスト教の愛に求めたのであった。

二　幸助の思想と実践の特徴

(一) 学　術

幸助の実践は、問題意識に基づいた経験と調査、そして欧米の歴史、動向などの学術的ベースも備えた上でのものであった。「経験は学理によりて標準を示され、学理は経験によりて其説を確かめ両々相並んで初めて完全の域に進達すべし[二二]」という見解どおりに幸助は、感化事業の実践において学術も重視した。そして、幸助は、「昔時の慈善事業が思ふ如く成功せざりし所以のものは学術の援助に欠けたるが為なり、学術も又宗教の応援に依らずんば全き成功は望む能はず、吾人は慈善問題を滞りなく解釈せんと欲せば、宗教より出づる熱愛、学術の與ふる光明なかるべからず、この両者を融化調和したるものは即ち吾人の所謂学術的慈善事業なり[二三]」というように、宗教による愛に学術が加わった学術的慈善事業を唱えたのであった。「慈善を為すには之を為すに足るだけの智識なかるべからず、古来実行し来りたる慈善と近世実行しつつある慈善との差異は、前者は非学術的にして後者は学術的なり、……其慈善事業には必ずや原則あり、組織あり、方法なかる可らず、……反くものは必ず失敗すべし」と幸助は主張したが[二四]、旧式の恩恵的慈善と現代の慈善を分けるキーワードが学術だったのである。この点について、守屋茂氏は、「慈善事業と社会事業との指導理念の上での端境期における、重要なる立言として注目すべきものである」と評価している[二五]。また、吉田久一氏は、「留岡慈善事業思想の成立を簡単に総括すれば、……科学的合理的でないとはいえ、絶えず『経験』と『学術』が並行し、日本慈善事業処遇の母体の一つになっていること」と指摘している[二六]。

しかし、幸助は、「学問は人の信ずるほど力のあるものではない。……事業を遣る上には学問は余り役に立たぬ。斯く云へばとて、決して学問を軽んずるのではないが、学問は要するに補助機関である」との見解も示したように[二七]、旧態の慈善を進歩させるものとしての学術は評価したものの、実践に勝るものではないと考えていた。そして、慈善事業の実践については「事務的才能に富まざる可らず、慈善は一種の大事業たれば唯其れ『御人善』にては為す能はず」[三八]と、道徳的要素のみならず、事務的才能も必須であることを幸助は説いていた。

(二) 自　助

田澤薫氏は、幸助の思想と実践を彼の事業に共通する概念で透視することを試み、「留岡が諸思想や諸学を取り込みながら構築し、感化教育や地方改良の場で提唱した独立自営」をキーワードとして浮上させた。そして、田澤氏は、この「独立自営」というキーワードについて、「留岡が感化教育や地方改良の運動等の領域で対象者に向けた課題であり、あらゆる方法論の根拠であった」と説明している。[三九]

実際、「此の意味に於て近来流行せんとする労働紹介所とか、職業紹介所は慈善事業中に於ける、最も枢要の位置を占むるものであるが、万止むを得ない場合には、施薬救療を為し、乃至衣食住をも与へねばならぬ。此の立脚地から云って見ると、吾人は、我国に英国の如き救貧法の存在せないことを祝賀せざるを得ない。我国に於ける恤《じゅっ》救《きゅう》規則なるものは、明治七年に制定され以て今日に到ったもので、此の法律の精神は万止むを得ないものに限って救助をする、人を容易に救助してはならないといふ考へから起こったもので、詰まり救助するの場合は必要的若しくは制限的にやらねばならぬと云ふことを規程したものである。此の法律の恩恵に預かるものは、老衰者、幼弱者、廃疾者、疾病者等であるが、而かも其の年齢は七十歳以上、十五未満である。……給与額の多寡は今須《すべか》らく言はず、必要的、制限的の一点は、吾人の賛成せざらんとするも能はざる所である。何ぜ之に賛成するかといへば、是れ吾人が多年主義とせる慈善の最極度は勤労の習慣を養成せしめて独立せしむることであるといふ点と符号するからである」という幸助の意見からは(四〇)、労作することを体得させ、独立自営化させることが慈善事業の究極目的であるとの見解が明確に見てとれる。幸助は、英国救貧法下での巨額な支出を鑑みて「我国が窮民救助を以て一種貧民の権利と為さゞりしは賢明の処置と言ふべし」と考えていたのであった(四一)。

　このような幸助の権利観について、室田保夫氏は、幸助が「スト」を忌まわしいものと断定し、労働者の権利を認めなかったことに触れ、「慈善事業を上の者が下の者を憐れむものと理解すれば、みごとにこの論旨は当てはまるものである。留岡の思想にはこのように、ヒューマニズムの思想を唱導しながらも、常に上にいる者の責任を問うていることに注目しておかなければならない」と指摘している(四二)。確かに、幸助は、皇室が慈善のために下賜金を出すことを評価したし、「大原氏の社会教育」と題した論文においても、公益的事業に率先して支出を続ける富者、大原孫三郎に益々の貢献を奨励していた(四三)。このような幸助の態度は、前述した室田氏のような見方と同時に、人間社会における協同を奨励した側面で説明することもできそうである。幸助は、「禽獣はイクラ《ママ》えらくても、独立と協同と此二つを兼ねることができない。……独り人間が進歩する所以は、独立と協同を兼ね納めて居るからだ」(四四)と主張したように、独立とその対極に位置する協同との両立を重視する面も有していた。幸助は、協同の精神で慈善事業に自ら身を投じ、キリスト教界にも、実践を伴ったキリスト教の社会化を求めたが、やはり、各個人に対しては独立することの方を強く要求した。保護は権利としてではなく「やむを得ない場合のみ」ということを強調して幸助は自助を奨励していたのであった。

（三）国家主義

幸助は、「若し感化事業を盛ならしめ、以て犯罪者を未発に防ぎ、若しくは其の数を減ぜば、以て国家の経費を軽減すること少なからず。故に国家的経済に注意する政治家及び社会改良家は先づ此の不健全なる分子即ち不良少年を北海道の原野に送って、殖民的感化を実行するは甚だ策の得たるものなりと思惟す。……国家の生存条件を損害せんとする有害分子を都会に残留せしむるは甚だ危険なりと謂はざる可らず。是に依って之を見れば国家の不健全なる分子は北海道の如き原野に送致すること、社会の政策上肝要にして、且つ感化事業に於て為さゞる可らざるものなりとす」と論じたように(四五)、幸助の感化事業遂行の目的の中には、社会防衛や国益志向というような国家主義的見解も含まれていた。また、家庭学校にも、国家を感じさせる側面があった。皇室から下賜金を度々獲得したこと、新年の祝賀会で勅語奉読が行われたこと、及び年間行事リストに、キリスト教的行事と共に天長節や紀元節、皇霊祭などが含まれていたことなどである。

このように、キリスト者、幸助には国家主義的なものが根底に存在した。幸助は、幼少期、そしてキリスト教徒になった後の今治時代にも漢学の修養を行っており、それらの素養は、キリスト教を信仰するようになった後も否定されないまま幸助の中に温存されていたと想像される。それが幸助の国家主義的特徴の大きな一因であろう。実際、幸助は、キリスト教を旗幟《きし》して感化院の設立を主張していく過程においても、「孔子曰く『居は気を移す』と則ち境遇は啻に教育上のみならず、……」という表現を使っていることからもキリスト教と漢学の素養が幸助の中で併存していたことがわかる。(四六)

また、幸助の国家主義的要素には、彼にキリスト教の影響を与えた人々の影響もあると考えられる。明治期のキリスト教徒は、維新後に生活環境が一転してしまった元武士階級の者がほとんどであった。これら武士階級出身のキリスト者達は、培われていた儒学的素養の上にキリスト教を受容した。幸助が最初に接したキリスト者である金森通倫や横井時雄などという「熊本バンド」のキリスト教徒達も愛国志士的な側面を持った人々だった。そのため、幸助は儒教の治国平天下の思想と重ねあわせた志士的なキリスト教を受容したものと思われる。キリスト者の内村鑑三(四七)が教育勅語への最敬礼を拒んで不敬と非難されたこと、同じくキリスト者の片山潜がセツルメント運動から次第に社会主義運動へと傾倒していったこととは対照的に、幸助は、国家主義的な素養の強い名残りによって、キリスト教を信仰しながらも同時に、国家主義的な見地にたった体制内での改良を模索し続けていったのであった。

三　自主的・継続的な実践者

留岡幸助は、現世を視点に捉えた活ける宗教の体現を目指し、経験、調査、及び学術的研究に基づいて、慈善事業による社会改良を「民」の立場から積極的に試みた。その過程で幸助は、「政府事業に筋力と組織はありと雖も、其効果の挙らざるは蓋《けだ》し事業の根底とすべき精神を欠くに由るなり、……之に反して民設事業には精神は鬱勃外に露はるゝと雖も、奈何《いか》にせん金力少きを以て意の如くに事業を拡張すること難し」(四八)と承知していたとおりに、民設事業の資金繰りに苦労した。また、幸助にとっては予想外なことだったが、資金繰り以上に、慈善事業に適した人材の確保に苦労するなどさまざまな困難や問題にぶつかった。実践方法などに対して批判も受けた。しかし、幸助は、本人も認めていた通り、さまざまな人達との交流に支えられて困難を乗り切った。高梁教会から学費を援助してもらって同志社に通学できたこと、同志社時代に身を捧げていくことを決意した監獄改良に早期のうちに従事できたこと、欧米の進んだ行刑制度と米国の先駆者達に触れる機会が得られたこと、一度は感化院設立に失敗したものの信者達の支援を得て土地を購入し、家庭学校を創立することができたことなど、これら全てが広い交流関係のおかげであった。そして、さらに、幸助が挑戦し続けられた理由には、キリスト教に裏打ちされた熱意と初志貫徹の姿勢があったこと、自己の経験、調査、学術研究に裏打ちされた理論には進歩性と先見性があったことなども挙げることができるだろう。

　江戸時代には、封建的な身分制度が存在していたにも関わらず、寺子屋での非営利の教育展開など、住民の互助的な活動や庶民の自主性がうかがえた。しかし、植民地化を回避しながら西欧諸国に追いつくために挙国一致で近代化が図られた明治期になると、急激な中央集権化によって、民間人による自主的な活動は次第に影を潜めていった。近代化に比例して社会や人々が静的になった感じは否めない。確かに、中央集権的なトップダウン式の社会システムは、経済発展には大きな成果を収めたことは事実であるが、人間性、多様なニーズ、ノーマライゼーションなど、社会構造が変化しつつある現代社会が抱える個別問題に完全に対応することには無理があると感じられるようになった。そのため、経済以外の何か別のもの、心を満たしてくれるもの、及び多様性が求められるようになった近年、中央集権的施策に頼るばかりではなく、各個人が社会に参加しようという動きが活性化してきている。公的機関が対応しきれない自分達の社会問題を自分達で解決して、住みやすい環境を築いていこうという姿勢が年月を隔てて再び表舞台へ現われ始めたのである。このような現代社会に対して、率先して先駆的に活動した社会事業家、留岡幸助、及びその実践が訴えかけるものは大きいのではなかろうか。

「薄利なるの故を以て公益事業を去り、私利是れ事とするものに至りては、真に憐れむべきかな」(四九)と考えた留岡幸助は、「社会は少数にして勢力あるものと、多数にして無勢力なるものとの二つなり、然れど少数者たるもの一度び奮発発起せば無力の如く見ゆる多数者も勢の旺盛なるを見、心窃《ひそ》かに喜び奮発興起して少数者の足跡を追従せん。……吾人は今日の教会に望むに善事先に達せんことを以てせざる可らず」と呼びかけていた。(五〇)「吾人斯業を奏功し得んとならば、須らく斯業に身を投ぜざるべからず。凡《およ》そ何事を成すにも身を投ぜずして成るものなし」という社会事業の先駆的な実践者、留岡幸助の経験に基づいた教えは現代にもそのまま通用するものだと考える。

注

（一）感化院は非行少年のための教育、薫陶を行う感化施設であり、一九〇〇（明治三十三）年三月に公布された感化法によって制度化された。それ以降、一九三三の少年教護法によって少年教護院に、そして一九四七年の児童福祉法によって教護院に、一九九七年の児童福祉法の改正に伴って児童自立支援施設と改称されて現在に至る。社会福祉法人の北海道家庭学校は、現在、日本で唯一の私立の児童自立支援施設となっている。また、東京の杉並に現存する東京家庭学校は、児童養護施設――乳児を除き、保護者がいない児童、虐待されている児童、その他環境上養護を要する児童を入所させてこれを養護し、あわせてその自立を支援することを目的とする児童福祉法第四十一条に基づいた施設――になっている（保育園、グループホームなどの施設も具備）。

（二）『留岡幸助著作集』第一巻、同朋舎、一九七八年、一七二頁。

（三）同右、第三巻、三五三頁。

（四）大審院院長を務めた――一八九一年の大津事件のときもその職にあった――三好退蔵は、伊藤博文の憲法調査団に随行中、ドイツでキリスト教にふれて受洗しており、幸助が米国留学直前に番町教会で行った説教を聞いた経験も有していた。三好は、東京に一大感化院を設立する計画への尽力を米国留学中の幸助に書簡で要請したりもしていた。

幸助が教誨師を務めた空知集治監には自由民権運動家達が囚人として多数投獄されており、その中には河野広中の甥もいた。空知集治監の教誨師時代に、慰問に訪れた板垣退助、河野広中と面識を持った幸助は、米国留学から帰国後、板垣などの勧めもあって三好、清浦奎吾《けいご》と共に感化院設立に向けて始動した。しかし、三好は、募金集めの便宜上、キリスト教を表明しない方が得策であると提案し、反論した幸助も三好も主張を譲らなかったため、この感化院設立計画は実現しなかった。三好は後に、渋沢栄一が院長を務めた東京の養育院内における感化部創立活動に加わり、感化部設立後は顧問に就任した。養育院については第九章を参照。

（五）『留岡幸助著作集』第三巻、四六四頁。

（六）藤井常文『留岡幸助の生涯――福祉の国を創った男』法政出版、一九九二年、二〇八頁。

（七）留岡幸助『家庭学校・家庭学校第二編』日本図書センター、一九八三年、第一編、六六―七頁。

（八）『留岡幸助著作集』第三巻、二〇二頁。

（九）藤井常文『留岡幸助の生涯――福祉の国を創った男』二二四頁。

（一〇）ペスタロッチは、日常生活の具体例に基づいて学ぶという実例教育を展開しながら、孤児院を運営したり、スイスの貧民街の児童のために教鞭をとったりした。一八〇一年にスイスのブルグドルフ城内にペスタロッチが創設した新学校はスイスの教育史に残るものと言われており、そこでは教師と生徒が寝食を共にし、家族的に生活をしたということである（『留岡幸助著作集』第二巻、一八頁）。

（一一）同右、第一巻、三四六頁。

（一二）知育・徳育・体育の「三育主義」を唱えた英国のスペンサーは、一領域としての体育を重視した。スペンサーのこの主義は、学制発布（明治五年）以来の日本の教育と共に、幸助にも影響を与えたと思われる。

（一三）幸助は、「子供の教育法については、専ら身体の方を重視するので、幼少期に読書の強制などしない」という身体の健全性を重視する福沢諭吉の考え方も引き合いに出して体育重視の正当化を試みていた（留岡幸助『家庭学校・家庭学校第二編』第一編、四一―三頁）。

（一四）『留岡幸助著作集』第三巻、三三〇頁。

（一五）同右、二一頁。

（一六）同右、二五三頁。

（一七）留岡幸助『家庭学校・家庭学校第二編』第一編、二〇頁。

（一八）『留岡幸助著作集』第三巻、四六四頁。
（一九）同右、二五三頁。
（二〇）同右、第二巻、二〇六頁。
（二一）留岡幸助『家庭学校・家庭学校第二編』第一編、六四—五頁。
（二二）留岡幸助『慈善問題』日本図書センター、一九九五年、四八—九頁。
（二三）『留岡幸助著作集』第三巻、一二〇頁。
（二四）同右、一二一頁。
（二五）同右、第二巻、一九頁。
（二六）藤井常文『留岡幸助の生涯——福祉の国を創った男』二一四—二五頁。
（二七）『留岡幸助著作集』第一巻、一六九頁。
（二八）留岡幸助『留岡幸助　自叙／家庭学校　人間の記録』日本図書センター、一九九九年、九五・九九頁。
（二九）留岡幸助『家庭学校・家庭学校第二編』第一編、二八—九頁。
（三〇）同右、五〇頁。
（三一）藤井常文『留岡幸助の生涯——福祉の国を創った男』二四〇頁。
（三二）『留岡幸助著作集』第一巻、六八頁。
（三三）留岡幸助『慈善問題』（自序、二一頁）。
（三四）同右、一三頁。
（三五）守屋茂『日本社会福祉思想史の研究』同朋舎、一九八五年、九〇四頁。
（三六）吉田久一『吉田久一著作集　一　日本社会福祉思想史』川島書店、一九八九年、四二五頁。
（三七）『留岡幸助著作集』第三巻、三三一頁。
（三八）留岡幸助『慈善問題』一六頁。

(三九) 田澤薫『留岡幸助と感化教育——思想と実践』勁草書房、一九九九年、一〇—一頁。
(四〇) 『留岡幸助著作集』第三巻、一二二頁。
(四一) 同右、二〇〇頁。
(四二) 室田保夫『留岡幸助の研究』不二出版、一九九八年、三四一—二頁。
(四三) 『留岡幸助著作集』第三巻、二一九頁。
(四四) 同右、第二巻、四八一頁。
(四五) 留岡幸助『家庭学校・家庭学校第二編』第一編、一〇五—六頁。
(四六) 留岡幸助『慈善問題』一二二頁。
(四七) 「札幌バンド」の一員であった内村鑑三は、家庭学校創立の頃までは幸助と交流を持っており、支援も行っていた。しかし、足尾銅山を経営していた古河鉱業所の古河市兵衛から幸助が寄付金を何度も定期的に受け取っていたことを内村が『万朝報』で手厳しく批判して以降、交流は次第に絶えてしまった。内村の批判を受けた直後の幸助は、何の行動も起こさなかったが、後には二宮尊徳の思想を持ち出して、古河からの寄付金受諾を正当化した。
(四八) 『留岡幸助著作集』第一巻、一七〇—一頁。
(四九) 同右、第二巻、四八二頁。
(五〇) 同右、第一巻、二七一頁。

第三章　「官」の立場での活動

——報徳思想と地方改良運動

幸助は、一八九九（明治三十二）年に設立した感化院・巣鴨家庭学校の家庭的な雰囲気の中で不良少年の性質を改善しようと試みた一方で、一九〇〇年には内務省地方局の嘱託に就任した。[一] 十五年間の内務省勤務は、社会調査や地方講演を通じて全国の市町村の現実に直面させる機会、及びまとまりとしての地域社会を見る視点をも、幸助に与えることになった。同志社時代から一貫して活ける宗教を標榜し、暗黒面に生きざるを得なかった個人を目の当たりにしてきた幸助は、内務省嘱託として「官」の立場からも活発に働いた。幸助の内務省嘱託としての活動の中でも最も有名なものが、報徳思想を駆使しての地方改良運動である。幸助は、二宮尊徳の教えに感銘を受け、それを説いてまわった。その熱意故に、二宮宗などと揶揄されたりもした。[二] また、帝国主義化を市町村という国家の末端から強化するために、社会問題の根本から目をそらさせ、責任と負担を全て民衆に帰結していく内務省の一大キャンペーンであった地方改良運動の一翼を積極的に担った一人だと幸助は批判されることもある。では、社会を改良しようとして報徳思想にその手段を見出し、明治三十年代からの地方改良運動に携わった幸助のその活動は、本当に民衆を抑圧するだけの働きしか持ち得なかった無益なものだったのだろうか。そのような問題意識から本章は、留岡幸助にとっての報徳思想とそれによる地方改良運動の展開の意義を明らかにしていくことを試みることにする。

一　地方改良運動

明治国家は、封建時代の地方分権的藩政を廃して中央集権化を目指し、一八八八年に市制・町村制を、その二年後に郡制・府県制を公布したが、各藩によって支配されてきた民衆に国家意識を目覚めさせることは容易ではなかった。しかし、一八九四年の日清戦争を契機として、国家意識は民衆の間にも急激に発揚し、そして日本の資本主義も大きな飛躍を遂げ、民衆の生活意識も変わっていった。さらに、国家の存亡をかけ、臥薪嘗胆の末に勝利を収めた十年後の日露戦争では、国家意識は日清戦争時以上に高まった。明治維新以後、西欧列国に対峙し得る国になることを目標として富国強兵策の下で近代化の道を歩んできた日本がついに一等国の仲間入りをしたと浮かれ驕り、奢侈にふける風潮が国民の間に高まった。しかし、実際には日清戦争のときとは比較にならないほど大きな負担を国民は抱えることになったのであった。戦費のほとんどは、外国債と公債で、臨時増税は戦後も継続されるなど、国民生活は物心両面で苦労を強いられた。このような、奢侈意識の高まりと実際の困苦状態によって、風紀・道徳の乱れが目立つようになった。社会問題の増加に直面した政府は、国家の危機と再建の必要性を感じた。そのために、国家官僚が民衆の風俗改善、財政改良を企図して、上から推進していった一連の政策が地方改良運動であった。内務省が中心となったこの官製運動の明確な開始時期は、一九〇八年の戊申詔書以降と一般的にはされるが、その萌芽は既に日清戦争の頃にあり、日露戦争下では挙国一致体制強化のため、そしてその戦後には戦後経営の一環として地方レベルでの社会・経済的基盤の安定をはかるために推進されていたという見方もある。(三)

二　報徳思想

地方改良運動というこの一大官製運動においては、地方自治制度の補完・完成と道徳的・経済的問題の改善が試みられたのであるが、主たる戦術として二宮尊徳の報徳思想が用いられて、講習会が頻繁に開催され、模範村が広く宣伝されていった。そこで二宮尊徳の報徳思想を少し見ておこう。

二宮尊徳は一七八七(天明七)年に小田原藩内の相模国足柄郡栢山《かやま》村に裕福な農民の子として生まれ、四十、五十歳代で天保の飢饉を経験し、一八五六(安政三)年に七十歳で死亡した農民出身の農業経世家であった。施しを厚くした尊徳の父親は、祖父から受け継いだ農地などの資産を減少させたため、尊徳が幼少のときに生家は没落した。一七九八年に尊徳は、病気の父親に代わって酒匂《さかわ》川の土手工事に従事した。尊徳が十四歳のときに父が、そしてその二年後には母親も死亡してしまったため、尊徳は二人の弟と別れて父方の叔父の家に預けられた。叔父の家で成人するまでの間、尊徳は農業などに従事する傍ら、『大学』などの書籍で独学した。尊徳は正規の学問を何も受けていなかった。また、師と仰ぐ人も持たなかった。ただ、自然と自らの勤労による体験、及び独学による四書五経などから尊徳は学んだに過ぎず、それらによって名僧智識の上をいくと自ら信じた神道、儒教、仏教から成る三味一粒丸の教えを体得した[四]。尊徳は、一八一八年頃に小田原藩の家老、服部家の財政建て直しに成功し、その五年後からは、藩主、大久保忠真《ただざね》の命を受けて、桜町領（現在の栃木県二宮町）を十年以上かけて復興させた。それ以降、多数の建て直しを依頼されるようになった尊徳は、報徳思想で取り組んでいった。

二宮尊徳（下程勇吉『二宮尊徳の人間学的研究』広池学園出版部より引用）

　尊徳は、天道と人道、そして徳に報いるということを根本にして自らの教えを説いた。天道とは自然で、人道とは自然に抵抗する作為の道であった。天道に対抗しながら人間が生きていくことができるのは天・地・人の三つの徳があるからで、その徳に人間の小徳——勤労・倹約・推譲——をもって報いることが人道の極致であると尊徳は説いた。人間が行うこの小徳のうち、勤労・倹約は報徳の教えを体現するための手段であり、推譲こそが尊徳の教えの中核であった。この推譲は、後々の自分のために譲るという概念の自譲[五]と、自譲よりもレベルの高い他譲から構成されていた。他譲は、利己の私欲に打克って他の者のために譲るということを意味した。禽獣ではなく、人間として生まれた以上は、この譲るという徳を実践しなければならず、さもなければ、自分や子孫に富や幸せが反映されな

（六）いという一種、功利主義的な因果応報説が展開された。明治初期に中村正直が翻訳して福沢諭吉の『学問のすゝめ』と共にベストセラーとなった啓蒙書、『西国立志編』の作者であるスマイルズ、及び彼が多大な影響を受けたベンジャミン・フランクリンの教えと二宮尊徳の教えの類似性が指摘されることも多い。確かに、自主自立、勤勉や小事重視、節度計画、倹約、実践主義など、多数の共通点が見受けられる。しかし、この功利主義的な面ということについては、フランクリンと尊徳との間には隔たりが見受けられるのである。両者共、徳を積まなければ後に幸せや富に恵まれないし、得たものも維持できないと主張したのではあるが、フランクリンにおいては、中身の伴わない徳を積む、つまり外形のみでも構わないという姿勢がうかがえるのに対して、尊徳は、全てに対して至誠を持って臨まなくては報徳の道は遂行できないと戒めていたのであった。尊徳が最も嫌ったことは、至誠の反対である虚偽であったということからも、心の底から正しい動機によって突き動かされなければ何の意味もないことだと尊徳は考えていたということがよくわかる。

　また、尊徳は、これらの道徳的な事柄に併せて、経済的な次元での教えも示した。その一つが分度ということである。分度は、計画的な経済生活の設計であり、分度が定立して譲道が生じ、また分度を失って滅びないものはないと尊徳は説いた。さらに、尊徳は、具体的な経済的施策を教えと実践の中に導入した。それは、無利子の報徳金貸し付けであった。当時、凶作などに見舞われて商人などの高利貸から借金をしたことに端を発して没落していく農民が多数みられた。このような状況にあって尊徳は、年貢支払いや生活それ自体に喘いで貧窮している農民達に無利息の報徳金を貸し付け、報徳の教えを実行して立ち直る手助けをした。報徳金は、仲間の入り札が多く集まった人に貸し付けられ、そして、無利息で使わせてもらった徳に報いるという意味で、元金完済後もある一定期間まで冥加金《みょうがきん》――利息代わりの礼金――を支払い続けるというシステムが導入されたのであった。

このように二宮尊徳の教えは、人間の義務であり、経済生活の基本である勤労・倹約と計画的な経済生活の設計である分度を手段として、「人道の中で最も善美な行為かつ人生の目的である」推譲を実行するということを尊んだ、道徳と経済を調和させたものであったのである。そしてそれは、人としての道徳の根幹であり、生きる上での根本精神であるべき至誠や実践がなければ無用無益だと説かれたものであった。

さて議論を元に戻そう。

三　地方改良運動への傾倒理由

(一)　時代背景、及び内務省の動機と意図

地方改良運動については簡単に前述したが、ここでは、内務省のその動機と意図を少し遡った時代から見ていくことにする。

衰亡するかもしれないという恐れが常につきまとっていた明治時代は国家の隆盛を第一義に見た。『学問のすゝめ』と『西国立志編』という自助的努力を鼓吹した啓蒙書がベストセラーになったことは

既述したが、諸列強国の脅威にさらされた中で開国し、近代化に入った日本としては当然のことながら、国の独立ということが当時強く意識され、そして、国民一人一人が独立してはじめて国の独立は貫徹されるものであるという主張が主流となっていた。福沢諭吉は「一国の独立は国民の独立心から涌いて出《マ》て《マ》ることだ(七)」や「独立の外に依るところなしというべきこの大切なる一義を、日本においては軽く視ている(八)」と、また中村正直は「戊辰以後ニ人民ヲ入レタル器物ハ昔時ヨリ善キ形状ナルベケレトモ人民ハ矢張旧ノ人民ナリ、奴隷根性ノ人民ナリ、下ニ驕リ上ニ媚ル人民ナリ……(九)」と主張して日本が抱える問題点を痛烈に指摘した。このように、独立という概念を中心にして盛んに啓蒙が進められていった結果、保守的な封建時代には無縁だった進歩の概念が民衆の中に芽生えた(一〇)。さらに、一八七四(明治七)年頃からは自由民権運動が盛んになる兆しを見せはじめ、進歩・学習の概念のみならず、権利の意識も民衆の間に浸透していった(一一)。そのため、自由民権派が藩閥政府にとって不都合な意識を地方の農村に普及させることを憂慮した山県有朋は、自由民権派の国会進出を阻止する意向もあって地方自治制度の整備に傾注していった。政党による英国型立憲君主制ではなく、ドイツのビスマルク型の武断政治を志向した山県は、自治を国権拡張の手段とするプロシアの自治制を見習って地方制度改革に着手した。「市制・町村制」、及び「郡制・府県制」の公布の背後には主として二つの目的があったと言われる。一つは、自治制度を通じて国民の中に愛国心や独立心を涵養するということ、もう一つは、地方行政の長や議員を掌握することによって、一八九〇年に帝国議会が開設された後に、中央政局に動揺が起こるようなことがあったとしても、それを地方に波及させないようにするということであった。地方の長を掌握していれば、国家行政を支障なく遂行できると考えられたためであった。つまり、地方行政機関を国家権力の末端に組み入れ、国家権力の裾野を拡張しようという意図があったのである。

明治政府は、対内的にはこのようにして権力基盤の強化を図り、対外的には防衛という名の下に挙国一致体制で日清・日露戦争を遂行していった。日本の世界における立場を変化させ、帝国主義国家・資本主義国家としての新たな局面をもたらしたこれらの戦争によって、本章の「一　地方改良運動」の項目で既述したが、主として三つの大きな変化が起こった。一つは、国民という意識を共有していなかった民衆が戦争によって国民として国家と一体感を持つに至ったこと、二つ目は、一等国としての驕りが国民の間に蔓延したこと、三つ目は、資本主義化と資本の独占化が進んだことと同時に戦費負担で一般国民が生活難に陥ったことであった。これらは各々、時間の経過と共に次のような弊害となって社会問題化していった。第一は、国民と国家の一体感が喪失されていったこと、第二は、風紀・道徳が乱れ、奢侈や金満主義、利己主義の傾向が強まったこと、第三は、貧富の格差が広がり、失業者、労働争議、小作争議が多発し、無政府主義、社会主義が勢力を拡大し、犯罪が増加したことであった。特にこの第三点目は、国家の転覆にもつながりかねない類の問題であり、「近来世上危激なる論説を鼓吹し、又は卑猥なる冊子を頒布するの類少からず。此の如きは社会の秩序風教を維持する上に於て、最も憂ふべきの事に属す。随《したがっ》て之が取締を緩慢に付すべからざるは固より論を俟たずといえども、之を其の既に起これる後に治めんよりは、未だ起こらざるの前に於て予防するに若かず」というように認識された。(一二) 明治政府は、民衆のあり方や動きに脅威を持ち、国家体制を強化し、権力を維持する必要性を強く感じた。西欧列強をモデルにして急速な近代化をはかってきたが、藩閥政府にとって安泰な近代国家を維持・発展させるためには、中央集権的、かつ強力な官僚的政治制度だけでは不充分だったのである。このような欠陥を補う手段として、地方改良運動が鼓吹されるに至った。末端の地方までをも完全に支配下に置いて、国家の意思からずれることのない、政府にとって善良な人間を育成して、国民統合をはかろうとしたのであった。

しかし、自由民権運動によって民権思想が鼓吹された後だったために、義務ばかりを「上」から押しつけるという方法はもはや採用し難かった。人々の利害に密着させて、民衆が自発的に政府の目的・意図を達成するようにもっていく必要があったのである。そこで、自助・勤勉・倹約・推譲を説く報徳思想を地方改良運動の精神的柱として選び、講習会・パンフレットの刊行・模範村の表彰を通じて、意図した帝国国家づくりにふさわしい「下」からの支えを「上」から作り出そうとした。尊徳の教えでは、権力者や富豪に対しても推譲が力説されていたが、政府が利用した報徳思想からはこの点は欠落していた。岡田典夫氏は、地方改良運動において報徳思想が利用された理由について「貧困の問題をたえず個々人の生活態度の問題に還元してゆく報徳主義の論理は、社会主義に対抗するひとつの完結した『世界』を地方社会につくりだしてゆく上できわめて有効な思想的枠組みを提供するはずであった。制度の問題としても意識の問題としても、貧困をはじめとするさまざまな困難を、政治のレベルにまでのぼらせないで処理できるような完結したルートを、全国の地方社会のうちに定義させていくこと――内務官僚達の『第二の維新』遂行の情熱をかりたてたのは、そのような『世界』形成の課題だったのではないだろうか」(一三)と指摘しているが、「社会改良事業と呼ふを当れりとするも、当時の事情地方改良事業と呼ふを便としたるなり」(一四)という回顧談も示唆しているように、内務省の地方改良運動は、社会主義対策という側面を大きく持っていたのであった。(一五)

(二) 幸助の二宮尊徳観と地方改良運動の意図

i　幸助の二宮尊徳観

では、幸助は、帝国主義国家の末端を支える基盤として、地方を統制、把握しようとして開始された地方改良運動にどのような動機、及び二宮尊徳観で傾倒するようになったのだろうか。

幸助は一九〇三(明治三十六)年に内務省参事官の井上友一《ともいち》(一六)のアドバイスに従って静岡県下の報徳社を視察し、地域のリーダーを中心に二宮尊徳の教えを体現していた報徳社の精神主義的な社会活動と町村のまとまり具合に感銘を受けた。それ以降、幸助は、二宮尊徳に関する書籍を収集してその教えを研究するようになった。そして、常日頃、活ける宗教を実践しない日本のキリスト教界に違和感を有していた幸助は、農民の身になって指導した尊徳と貧者・弱者の友であろうとしたキリストの酷似性を認め、道徳と経済を調和した尊徳の実践的教えの中に自分の目標とする実践的キリスト教を見たのであった。幸助にとってのキリスト教とは、「日本を良くするために奉仕する」という新島襄の精神に影響を受けた実践的なキリスト教だったのである。日本にキリスト教が根づかない原因は、教会内

井上友一（井上会編『井上博士と地方自治』全国町村長会より引用）

での純粋理論の追求に専心するばかりで、社会の現実に目を向けて、キリスト教の救いでもって問題に積極的に取り組もうとしないためであると幸助は考えた。また、キリスト教の西洋臭さも日本への定着を阻害している一因だと幸助は感じていた。そのため幸助は、「吾人が報徳の道に趣味を有したる多くの原因の其の最も大なる一は、翁の思想が東洋的趣味を脱し、或点に於て大にアングロサクソンの思想に似たるものあるが為め也」と考え、神儒仏三味一粒丸の尊徳の教えを台木にして、活けるキリスト教を接ぎ木しようとしたのであった。このような幸助の態度に対しては、キリスト教徒としては妥協、変遷だという批判や解釈もあった。純粋信仰を追求する植村正久は、「甚だ慊《あきた》らずを覚へて尚ほ浅しと謂はざるを得ず……唯だ海辺に遊て波の打ち寄する辺を徘徊して水を逐ひ貝を拾ひ何の思慮もなく遊ぶ小児の如し」と矯風基督教、孤児基督教、監獄改良基督教などという表現を連ねながら、暗に幸助達の信仰を浅薄で幼稚なものだと攻撃した。[一七] これに対し、幸助は「世を救ふべき基督教が高尚なる思想の蓄積と純潔なる文学的趣味位いにて終りては洵《まこと》に残り多きことゝ云はざる可らず。……実際的社会改良に従事するものを浅しとして只管《ひたすら》思念に而已《のみ》沈む者を宗教的生活の深きものとして考へらるゝは、吾人の是とし正として受け入る能はざる所なり」と応戦した。[一八]

幸助にとっての信仰は、愛をもって社会事業に心から従事するキリスト者としての信仰であり、幸助は、尊徳の教えの核心を思いやりの「恕」や推譲であると認識したのであった。報徳思想は勤倹貯蓄宗であるとの解釈の誤りを指摘し、尊徳が繰り返し要求した勤労・倹約・貯金主義は推譲という目的達成のための手段にすぎないと幸助は説いた。そして、幸助は、自助独立の精神や調査・分度・類別に基づいた尊徳の学術的な事業、及びコツコツと小事から積み上げ、徳に報いるという尊徳の教えを高く評価した。それらは幸助の主張していた慈善事業観や自分自身の座右の銘、「一路到白頭」に一致するものだったのである。

ii　地方改良運動に従事した幸助の意図

二宮尊徳は小事からコツコツと至誠をもって実践することを重んじた。勤勉に労働し、分度を立てて倹約し、そして究極的な目的である推譲を為してはじめてさまざまな徳に報いることができるという教えであった。幸助は、当時の社会に危機的側面を見い出していた。なぜなら、奢侈、拝金主義、政治腐敗、怠惰、利己主義、他人根性、貧困、犯罪の増加といった一種の偏重的な社会となっていたからであった。幸助は、貧富の格差の顕著化によって浮上してきた社会主義や無政府主義を、労働者のみに加担する、バランスに欠けるものと考えた。また、西欧の産業組合というようなモデルは中産階級以下の人々の生活支援とはなるが、あまりにも西欧的なものであると幸助はみなした。こうした「上」と「下」、及び東洋的と西洋的という対極的問題は、調和や推譲を重視する尊徳の教えを利用することによって解決できると幸助は判断した。そして、思いやりのある調和の下で、尊徳が主張した個人の自主独立が達成されれば、問題は解消されると幸助は予測した。このような考えに基づいて幸助は、日露戦争後の国家・社会の創痍を道徳と経済を調和した尊徳の教えで癒し、自主的精神を持った個人の住む理想の国にしようと挑んだのであった。

iii　その他の人々の二宮尊徳観

上述したような理由で幸助は二宮尊徳の思想に傾倒し、尊徳思想を消化した上で講習会などで機会ある毎に自分の救済観を説いた。では、このような幸助の見解は当時としてはどのような位置づけにあったのだろうか。キリスト者、植村正久が批判的であったことについては既にふれたが、他のキリスト教関係者や地方改良運動の推進者達は尊徳の思想をどのように見ていたのだろうか。

まず最初に、内務官僚で後に東京府知事になった井上友一は、自主独立と協同という点から尊徳の教えを評価していた。[一九]

そして、天皇主義的国家観に基づいて臣民思想を鼓吹し、教育勅語をめぐっては内村鑑三を非難攻撃した井上哲次郎は、大和民族の精粋としての模範人物を国定教科書に掲載する際に尊徳を選択し、[二〇]尊徳の思想と有言実行性を評価していた。また、佐藤信淵と尊徳は類似しているが、佐藤の方は尊徳のように穏健着実ではなかったとの見解を井上哲次郎は示したことを考えると、尊徳の穏健性についても幸助と同様に賛意を持っていたと思われる。

柳田国男もまた、農商務省の官僚として地方改良運動に携わった。柳田は自給自足社会と近代社会とを同等に考えることはできないとの見解を示しながらも、[二一]尊徳の教えそのものについては高い評価を下した。[二二]しかし、柳田は、報徳社の制度を利用して日本の社会を改良したいという意向は持ってはいたものの、徳川時代の産物である報徳社を明治四十年代にそのまま応用することは不可能で、場合によっては柔軟に変更する必要もあることを感じ取っていた。この点については、幸助も同様の考えでいた。(二三)

次に、主なキリスト教関係者の二宮尊徳観についても目を向けることにする。植村は、純粋な福音の確立を志向し、正統的信仰の立場を固守した。無教会主義の内村鑑三は、キリスト者の最大目的は伝道であって、キリスト教イコール社会改良となることは大堕落と考えていた側面はあった。しかし、同時に、本職ではない社会改良にもキリスト者が従事せずにはいられないことを内村は認めていた。社会改良はキリスト者が義務の念からではなく、同情の念から従事するキリスト者独特の仕事だと内村は考えていたのであった。このようにキリスト者の実践的な活動を一概には否定しなかった内村は、英文で執筆した『代表的日本人』の中で五大人物の一人に二宮尊徳を取り上げ、尊徳の教えとキリスト教との類似を指摘していた。(二四)また、内村も、幸助と同様にキリスト教を究極レベルに位置づけながらもその土台を日本土着的なものに求めるといった日本的キリスト教を大いに肯定していた。(二五)しかし、西洋のキリスト教徒に劣らない日本人の存在を『代表的日本人』で世界に訴えかけた日清戦争の頃と、戦争を否定するようになったそれ以降とでは、内村の態度には変化が見受けられる。「兎に角二宮翁は偉い。世界的の人物です」と誉めている点では変化はないが、「今に成って見ると、特別に二宮を唱道する必要は認めません」との見解を示して、(二六)報徳思想の宣伝に進んで与しようとは思っていない姿勢を内村は表明していたのであった。

さらに、「熊本バンド」のメンバーで同志社出身の浮田和民《うきたかずたみ》は、発展していく大和民族が手本としても差し支えない人物として、尊徳を楠木正成、徳川家康と共に掲げた。浮田は、後者二人を各々、大犠牲の模範、国民の為め将来の好模型と呼び、尊徳については、独立独行で、財と徳を調和的にとらえ、正直、友愛、克己を旨としたことから、個人としての好模範とみなした[二七]。

そして、幸助と同様に実践的なキリスト教を標榜して孤児を対象にした社会救済事業に携わった石井十次は、幸助と似通った尊徳観を持っていた。日記中の「二宮翁は真に日本の『キリスト』なり。無我愛の真理を信じ実行した人。無欲なる誠実なる熱心なる人物。即ち神の使。……キリスト教と報徳教をもって現代の日本社会を天国化するために奮斗せん。この意味に於いて基督教を基徳教と改めん」[二八]という文言は、石井も熟読した『報徳記』から強い感銘を受けたことを示していた。

以上は尊徳について肯定的な評価が強い人物の見解であったが、尊徳を取りたてて宣伝することに対して消極的な評価があったことにも触れておかねばならないだろう。一人は、「熊本バンド」のメンバーで[二九]、同志社を中退した徳富蘇峰であり、もう一人は一八九二（明治二十五）年に徳富蘇峰の民友社に入社した山路愛山である。徳富蘇峰よりも山路の方が尊徳批判は手厳しい。徳富蘇峰は、尊徳は当時では特異な存在ではなかったとの見解を示した[三〇]。ただ、それでも、現代の問題にも通じる経済と道徳の一致を初めて示した尊徳の人格は大きく、「今後日本に於て演ぜらる可きは、社会主義と個人主義の戦争なり。……之を調和するは、唯だ夫れ二宮主義なる乎」と指摘しているところ[三一]をみるとやはり徳富蘇峰の尊徳への評価は高かったと言えそうである。また、山路の場合も蘇峰と同じような論調で特異な存在としての尊徳を否定しており、さらには「どうも留岡君等がもてはやす様に特別に偉い人とは思わない(三二)」と幸助の名前を出して尊徳を取り上げることに反論した。尊徳の教えは、別段珍説ではないと山路は主張した(三三)。しかし、この山路も、尊徳を人並みの老農と認識した上でその説に耳を傾ければ、感じるところがないわけでもないとの見解を示している。学識は無益、時には有害になることもあり得るため、尊徳の無学は利点であるとみなした山路は、自由独立したという意味での常識人であったという表現を用いながら、尊徳を高く評価した(三四)。このように、尊徳は模範人物の一人ではあるが、特別な偉人ではないとの見解が山路の尊徳に対するトータル的な評価であった。「つまり二宮のいいところは、彼が唯の百姓で、正直で根気よく、きまり通りにきまった事をした点にある。英雄としては、全くつまらぬ男で、あんな細かい小手きゝでは二十萬石以上の国は治まらぬ人だと思ふ」という痛烈な表現で尊徳を批評した(三五)山路の英雄像について小西四郎氏は、「愛山の歴史書はきわめて多いが、その中でも最も多量を誇るものは人物論、伝記である。……愛山のいう英雄とは『時勢を動かす者』であり、『少き道具、不完全なる武器をもって大なる事をなさん』とするものであり……」と説明している(三六)。また、小西氏によると、山路の人物論の多くは、封建時代の武将や学者を対象にしたもので、「人民的」立場からの記述が試みられているということであるが(三七)、「人民的」立場から体制内で穏健的な活動をした農民出身の尊徳は総体的に言って、旗本出身の山路にとっては大した英雄ではなかったようである。

このように、幸助と同様にキリスト教に近い立場の人達の中には徳富蘇峰や山路のような意見の持ち主がいたことも確かではあるが、徹底して完全なマイナスの評価がつけられていたわけではなかった。この二人以外のここで概観した人達の二宮観は、幸助と似通っており、同様に評価は良かったと言える。従って、幸助が尊徳の教えに共鳴し、傾倒していったということは、当時においては特別に異端ではなかったようであり、幸助が常軌を逸した解釈をしていたわけではなかったと言えそうである。幸助が他のこれらの人達と異なる点は、内務省嘱託という立場にあって、熱心に精力的に説いて廻ったということであった。

四　具体的に幸助が説いたもの

上述したような動機と二宮尊徳観をもって幸助は、実際にどのようなことを主として唱導していったのだろうか。

（一）地方改良運動の必要性と報徳思想の有効性

市町村改良の重要性を説いた幸助は、実際に改良するということ自体が重要であるのだから、どのような宗教や宗派を手段に用いても構わないとしながらも、「報徳になると一寸反対するものがない……町村の事業は多くは道徳と経済との調和に依て出来上るのであるから、この両者を結付けた二宮翁の教えは最も適切であります」[三八]と語って、報徳思想で市町村を改良することの妥当性を主張した。

幸助は、キリスト教と接点を持つと理解した神儒仏三味一粒丸の報徳の教えならば宗教的にも公平に近く、経済と道徳両面からの感化を行うことが可能と考えたのだと思われる。

このように、報徳思想を用いて市町村を改良することを主張した幸助は、「我国ノ強大及真ノ文明ハ市町村ヲ純粋ニ組織スルニアリ」や「市町村を都合よく改良し進歩発達せしめると云ふことは日本帝国の進軍と云ふことに多大の関係を有って居るのであります(三九)」という見解を示して、確かに、国家的な視点で改良の必要性を力説していた。しかし、同時に、その市町村に生活する人々自身のためにも改良は必要であるという論法も用いて、市町村改良への賛同を幸助は求めていた。幸助には「自治制の発現はデモクラシーである。官治でなく、民治であり、自治である(四〇)」という国家的視点と対極的な視点も備わっており、市町村改良とは、単に国家のためだけではなく、民衆が主役になることでもあるとの認識を与えながら、市町村改良へと民衆各人を導こうと幸助は試みたのであった。

(二)「下」への要求

i　勤労独立

幸助は、報徳思想を用いて市町村を改良することの重要性を概論的に訴えたのみならず、市町村改良において具体的に必要な事柄についても繰り返し説明を行った。それらは民衆、いわゆる「下」の立場の人達に要求したものと政府など、指導的役割を担える人達、いわゆる「上」に要求したものとに二分することができる。

「下」に対して幸助は、まず勤労独立が必要だと力説した。社会の健全度は、経済的に独立自営している人々の多寡ではかることができるという見解を示した(四一)幸助は、日本の勤労意識を改革する必要性を感じていた。そのため、幸助は、「我国には未だ働く事を恥かしいと云ふやうな考えを持って居る人がある。それは儒教の結果か若くは封建制度の結果で、武士は非常に貴い者であって農工商は卑しき者としてあった其結果から、人間が働くと云ふ事を卑しむやうになったのでありませう(四二)」と日本の伝統に目を向けた上で、「英人は勤労をなすに欧大陸の人々の如く、只利益名誉に依りて為すのみならず、勤労其物を好愛する也。……英人は然らず。利益と名誉とのなき時にも尚勤労する也。此れ其従事する事業の成功する所以也(四三)」と英国の状況を示しながら、勤労が発展のベースであることを説いた。そして、幸助は、経済的独立と発展のベースであると確信していた勤労を節倹と組み合わせて鼓吹したのであったが、その際、勤労と節倹は、人道の核である推譲を実行するためのあくまでも手段に過ぎない(四四)というような、尊徳の教えと一致した論法を幸助は用いた。このように、幸助は、勤労と節倹によって推譲を行うこと、及び勤労と節倹によって独立した存在になることを力説したのであるが、幸助は、「自治と云ふことは自らが自らのことをやって行くと云ふことである。依頼心は自治の人民には最も禁物である」とも語って(四五)、経済的のみならず精神的にも独立することを要求したのであった。

ii 愛郷心・公共心・共同心

幸助は、「国家社会の為めに尽くすと云ふは、畢竟都市及び町村の発達に尽くすに外ならず。国家の要素は市町村民によりて成立し、国民の要素また市町村民によりて成立すればなり(四六)」というように、愛国心と共に愛郷心も必要であると力説した。そして、「斯くて国を愛し、家を愛するの心はあるも、只一つ市町村を愛するの心を欠くは我国民の一大欠点にして、今後文明の社会に在っては、是非共町村魂を養成せざる可からず。然らば町村魂とは如何なるものを云ふか、余は之を三つに分かちて第一公共心、第二共同心、第三家族的情熱と称せんと欲す。……今後の我国は是非共町村魂なくんば国運の発展は期する事能はざるなり（四七）」というように、必要とされる愛郷心の構成要素として幸助は、公共心と共同心を提示し、「公共心は自己と自己の家族以外なる市町村の為に尽す心。共同心は共同一致して公共団体を強くする心」であると説明した（四八）。そして、幸助は、規律正しいこと、納税の義務を果たすこと、公共心を保有することが、自治を担う市町村民の模範型であると主張した（四九）。

その一方で幸助は、「其の公共心と云ふものが日本人には薄いと思ふ、西洋人は個人主義だと云ふけれども日本人は随分個人主義だ」と、西洋以上に日本には共同心が薄く、公共精神に欠けていると酷評し（五〇）、「公共心が発達せずして自治を全うしたところは世界広しといえども一つもありません。公共心とは自己の住んでいる町村の為に一個の私を棄てて尽すという心である（五一）」と公共心がいかに重要かを訴えかけ、改善の方向へ教導しようとしたのであった。

(三)「上」への要求

i　富者の推譲　嘱託を務めた幸助には内務省からみると逸脱した行為もあったようで（五二）、幸助は、内務省の地方改良の動機や意図に黙して従っていたわけではなかったと思われる。幸助は上述したような「下」への要求のみに終始したわけではなかったのであった。

「下」のためになることを「上」が実行するということを説かない傾向は、「東西を通して未開の時代に有り勝ちのことであったけれども、分けて東洋に於ては此の傾向が甚だしかった[五三]」と冷静に分析した幸助は、「東洋の道徳と西洋の道徳との差異は、頂度正反対の趣がある。東洋は強大なるものに弱小なるものが奉仕するのである。……所が西洋では、強大なるものが弱小なるものに奉仕する思想なり」と東洋の道徳と西洋の道徳にみられる相違点を指摘した[五四]。幸助は、資本家が労働者に、男性が女性に、親が子に、地主が小作人に、主人が僕婢に対して奉仕するという西洋の社会奉仕の精神を説明して、「上」から「下」への奉仕を暗に奨励したのであった。

また、幸助は、報徳思想の表現をそのまま用いて、「上」の推譲を推奨した。「人間が何ぜ真面目に成って働かねばならぬか、なぜ一生懸命に倹約をして分度を立てねばならぬかと云ふに、余った所の金を以て推譲をする為めだ。即ち余剰を以て貧乏人を救恤する資本にするとか、百姓ならば肥料を購ふて更らに土壌の豊饒を期するとか、大凡斯う云ふ為めになることを身外万事に向かってするのが謂う所の推譲の作用である[五五]」と考えた幸助は、特に富者による推譲の実践を呼びかけた。富者が存在することの有意性を問いかけ、不労所得としての富が富者に偏重することは不公平だと指摘しながらも、推譲の役割を果たす限りにおいての富者の増加については幸助は是認し、「上」からの推譲を要求したのであった。

ii　四角同盟

「上」の立場になり得る人々に対しても推譲やリーダーシップを要求した幸助は、各地方の町村の視察に基づいて考案した模範村の必須要素――市町村自治の四角同盟という概念――を提示した。第一流人物の村長、小学校長、篤志家、及び宗教家から成る四大支柱を市町村内に形成し、社会の経済的、精神的問題に対処していくことを幸助は推奨したのであった。第一流人物については私利私欲を克服した人、篤志家については、官吏に限らず教育家でもあるいは富者でも構わないと幸助は考えていた。また宗教家については、町村自治の強力な後援者となって町村を改善し、社会を徳化する原動力になってくれることを幸助は期待した。さらに、模範村を築くための四角同盟によって教導される市町村の内部には純粋な至誠の精神が充満していることが絶対に必要で、市町村内部に満ちている至誠と至誠とが結びついて実際に発露するようになるためには、至誠を中心にして一方には公共心、もう一方の側には共同心が必要なのだと幸助は説明した。地元の有力者達が率先して、至誠と推譲の精神に基づき、私利を克服して公共心と共同心を発揚していけば、実践的な無言・有言の教導となり、一般民衆もその徳に報いるべく勤勉独立し、推譲の精神で公共心と共同心を体現していくようになると幸助は主張したのであった。四角同盟によって、至誠を持った公共心と共同心が完備されれば、過激な社会主義は防止されるし、国家発展の基盤であると幸助が認識していた税金の完納も期待できると幸助は考えた。

iii　国家の慈善への従事と慈善局の設置

幸助の「上」への要求は市町村レベルのリーダーのみならず、

地方自治体や国にも及んだ。「慈善トシ云ヘバ、必ズシモ宗教家若クハ道徳家ナラザレバ為スベキモノニアラザル如ク考フルハ、大ナル了見違ナリ。慈善ハ強キ同胞ガ弱キ同胞ニ尽スノ一義務タルヲ知ラバ、政治家タルモノ、実業家タルモノ、教育者タルモノ、何レモ為スベキコトナリ。然レドモ、我国ノ習慣トシテ、慈善ハ個人ノナスベキモノ、殊ニ宗教家道徳家ノ任ズベキモノニシテ、政府タルモノハ如此コトニ立チサワルベキモノニアラザルカ如ク考フルハ、民ノ父母ヲ以テ臨ム政府タルモノノ懐クベキ思想ニアラザルナリ」（五六）というように、政府が慈善に関与するようになることは当然の義務であるというような主張を幸助は展開したのであった。そして、幸助は、「慈善政策とはどういふ工合になしたらばよかろうといふに、先づ内務省は其省中に、土木局、地方局、宗教局、警保局等と同じく並び立て慈善局といふものを設けて大に其方面に尽力して貰はねばならぬ。次に各府県庁には、其府県庁内に矢張り慈善部といふものを設けて、其府県下の人道問題に尽力して貰はねばならぬ」（五七）と具体的に慈善局の設置を提案した。「文明国ニ於テハ、政治機関ノ一ツトシテ必ズ内務省ニ慈善局アリテ無告ノ民ヲ保護ス。……宜シク内務省ニ慈善局ヲ設置シテ、民ヲ恵愛スルノ術ヲ講究スルハ実ニ必要欠ク可ラザルコトトス」（五八）と表明した幸助の先進的な考えは、欧米での経験や視察に由来するものと思われる。ここで記された「術ヲ講究スル」や「所が我政府当局者や、府県庁、或は市役所等の役人の中で、往々慈善といふことを考へ違ひして居るものがある。文字が慈善とあるから、慈善とは宗教家や隠徳家がやるもので、政府は此れに預るべきものでないと思ふのである」（五九）という文言からも推察可能であるが、前章でも述べたように、幸助の慈善とは決して旧態以前の「施し」ではなく、調査や学術に基づいた他の行政部門と同一ラインに並ぶものだったのである。

五　幸助の果たした役割とその有意性

留岡幸助は、内務省の「上」からの運動の一翼を担い、独立、勤勉、倹約、推譲、和すること、愛国心、愛郷心、公共心、共同心、納税の義務について説得を試みた。推譲と和することは社会主義の解決策として、公共心については大きなもののためには私を捨てるものとして幸助は説いた。幸助が目指したものは、至誠と推譲の精神を持ち、自己の住む国と町村を愛し、そして勤労に励む独立した人民の住む一等国であり、手本となるような国であった。しかし、幸助の思いとは裏腹に、地方改良運動以降、「上」の推譲は無視され、民衆の組織的な把握、統制、支配が強化された。国家統合に都合のよい民衆を作り上げていくための、「上」からの指導体制が常道となっていったのであった。国家的な美徳意識が組織的に強調され、社会主義的な人物の発生や進取の精神を持った人間の創造が阻害され、各個人の多彩な可能性や個性がつぶされていった。明治末のこのような地方改良運動による帝国主義の強化・完成が昭和の日本のあり方につながっていったと見ることもできる。地方改良運動に関する内務省の真の目的と幸助の目的とは異なるもので、「官」の立場から教化できる機会を幸助は単に有効利用しようと思って挑んだ可能性は充分あるとはいえ、地方改良運動へ従事した幸助には確かにマイナスとされる面もあった。内務省の期待した任務を幸助が果たしたことは否めない。幸助が独立した「民」の立場で不良少年の改善事業に実際に従事していたという事実も内務省の目的完遂にはプラスだったと想像できる。

しかし、動機よければ結果全て良しとまでは言わないが、幸助は悪意で内務省の意図を担ったのではなく、至誠で臨んでいた[六〇]。「上」の推譲の必要性も説き[六一]、実際に、富豪の協力や国の保護を要求した。これを両輪の片方とし、もう一方としては民衆を独立・自主性を持った人間たらしめようとした。また、コミュニティを構成するメンバーの一員という認識を英国などの先進国の国民と同様に、日本の人々にも植えつけようとした。

幸助は民衆の性質について問題意識を持っていたのであった[六二]。そのため、幸助は、制度よりも先に個人の改革を重視したと思われる[六三]。しかし、欧米での留学や視察体験を持つ幸助は、制度に欠陥や不足があるということは十分承知していたはずである。それ故に、実際には、国の為すべきこととして慈善局の設置を提案したのである。つまり、「上」への推譲要求も失わず、「上」の推譲を重視しながらも、民衆の精神改良を優先させたのであった。「自分の責任よりもまず他人の責任」ではなく、「自分も頑張って初めて他人に頑張りが要求できる」という思考法を幸助は重視したと言える。幸助には制度という視点が欠落していたわけではなく、逆に言えば進歩的に、国による社会政策の必要性を主張していたのであった。他人に依存しすぎず、自助独立して、自らが取捨選択を行うという姿勢が民衆の絶対的な基本姿勢と幸助は考えたのだが、それでも、福祉面での切り捨てや禽獣界のような弱肉強食を肯定していたわけではなかったのである。

ところが、「上」は必ず推譲を行うものであるとの前提に立った性善説的な幸助の論法は、穏健的であり、換言すれば社会制度や構造についての視点を持たない楽観的すぎるもの[六四]と現代の我々からは批判できるかもしれない。しかし、幸助の生きた時代は、農村社会も色濃く残っていた近代国家の仲間入りをしたばかりの時代であった。国家独立に対する危機感が強く、権利と義務との関係は正確に理解されていない、公共心が認識されていなかった頃だったのである。つまり、現代とは問題点が根本的に違う異なった時代だったのである。また、幸助には、「上」から見るばかりで「下」からの視点が足りなかったと批評する人は、自由的、民主的、社会主義的な視点が幸助には欠けていたと批判するのであろうが、幸助は自由・民主的側面を重視したからこそ自己の内からの改革を繰り返し主張したと言えるのではなかろうか。田中和男氏は「留岡は『社会問題』への対応方法（＝技術）である『社会改良』が『地方改良』としてゆがめられて唱導された明治後期を代表する社会事業家であって、『社会問題』への対応『方法』が、資本主義批判の型で展開される大正中期型の社会改造家ではなかったといえよう」と批判した[六五]が、幸助は、資本主義化に拍車がかかり始めた時期の人物であり、資本主義批判はそれが熟していく過程の中で生まれたものであることを考えると、幸助の生きた当時、どれだけの人が実践的な「大正中期型の社会改造家」たり得たのだろうか。幸助の他に、現代から見ても進歩的であったと評価できる制度面の充実を強調した社会事業家はそれほど多数は存在しなかっただろう。

幸助は価値観の大変換を経験し、儒教的国家主義という制約を受けた人であった。新島襄や熊本バンド、及び同志社からの影響として儒教的国家改良思想を大きく抱いていた幸助は、他の志士的愛国

新島襄（本井康博『新島襄と徳富蘇峰』晃洋書房より引用）

者同様、内憂、外憂にさらされている明治国家の存亡、繁栄に危機感を持った。実践的キリスト教をもって暗黒面に光を照らすことを生涯の務めとした幸助は見て見ぬふりができず、さらには自主性、独立性を備えていたために「誰かが何かをやってくれる」という他力的思考方法をとらなかった。二宮尊徳やスマイルズに通じる「小事をもって善と為す」の心意気で微力ながらも救済の役割を果たしたいと考えた。「上」と「下」、即ち頂上は国、そして末端は民衆、これら両者を救う一端を担いたいとの希望を持って座右の銘、「一路到白頭」の精神で臨んだのであった。幸助にとっての地方改良運動は家庭学校で実践していた感化教育と連続するものだったのである。

「明治国家危ふし」という認識が一般的だった時代の問題意識を尺度にすれば、幸助を高く評価しても構わないのではないだろうか。今日の日本は、物質主義的尺度が偏重された後の経済的不安によって一種の自信喪失傾向も大きい。その反動としてなのか、日本国としての偏重的な国粋主義の傾向も見受けられる。また、幸助が明治末にいち早く提唱した仁政国家としての社会政策的側面——その完備度と自助との関係については議論の分かれるところではあるが——を有している今日の我々にとって、国家は、その枠組みを信じて疑わない存在となっている。その一方で、国家の枠組みを超えた世界の一員としてのあり方が問われる時代にもなっている。これらは現代の「国家危ふし」の状態をあらわしているのかもしれない。「きっと何かをしてくれそう」という考えからは自主独立の気配はうかがえない。確固とした基礎的な自立意識があってこそ、全体の一員という視点も持てるのである。経済的問題については、道徳面だけで解決できるとは思わないが、それでも、「批判を受けようが我が道を行き、小さな礎となれればそれでよしとする」と考えていたであろう実践家、留岡幸助が明治時代という枠組みの中で力説した精神的側面は今も有意義な役割を果たしうるのではないだろうか。さまざまな歴史的要因の中で本人が真に意図しなかった役割を果たした側面はあるものの、それらを差し引いたとしても、報徳思想を基底にした幸助の地方改良運動が、民衆を抑圧する働きしか持ち得なかった無益なものだったとは言えないと私は考える。

注

（一）幸助は、巣鴨家庭学校創設の一年前に巣鴨監獄の教誨師になった。ところが、仏教本願寺派の教誨師達がキリスト者教誨師就任について猛攻撃をし、国会でも取り上げられる問題となった。そのために教誨師を辞任した幸助は、新設された警察監獄学校の教授に迎えられ、救貧問題や社会法制に注目し始めた内務省の官僚達と交流を持つようになった。そして、内務次官で警察監獄学校の校長だった小松原英太郎に要請されて幸助は嘱託に就任した。

（二）「報徳の外に研究したい問題が沢山あります。私の事業は……。ところが其方を聴かふといふものが少けな《ママ》くて」と、報徳一辺倒の研究家であるがごとく、二宮宗と呼ばれることについて甚だ迷惑であると幸助は言明して

いた（『留岡幸助著作集』第二巻、同朋舎、一九七九年、四六六頁）。

（三）『内務省史』第一巻（大霞会編、原書房、一九八〇年）は、内務省地方局が先頭に立って各地方に働きかけた地方改良運動が、地方行政の基本政策として採用され、省務として励行・強力に推進されたのは、戊申詔書渙発の時期ではあるものの、この運動が開始されたのは、明治三十年代以降の日清戦争後の戦後経営期、あるいは明治三十年代の日露戦争前後からであると説明している（二九〇・二七七頁）。また、『内務省外史』（大霞会編、地方財務協会、一九七七年）では、日露戦争終結後、成金が多くなったため、地方局の井上友一や幸助などが中心となり、報徳思想と模範町村を利用して人心の引き締めが行われ、その精神的延長として戊申詔書が出てきたことが指摘されている（六三—四頁）。

この報徳思想と模範町村の利用について、大島美津子氏は「地方改良運動を効果的に進めるうえにおいて『現時ノ急務』と評価される表彰の実施は、多様化した自治様相に照応した天皇制的栄典付与の拡大であり、その栄誉を媒介として住民の自発的協力心を吸収、普及する手段である」と分析している。また大島氏は、地方改良運動の遂行形態の特徴を、「第一に、運動の担い手が単に町村行政従事者のみでなく、一般町村住民と民間の団体を含む広汎な層になったこと、それに応じて第二に、上からの一方的な理念の浸透という形ではなく、町村の具体的な状況との結合すなわち『醇風美俗《じゅんぷう》』の包摂、培養が試みられ、自生的なかたちが要求されたこと、第三に、運動の進め方が命令、監督ではなく、教化、指導という、自発性培養のかたちでおこなわれたことである」とまとめている（大島美津子『明治国家と地域社会』岩波書店、一九九四年、二九七・二九九頁）。

また、日露戦争下では、町村財政の緊縮、基本財産の設定、納税組合・貯蓄組合の設立、出征軍人や遺家族の援護、各種の農事改良などが具体的施策として採用されたのだが（林茂・辻清明編『日本内閣史録　二』第一法規出版、一九八一年、七四頁）、この点に関連して大島氏は、「町村制施行当時には、役場——区と町村会というかたちでしか存在しなかった行政系列のほかに、納税組合、在郷軍人会、共同貯蓄組織、農会、産業組合等をたくさん作り出し、本来被支配層であり、権力に敵対的であるはずの層を体制の側の基盤として巧みに組織化し、彼らを通じて民衆を把握したのである」と説明し、地方改良運動では、町村を国政遂行上の要員として強化するために、広汎な行政補助組織が形成されたと指摘している（大島美津子『明治国家と地域社会』三二一・三〇四頁）。

（四）尊徳は、神が一サジ、儒仏が各半サジから成る完全に混和され何物とも認め難い優れた丸薬と説明した（福住正兄『二宮翁夜話』内外書房、一九三四年、二四七頁）。

（五）「百石の身代のもの、節倹を勤め、五十石にて暮らし、五十石を譲りて国益を勤るは誠に行いやすし。この道を行えば、学ばずして仁なり義なり忠なり孝なり、神の道、聖人の道、一挙にして行はるべし」や「今年の物を来年に譲るの道を勤めざるは人にして人にあらず。十銭取りて十銭遣ひ、二十銭取りて二十銭遣ひ、宵越しの銭を持ぬと言は鳥獣の道にして人道にあらず」という表現を用いて尊徳は自譲について諭した（福住正兄筆記、佐々井信太郎校訂『二宮翁夜話』岩波文庫、一九四一年、二七・八七頁）。

（六）尊徳は、「富者の子弟は増長に増長して終に滅亡す。天下の富者は皆しかり。ここに長く高貴を維持し、富貴を保つべきは、只我道推譲の教えあるのみ。富家の子弟、この推譲の道を踏まざれば千百万の金ありといへども馬糞茸と何ぞ異ならん」や「人の手は我方に向きて我為に便利にできたれども、又、向ふの方へも向き、向ふへ押すべくできたり。これ人道の元なり。鳥獣の手はこれに反して、只我方へ向きて我に便利なるのみ。人たる者は、他のために押すの道あり。先の方に手を向けて、他の為に押すことを忘るるは、人にして人にあらず。天理に違ふが故に終に滅亡す。故に、常に奪ふに益なく、譲るに益あり」という表現を用いて戒めた（同右、三四・四七頁）。

（七）福沢諭吉『福翁自伝』岩波文庫、一九七八年、二九七頁。

（八）同右、二〇七頁。

（九）中村正直「人民ノ性質ヲ改造スル説」、『明治文学全集　三　明治啓蒙思想集』筑摩書房、一九六七年、三〇〇頁。

（一〇）民衆に芽生えた進歩の概念は立身出世の術として理解された。勉強すればどうにか生計が立つという認識が十歳の子供にまで浸みこんでいたことが『明治という国家　上』（司馬遼太郎、日本放送出版協会、一九九四年、一三二頁）に例示されている。

（一一）　自由民権運動における人間育成面の活動については山住正己『教育勅語』朝日新聞社、一九八〇年、二二―四頁を参照。

（一二）　加藤房蔵編『伯爵平田東助伝』産業組合中央会内　平田伯伝記編纂事務所、一九二七年、一一三頁。

（一三）　岡田典夫『日本の伝統思想とキリスト教』教文館、一九九五年、一五六頁。

（一四）　加藤房蔵編『伯爵平田東助伝』一二七頁。

（一五）　地方改良運動展開の契機とみなされる国民心得についてまとめた戊申詔書発布の第一目的は社会主義対策であった（林茂・辻清明編『日本内閣史録　二』五九頁）。

（一六）　井上友一は、内務省の為ではなく、天下国家の為に働くことを信念とした明治後期に登場し始めた新タイプの役人で、都市行政に造詣が深かった。幸助の良き理解者だった井上の存在なしで幸助が嘱託を務めあげることは不可能だったとも言われている。注（五二）も参照。また、井上の死去後、幸助は、井上を利己的、悪意でなかった同情の人、オリジナルの人だったと偲んだ（『留岡幸助著作集』第三巻、同朋舍、一九七九年、五四四―七頁）。

（一七）　同右、第一巻、三八〇頁。

（一八）　同右、三七九―八〇頁。

（一九）　井上友一は、「将来の国民経営に最も必要なるもの二つあり。一は進取の勤勉の気性を作興することにして、他は協同一致の風気を培養すること……勤勉進取の精神は、二宮翁の人格に於て、最も善く、最も明かに顕現するを見る」や「自助と協同の力に憑《よ》りて自から治むるの方便を勧めたるは、独り尊徳二宮翁を以て、当時第一の先覚者と為さゞるを得ざる也」との見解を有していた（井上友一「二宮翁と国民の風化」、留岡幸助編『二宮翁と諸家』人道社、明治三十九・一九〇六年、八三・八五頁）。

（二〇）　井上哲次郎は、模範人物として一般平民からあまりにも距離がありすぎる大名よりも、平民・農民の出身である尊徳を選択した方が感化という点で有効であり、一生懸命学べば尊徳のようになることができるという希望を農家の子女にも抱かせることができるとの考えに基づいたためと選択の理由を説明していた。井上哲次郎の尊徳観については、井上哲次郎「学説上に於ける二宮翁の位地」、同右、九六―一〇二頁を参照。

（二一）柳田は、自給経済社会では貧乏の理由を問うことは愚問であったが、「今日では働いても貧乏することがある、故にこの質問は極めて尤もなる不審且重要痛切なる疑いとなりました」と指摘していた（柳田国男「農業経済談」、内務省地方局編纂『地方改良事業講演集　上巻』博文館、明治四十二・一九〇九年、五三八―九頁）。

（二二）「所謂身代直しを以て職業とする者が随分多く有ったやうでありますが、此等身代直しの輩の技倆と先生の事業とを比較して見まするに、其差異は決して程度の問題ではなく、全く種類の差異なのであります。……先生の説は遥に積極的であって且つ近代的であると思はれます」と柳田国男は尊徳を評価した（『柳田国男先生著作集第四冊　時代ト農政』實業之日本社、一九四八年、二〇八―九頁）。

（二三）幸助は、「報徳社社員は時代の進軍に伴って進んでいかなくてはならぬ。二宮翁がやったからといっても今日の時勢に適しないものは捨ててもよいのである。我々は二宮翁の精神を学ぶべきであって、その形式を学ぶ必要はない。形は時と共に変わるべきものである。精神は万古不易のものである」と注意を喚起し、進取の質をのぞかせていた（留岡幸助「時代の進軍と報徳社の態度」、『斯民』第六編　第十二号　三月号、報徳会、明治四十五・一九一二年、八六頁）。

（二四）内村は、「道徳力を経済改革の要素として重視する……これは『信仰』の経済的な応用でありました。この人間にはピューリタンの血が少しあったのです」と主張した（内村鑑三『代表的日本人』岩波文庫、一九九五年、八七頁）。

（二五）内村は、「二宮の台木に基督教を接ぐのです。武士道だって武士道其ものはつまらないが、基督教の台木にはよろしい。……我々の接ぎ木した二宮は讃美歌を唱へつゝ鍬を握るのですよ」との見解を示していた（内村鑑三「愛土心と尊徳翁」、留岡幸助編『二宮翁と諸家』一六四頁）。

（二六）同右、一六〇・一六三頁。

（二七）浮田は、「個人たるもの、よく身を修め自ら守り、而して余力を余すのも、畢竟は社会の為に盡さねばならぬからで、而して又社会の為に盡すのは、やがて自らに向て奉ずるのである。翁が推譲を説いて、公利公益に盡すことを教へられたのは誠に所以あることゝ思ふ。翁は啻に口で教へられたのみでなく、躬《み》自ら行ふて公務に我を忘れられた人で……」と社会と個人の密接な関連性を指摘しながら、尊徳の推譲の教えと伴った実行性を評価した（浮田和民「模範人物たる尊徳翁」、同右、一〇七頁）。

（二八）石井十次『石井十次日誌（明治四十三年）』石井記念友愛社、一九八一年、二一七頁。

（二九）大転向を遂げたとされる徳富蘇峰は、確固とした本意で花岡山での奉教盟約に加わったわけではない、その場の流れで熊本バンドの一員とみなされるようになったと晩年に回顧した。しかし、徳富のキリスト教的な側面を完全に否定することは不可能であり、熊本バンドに関するこの発言は、当時のキリスト教に対する社会状況に一因があるのではないかという見方もある。

（三〇）徳富蘇峰は、「二宮先生の生し時代には、独り二宮先生のみならず、先生の如き主義精神を以て生れしもの、敢て其人に乏しからざりき。……若し各地に就きて詳《つまびら》かに之を探らば、或は多大の数に上らんも知る可らず。只二宮先生は住する所、江戸に近く、奉ずる所の君主（大久保侯）は、即ち閣老の一人なりしを以て……」との見解を示した（徳富蘇峰「市民の福音」、留岡幸助編『二宮翁と諸家』一〇八―九頁）。

（三一）同右、一一二頁。

（三二）山路愛山「遠くから見たる二宮翁」、同右、一六九頁。

（三三）山路は、例えば、推譲金については、珍しくはない、無利息については尊徳の新案ではあるが、それも自然の勢いであると主張した。また、分度についても珍しいものではなく、太閤検地、元禄検地も同じ予算であり、武士道との関係で当時は算術が衰微していたために耳新しく聞こえただけだと批評している（山路金次郎「報徳新論」、『山路愛山選集』第一巻奥附、萬里閣書房、一九二八年、五八五―七頁）。

（三四）山路は、「其教訓と模範とはたしかに自力宗の伝道師と申すべし。幽遠なる宗教問題は他力宗にても済むべけれども、人間の経済に関する問題は自力宗ならでは埒の明かぬことなり。我等は此点に於て二宮氏の自力宗なるを感服するものなり」との見解も示していた（同右、五八九―九四頁・五九八頁）。

(三五)　山路愛山「遠くから見たる二宮翁」、留岡幸助編『二宮翁と諸家』一七三頁。

(三六)　小西四郎「山路愛山」、朝日ジャーナル編『日本の思想家』朝日新聞社、一九六二年、二八一―二頁。

(三七)　同右、二八四頁。

(三八)　幸助は、「如何にして此等の町村を改良すべきかといふに、仏教の人は仏教でやるべしと言ひ、基督教の人は基督教でやったら宜からうと考へ、儒教の人は儒教に依らんことを主張するのであります。所で私自らは基督教信者であるが、併し日本の事情から考へて、私は報徳でやるが最も良いと思ひます。……一派の宗教を町村に入れると、後から他の宗派が負けぬ気に成って這入って来るので、其が為め町村は一時混雑を生ずる」とも語っていた（『留岡幸助著作集』第二巻、三四七頁）。

(三九)　留岡幸助日記編集委員会『留岡幸助日記』第三巻、矯正協会、一九七九年、五三〇頁／『留岡幸助著作集』第三巻、一三五頁。

(四〇)　『留岡幸助日記』第四巻、六〇九―一〇頁。

(四一)　『留岡幸助著作集』第三巻、三七四頁。

(四二)　同右、第二巻、二五〇頁。

(四三)　『留岡幸助日記』第二巻、六二八頁。

(四四)　「勤勉、節倹は人道を開始し保維するの務にして、推譲は人道を収結するの務なり。……推譲ありて初めて能く勤強をして道徳たらしめ、光栄あらしむるものなり」と幸助は説いた（同右、五八頁）。

(四五)　『留岡幸助著作集』第三巻、一四四頁。

(四六)　同右、一六頁。

(四七)　同右、三七六頁。

（四八）　幸助は、自治・公共精神について「公共団体を一の大なる美はしき織物と言ひたい。此織物は縦糸は権利義務の思想で、横糸は隣保団結即ち向ふ三軒両隣りの情義で成り立って居る。……権利義務の冷かなる思想に隣保相助の暖か味を加へて、公共団体を円満に発達せしめようといふのが、自治制度の根本精神である」という見解も示していた（同右、第四巻、一三三頁）。

（四九）　幸助は、「衆目を驚かす様な英雄を造るのではなく」と前置きした上で、実行可能な範囲内の市町村民の模範型を示した（同右、第二巻、四〇九頁）。

（五〇）　幸助は、「仮令《たとえ》ば地方改良と言ひましても都市の改良と言ひましても国民たるものに公共心が無かったならば決して其の実績が上るものではない、地方も都市も改良進歩することは出来ませぬ。其の公共心と云ふものが日本人には薄いと思ふ」、あるいは「是は即ち市民其の物が幼稚なのである、公共心が乏しいのである、否、自治的精神が乏しいのである」という表現で日本の欠点を指摘した（同右、第三巻、一四〇・一三八頁）。

（五一）　同右、第二巻、四一六頁。

（五二）　役人である幸助が民衆に向かって演説をしたことが内務省内で問題になったことがあった。このときは中央（内務省）からの呼び戻しの電報を井上友一が握り潰し、事無きを得た（留岡清男『教育農場五十年』岩波書店、一九六四年、二八頁）。

（五三）　『留岡幸助著作集』第三巻、二七九頁。

（五四）　『留岡幸助日記』第四巻、六三九頁。

（五五）　『留岡幸助著作集』第二巻、二二二頁。

（五六）　『留岡幸助日記』第一巻、六五五頁。

（五七）　『留岡幸助著作集』第二巻、二八三頁。

（五八）　『留岡幸助日記』第一巻、六五五―六頁。

（五九）　『留岡幸助著作集』第二巻、二八四頁。

（六〇）　勤勉・倹約・孝行などの通俗道徳が人々を規制していくメカニズムの一側面を指摘した「この幻想の職業的な宣伝家や礼拝者もあらわれて、現実的な諸関係から人々の眼をそらし、幻想のなかにすべての現実的なものの根拠を見るように人々を説得し、……」という文言（安丸良夫『日本の近代化と民衆思想』平凡社、一九九九年、一四頁）から推察されるような一種の悪意は幸助にはなかったと言える。

（六一）　幸助は、「其強き者が弱き者の為に尽すことは、恰《あたか》も慈母の赤子の為に尽すと同一である」、あるいは「世の中には二宮翁の主義を称して勤倹貯蓄だ、消極的だと云ひ、報徳の道は唯金を溜めることばかりのやうに批評する人があるけれども、翁の道は金を溜めると云ふことのみを理想として居ない。其の溜めた金を以て世の中を益するといふことを理想として居るのである。是れ即ち推譲論の起って来る所以である」とも主張していた（『留岡幸助著作集』第四巻、一三四頁／第三巻、一七〇頁）。

（六二）　幸助は、「専政の下に権利が無いと云ふから自由民権を唱へて権利を拡張して遣った、で自分等が勝手な代議士を出すやうになって善く行くかと言ふと善く行かない、人民が、選挙有権者が投票の売買を為《や》るぢやあないか、御馳走を食ったり僅かな金を以て、……実に政治が腐敗した、で仕方がないから、遅蒔ながら自分は此の自治体と云ふものの改良と云ふことに余力を尽すより外に国家に尽す道は無い。……日本の自治と云ふものは洋服を着ることを知らぬ者にフロックコートを着せたようなものだ。一番下の襦衣《はだぎ》も着ず、ヅボンも穿かず、チョッキも着ずしてフロックコートを着けたやうなもので、後から見れば善いやうだけれども、前へ廻って眺めるとフロックコートの合はない処は丸で裸体が現はれて居る。何も準備せずして自治の制度を布いたのは恰度此んな者である。何うも困ったものである。自治の改良と云ふことは今日の急務である」という板垣退助から直接聞いた一種の嘆きを時折引き合いに出しながら問題点を指摘していた（同右、第三巻、一四二―三頁）。

（六三）　「市町村の魂、市町村の良心と云ふものを作らないならば、法律や機関や、制度ばかり出来て居っても其の成績は挙らない。其の良心は何う云ふ風にしたらできるか」と幸助は訴えかけていた（同右、第三巻、一四七頁）。

（六四）　「日本では社会主義者の云ふが如き過激な方法を以てせず、今少し緩和なる方法を以て社会の欠陥を補ふの途があるであらうと思ふ。二宮先生などは其方法が余程社会主義とは異なって居る。即ち貧富相和して財宝生ずと云ふのが先生の主義である。……勿論資本家が横暴な事をするならば、是れは取挫いて行かねばならぬけれども、資本家も労働者も共に善くなるやうに導いて行ってこそ、初めて社会が円満に発達するのである」という論調は、幸助のそのような楽観性を示すものとも言える（同右、第二巻、二三二頁）。

（六五）　田中和男「『地方改良』と留岡幸助――その思想と行動をめぐって」、『キリスト教社会問題研究』同志社大学人文科学研究所、二八号、一九八〇年、二〇五頁。

第四章　北海道家庭学校とオウエンのニュー・ハーモニー

幸助は、一八八八（明治二十一）年に二十四歳で同志社を卒業して以降、二十六年間の活動の集大成として、北海道の社名淵《しゃなぶち》に北海道家庭学校とそれを中心にした新農村を創設した。本章は、社会事業家、留岡幸助が大々的にチャレンジをしたこの企画の現実性や理想の達成度について目を向ける。果たしてそれは、十六世紀にトマス・モアがギリシア語の「どこにもない場所（ou topos）」からつくり出したユートピアという空想性を含む意味合い的なものだったのだろうか。十五世紀になって地理上の発見が続き、自分達とは異なる思考や生活様式を認識したヨーロッパ世界では、絶対的だと思われていた既存社会の秩序が崩壊する過程を示唆したユートピア物語が登場した。ルネサンス期のユートピアを代表するモアは、貪欲が支配する現実に対して、私有財産も貨幣もなく、全ての人の労働時間は短縮され、計画的に経済が運営されるという、既存の社会とは全く異なるユートピア島を構想した。本章では、ユートピアを、軽侮的ニュアンスを持った一般的な使われ方を受けて、「貪欲の入り込むことのないパラダイスのような社会ではあるが、共産・設計・非現実的な極端な理論であり理想に過ぎないもの」と定義してみる。そうした上で、留岡幸助の北海道での実践は、ユートピア的なものに終わったのか、あるいはそれを超えて意義あるものだったのかということについて、歴史的・時代背景的・地理的な相違を充分承知の上で、幸助が著作で言及したこともあったロバート・オウエンの実践との比較も含めて考察を試みる。

一　北海道家庭学校

（一）設立までの経緯

まず最初に、幸助が北海道家庭学校を設立するまでの社会事業家としての活動経緯を今一度簡単に整理し直してみることにする。一八九九（明治三十二）年の創立から七年後には、幸助が務める理事長と他六人の理事の体制下で財団法人となった巣鴨家庭学校は、少年の感化事業、慈善事業の指導者を養成する慈善事業師範部、及び慈善事業に関する啓蒙を意図した月刊雑誌、『人道』の発刊という三部門を手がけていた。そして、巣鴨家庭学校は、財団法人化の三年後には、一九〇〇年三月に公布された感化法に基づく代用感化院として東京府から指定され、第四家族舎を感化法の適用を受けた少年達の利用に供するようになった。

幸助は、このような巣鴨家庭学校での「民」の活動に加えて、一九〇〇年から内務省の嘱託に就任したことを契機として、「官」の立場での活動も積極的にこなしていった。全国各地の報徳社の視察、地方改良運動への積極的参加、全国慈善事業家大会への出席、二宮尊徳翁五十年記念会の発起と開催、産業組合講習会の講師、中央慈善協会の評議員、全国感化院長協議会への出席など、一九一四（大正三）年に内務省嘱託を辞任するまでの十五年間――実際にはそれ以降も、感化教育会副会長や社会事業調査会の臨時嘱託を務めるなど公的な活動は縮小されなかったのだが――各種の調査研究、視察と指導、講演などを通じて、「民」の立場ではなし得ない感化救済活動に関する制度や政策づくりに強く働きかけていった。

一九一四年三月に内務省嘱託を辞任した幸助は、上述したような「民」と「官」の立場からの実践と研究の積み重ねの集大成ともいえる実践に同年八月から挑んだ。幸助は、その前年に北海道庁より払い下げられた北海道北見の社名淵の土地（一〇五〇町歩）に感化部と農業部から成る念願の家庭学校北海道分校と農場を開設したのであった。これ以降、幸助は、夏場は北海道、十月下旬あたりからは東京という生活パターンで活動を繰り広げていった。

（二）具体的活動内容

まず、感化部で行われていた具体的活動についてみてみよう。感化部には、任意と強制の両方によって不良少年が収容されたばかりではなく、志願による優良青年も含まれていた。教育方針は、小仕掛けの実験と幸助が考えた巣鴨家庭学校と同様であった。人間への感化影響力が強いと幸助が信じた自然に囲まれたこの学校でも、愛こそが少年をつなぎとめておくものであるとの考えに基づいて開放的な造りが採用されていたし、勤労することによって人間は精神的にも大きく成長するというような、勤労を重視する教育方針もやはり貫かれていた。目標は一貫して独立自営の人間をつくることであった。感化部には、この最終目標と趣旨を同じくする「一群会」という組織が設けられていた。「一群会」とは、「あたかも羊の群が牧者に指導されるように、従順に仲睦まじそうに、一群となって牧場に来往するように、そして牧者たる教師やその他の職員と和合団結して、一家族の如く生活するようになることを希望するところから命名」[一]された生徒の自治会であった。当初は、自治会と呼ばれていたが、より子供らしい表現に、ということで改名された。生徒のこの自治組織には、公正、厳格、協力という三方針があり、これに基づいて相互の共励、学芸に関すること、及びテニス・スキー・登山などの運動に関すること、という三つの事業が展開された。相互の共励には、規律、風紀、衛生などの督励や農芸、植林での相共同が含まれ、学芸に関することとしては、音楽や演劇、機関紙「一群」の発行、弁論会・学芸会・修学旅行・祈祷などの開催、及び図書・雑誌の請求と保管などがあった。

　次に、農業部の活動についてであるが、この感化農場が開設された前年の一九一三年は、凶作であったために初年には一人の移住者もなかった。そのため、幸助は一人の教師と三人の生徒と共に途方に暮れてしまったが、二、三年を経る頃から入場者が集まり出し[二]、感化部と併行しての理想的な新農村の活動も徐々に安定していった。北海道の農業は兼営が必至であるとの幸助の認識に基づき、造田のみならず、副業、及び観賞用としての植林、果樹栽培、園芸が行われた。また、農場開設の翌年にはホルスタインが飼育されるようになり、それに引き続いて畜産部が新設されると共に、小作人に一、二頭ずつの牛が払い下げられた。牛の飼育については一日の理想的搾乳量が掲げられた。また、牛乳処理や飼料計算方法などについての指導も行われ、畜牛品評会も開かれた。そして、バターを製造し、鶏卵と共にバターを市場に流通させて収益をあげていった。このようにして農業部は資本を蓄積していき、やがて平和飼牛組合と平和鶏卵貯金組合がつくられるに至った。さらに、一九三〇（昭和五）年には両組合を発展させた形で下社名淵産業組合（三）がつくられ、北海道庁から正式認可を得た。この産業組合の組合長は、幸助が務め、『下社名淵組合月報』が発行された。一九三一年の時点では九十三人が加入していたこの産業組合は、北海道家庭学校が小作制度を廃止して、解消に至るまで存続した。（四）また、十戸を一単位とする保健組合も形成され、救急箱を設置したりするなど、医療面での啓蒙も行われた。（五）これは、感冒の流行によって多数の死者が出た一九三一年前後に小作各戸の医療費を調査したところ、売薬に対する多額の未払金を抱えている家庭が多かったことが判明したことに端を発している。

さらに、農業部の啓蒙・教育的活動としては、年代は前後するが、一九一六年の秋から、春秋二回にわたって体操・遊戯・余興仮装などを楽しむ児童大会が開催されるようになった。また、親睦会や賞品授与を伴う農作品評会も開かれたし、小作人表彰規定や小作人品評会規定、小作人慶弔規定も設けられた。さらに、一九二六年からは小作農家と付近農家のための無償託児所、「木陰の家」が農繁期に設置されるようになり、衣食住に落ち着きが見られるようになったその翌年頃からは、移住当時には幼少だった小作農家の青少年を対象にした冬期学校が開催されるようになった。原則として農閑期の一二月から三月下旬までを利用したその学校では、物を教え過ぎないという方針の下で、知育とそれ以上に重視された人格教育、実際に応用可能な理論、男女平等の——共学という意味ではない——

教育が授けられた（六）。

最後に、宗教的な活動についてふれることにする。幸助は、開墾当初の一九一九年に、多数の美しい渓谷と丘を有するこの感化農場に四百五十人を収容できるほどの礼拝堂を建設した。そして日曜学校を開設し、小作農家の有志のために（七）「羊飼いは、野から帰ってきた九十九匹の羊よりも、迷子になっている一匹の羊のことを気にかけて捜しまわる」という聖書の教えに因んで名づけた宗教的会合、「一羊会」を夕食後などに開催した（八）。

以上、感化部と農業部の具体的活動を概観してきたが、後者は前者の運営のための手段として存在するのみではなかった。両者の具体的な活動は、開墾、農業、宗教、教育、同地域という点で密接に関連性を持って存在していたのであった。

（三）特徴と意義

i　特　徴

一つ目の特徴は、自然が重視されたということである。北海道社名淵分校は、その理論的・実践的基礎となっていた巣鴨家庭学校での教育方針と同様に、当然ではあるが、不良少年に決して偏見を持つことのない自然による感化力を重視した。そのため、幸助は、分校建設の場所選びを重要事項と確信し、慎重を期したが、それは結果的に的を得ていたといえる。なぜなら、感化事業において第一義的に要求される逃亡防止に自然が大きく寄与したし、少年達は自然の中での生活を経験すればするほど、東京へ帰されることを嫌うようになったというからである（九）。社名淵の自然は大きな役割を果たしたのであった。
二つ目の特徴は、分家と呼ばれた小作農家と本家と呼ばれた地主の北海道家庭学校との間に温かい一大家族的な関係を築きながら、殖民政策を成功させるための努力がなされたことである。農村視察という点では、幸助は内務省嘱託時代に、北海道に限らず、全国各地の地方や模範村を見てまわっていた。また、そのような幸助の経歴も与って、北海道庁の技師や札幌農科大学の関係者達から、農村づくりについて助言を得たり、指導を仰いだりもしていた。北海道家庭学校分校では、北海道の開拓村の先例を把握した上で、ある程度の計画・方向が構想されていたのであった。[一〇]
さらに、三つ目の特徴は、教育による農民や地域の啓蒙、及び地域福祉が重視されたことである。冬期学校を開催したり、女性や働く女性支援という視点も備えて、無償託児所の「木陰の家」を設けたり、男女平等の教育を目指した幸助は、空知集治監の教誨師時代――一八九四年から教誨師退職までの三年間――に、集治監とその周辺地域のための短期的な冬期学校を開催した経験を既に有していた。[一一] これは、当時、親交をもつことになった新渡戸稲造が札幌農学校で教鞭をとる傍ら、労働者や貧困者の初等教育を担う遠友学校を設立したことに刺激を受けた結果の活動であったと考えられる。[一二] そのような新渡戸や幸助自らの経験を糧にして、幸助は、啓蒙・地域重視の姿勢を発展・強化させていった。一九二五年一月一日付の『斯民』で幸助は、壮大な構想・夢を示している。知識普及を目指した各種の学校、博物館、最高で二千人までを収容可能な講演・演劇・活動写真のための社会館、現存の簡易図書館を拡張した完全な図書館、相撲や柔道などに利用できる体育館などの社会教化機関、そして病院をも充実させたいと幸助は考えていたのであった。

いずれにしても、幸助が打ち出した農民や地域の教育・啓蒙を重視する方策は、全て、巣鴨・北海道家庭学校における最終目標と同様に、独立自営の人間を形成していくためのものであり、目標達成の根底となるものとして、強制はしないが、キリスト教を幸助は置いていたのであった。

ii　成否と意義

次に、北海道家庭学校と感化農場の具体的活動の成果と有していた意義を感化部と農業部、そして個人的側面と社会的側面から検討してみることにする。

まず最初に、感化部についてであるが、その活動は成功し、意義あるものだったと言えそうである。なぜなら、幸助が目の当たりにして感銘を受けたように、不良少年達は北海道の自然の中でうまく生活に適応し、善化されていったからである。(一三) 幸助の四男である留岡清男の記述によると、一九一四（大正三）年の創立から一九六四年までに北海道家庭学校を卒業した生徒数は合計九百五人で、改善率は七四％、措置変更や逃走除籍、病気などによる事故退校は二六％ということである。(一四) この数値は決して失敗を意味するものではないと判断しても良いのではなかろうか。

さらに農業部に関しても、分家の農民達の経済状態が良好であると、農商務省と社会局が行った調査を引き合いに出した幸助の楽観的な文面から考えても、(一五) 活動や方策は成功、かつ有意義であったと判断できそうである。一九二四年に農商務省と社会局が行った調査によると、北海道家庭学校の分家各戸の生産額は千二百―千三百円だったことが実際わかっている。支出は八百―九百円以内で、小作料は生産額の一〇%弱であった。ちなみに北海道庁の調査によると、道内農家の一戸当たりの平均生産額は七百—八百円であった[一六]ことを考慮すると、創設後十年という短期間で感化農場の経済状態は既に良好になっていたとみなすことができる。また、既に示したように、平和鶏卵貯金組合と平和飼牛組合が発展・維持され、下社名淵産業組合として道庁から正式認可されたことも感化農場の発展を物語っていたと言えよう。

このように北海道家庭学校を個人的側面からみると、感化部、農業部共に有意義な活動・実践を繰り広げていたことがわかる。そして、社会的側面においても同様のことが言えそうなのである。まずはじめに、幸助達が地域を包括し、その中の一員という視点を持って活動したことは、地域啓蒙や地域福祉などコミュニティが重視されている現代社会から見ても意義あることだと言える。さらに、北海道家庭学校の活動が当時の社会に対して有意義だったと考えられることの二つ目は、幸助が北海道の明るい将来について持論を展開しながら、自分自身の直接的な体験例に基づき、説得力をもって北海道移住の保護政策と北海道開拓の必要性を世間一般に訴えかけたことである[一七]。また、それと同時に、それらの必要性を幸助は単に主張しただけではなく、北海道移民が陥りやすい問題に対して警告を与え[一八]、家族の同行、農業の専門家であること、禁酒の厳守、信仰を有することというような北海道殖民の成功要件を提示した[一九]ことが社会的に有意義だったことの三つ目である。そして四つ目は、一九二二(大正十一)年に制定された旧少年法のその法案時代に、幸助が特別調査委員となり、保護と教育による少年への対応を経験に基づいて主張したことである[二〇]。最後に、幸助と交流のあった社会的影響力の強い人達が北海道家庭学校を世間に紹介したことによって慈善事業に対する関心が高まったことも社会的に意義あることと思われる。

二　設立の原因と背景

(一) 設立の理由とその背景にあったもの

さて、ここでは、「民」の立場から巣鴨家庭学校をつくり、「官」の立場としては内務省主導の地方改良運動などに携わった幸助が、内務省嘱託を辞職した後に北海道家庭学校を設立した理由とその背景にあって幸助に影響を与えたものについてみることにする。

幸助は、空知集治監の教誨師時代に、多数の囚人は低年齢のうちから不良少年だったことを知り、将来に機会を得たならば、教育的・宗教的な基礎を持った感化施設をつくってみたいと決心した。そして、米国留学後に巣鴨監獄の教誨師を経て、警察監獄学校で不良少年感化事業などの科目を教授することになった。しかし、幸助は、実践の伴わない机上の空論という思いを強くし、理論の試験田設立を強く切望するようになった。そして、設立されたのが巣鴨家庭学校であった。幸助は、一九一三年になって巣鴨家庭学校の実績を振り返ってみると、百人中八十人位までの少年達が感化されて善人になっていることがわかった(二)。そのため、家族制度の下で宗教によって心性を開発しながら、よく働き、よく食べ、よく眠るという三能主義で知識・徳育教育、身体の鍛練、職業訓練を施して境遇の変換を図るという教育方法に幸助は確信を持つに至った。そこで、幸助は、さらに大仕掛に試してみたいと思うようになり、北海道家庭学校を設立した。これが第一の理由である。

また、幸助は、内務省の嘱託として、報徳思想による地方改良運動に精力的に携わり、愛郷心、公共心、共同心、「民」による自治、及び勤労独立の重要性を説いて廻った。地方村・優良農村を視察して歩いた幸助は、都市と地方農村とのバランスのとれた発展を祈念し、怠惰な生活につながる飲酒や賭け事などの農村の悪習慣を改良して新しい、立派な農村をつくりたいと考えるようになったのであった。これが北海道家庭学校設立の第二の理由である。つまり、幸助の「民」と「官」の立場からの活動は、密接に関連しあい、両者が一体化した構想が幸助の最終的な遂行目標となっていたのであった。

さらに、三つ目の理由を検討してみよう。幸助は、地方改良につながる農村づくりによって収入を得られれば、それを感化事業に回すこともできると考えた。巣鴨家庭学校は、寄付金に大きく依存していた。幸助は、社会事業においては寄付金は必要不可欠であることを認めながらも、「他人に始終物を貰ふと云ふことは、どうも貰ふ者の心理状態を向上せしめない。動《やや》もすると卑屈に流れたりして、僅かな物を貰って、高貴な人格を損ふ事になって来るから、結局貰ふと云ふ事は嫌な事である」(二二)ので、生産から上るもので事業を経営していきたいと考えた。寄付金に関する幸助のこの言葉は、一八八七年から岡山孤児院を運営していた社会事業家、石井十次の考え方と大変似通っている。石井は、寄付金を貰うということが、子供達の独立精神に与える影響を常に考慮して(二三)自活の道や他事業への拡大を何度か模索した。そして石井は晩年に、故郷の宮崎県茶臼原《ちゃうすばる》の土地(七十町歩)を購入・開墾し、コロニー・システムの下で孤児達にルソーの「エミール」教育を施して理想の社会をつくろうと奮闘した。幸助は、一八九四年五月から翌年四月までの米国留学中に石井夫人の死去を耳にし、石井に書簡を送っていた。幸助は、石井と交流を持っており、一九〇九年十一月には開場後約十年を経た茶臼原殖民地を訪問・視察していた。働・食・眠の三能主義という教育方針を説明するに際して幸助は、石井がとった満腹主義を例に挙げたこともあり、[二四] 茶臼原殖民地については「私は日本全国を歩いて慈善院の植林及農園を見ましたが、先づ岡山孤児院の殖民地ほど有望な所はないと思ふ」との見解を示していた。[二五]このことから考えても、北海道での理想実現の背景には第三に、石井による先例の潜在的影響があったことを否定することはできないと思われる。実際、内務省嘱託を辞任する前年（一九一三年）の四月十五日付『人道』において幸助は、岡山孤児院の日向茶臼原殖民地などを例示し、慈善事業が成長・進歩したため、寄付金集めにのみ依存した経営から、人間性により近い手段である殖民策への転換が図られており、各慈善団体はそのような方針で進んでいって欲しいと呼びかけていた。[二六] そして、幸助自身もそう呼びかけた翌年に、開墾・新農村づくりと感化事業を組み合わせた企画に北海道で挑んだのであった。

では、幸助はなぜ殖民地を北海道に求めたのであろうか。

(二) 幸助の北海道観と北海道の地を選択した理由

i 自然観・農業観・労働観

幸助は、英国の都会が農村とアンバランスに発展したことをたびたび例にとりながら、資本主義が発達しつつある日本も同じ途をたどっており、都市が極端に発達した結果として不良少年が生じてきたと指摘した。また、都会が膨張する反面で衰退しつつある農村は生産的な場であり、それとは対照的に、都会は本質的に消費の場であって、人間も物質と同様に消費されてしまうとの懸念を幸助は示した。そして、弊害の多い都会において不良となった少年を、誘惑の多い都会の中で直すことは至難の業であり、三―五年もそのまま都会に放置すれば犯罪者と化してしまうので、不善な都会と対極にある自然の中で感化する必要があると幸助は警告した。[二七]幸助は、教育は自然と人間の共同作業であると考えた。神秘不可思議な自然は、児童が成長する上で強い影響を与えるのであって、自然の力は大きいと幸助は確信していた。自然の中でも幸助は特に、土の尊さを「草化して米となり、米化して人となる」という二宮尊徳の教えの一つを引き合いに出して訴えかけていた。[二八]幸助は、土中にある磁力が皮膚を通して体内に入ることで身体が丈夫になるとの見解を示し、「宗教は腐敗したる魂を清むるものである。腐敗したる物質を清むるものは土壌である」と主張した。[二九]

また、労働について幸助は、英国の貴族や日本の戦国時代の風潮などを例に出しながら、江戸時代の支配体系の名残である日本の労働忌避観を改造する必要性を力説した。さらに、幸不幸は健康不健康に左右されるのであるから、人間の資本という点では、金銭よりも健康が重要なはずであると幸助は健康重視の姿勢を示し、人間は不養生による病的状態から免れるためにも適度に働かなくてはならないと勤労の重要性を衛生の面からも強調した。[三〇]

このように、自然、そして土、労働を重視した幸助は、それらの要素を全て包含する農業の有益性を高く評価した。健康という面では、土、労働が有益だと幸助は主張していたのであるから、農業が最重視されたことには不思議はない。また、健全な農村が存在してはじめて都会が発達するというバランス観を持っていた幸助にとって、農業は国家の基礎であり、同時に、得業・徳業だと考えられた。後者のような考え方がされた理由は、農業では、一粒の種子から何倍もの実りがもたらされるため、そして誠実な行為のみしか通用しないためであった。(二二)

このように、幸助の自然観と労働観、そしてその延長線上にある農業のために必要な広大な土地という点で鑑みると、自然に囲まれた未開墾地が多数存在していた北海道は正にその適地の一つであったと言えよう。南方の土地も検討されたが、不良少年達の多くは早熟であり、作物なども早熟になる南方よりも北方の方が不良少年を感化する場所としては適切であると幸助は考えたのであった。

ii　空知集治監時代の経験

さらに、上述したような理由に加えて、幸助が空知集治監の教誨師時代に北海道に親しんでいたことも感化・殖民の地に北海道を選んだ理由だと思われる。

北海道の監獄は、一八八一年三月の太政官布告に基づいて、当時の刑事制度による徒刑、流刑、重懲役十年以上の者を拘禁し、労役に服させる目的で設置されたものであった。(二三)第一章三節で既述したが、幸助は、囚人達が置かれている悲惨な現状、囚人達の不幸な少年時代の境遇と犯罪の初発年齢の早さ、及び再犯率の高さを知り、他日機会を得たならば監獄問題の根本的対応策として、不良少年を独特の方法で感化する試みにチャレンジしたいと思うようになった。

幸助が、進歩的理論と実践を米国に学びに行ったことは既述したが、その間の一八九五年に北海道の監獄のキリスト者教誨師達が連袂辞職するという出来事が起こった。それは、炭坑内での囚人労働を一八九四年限りで廃止することを決定した樺戸本監の大井上輝前典獄[二三]が免官となり、引き続いて、仏教教誨師に入れ替えが行われたことに対する抗議であった。幸助は、北海道のキリスト者教誨師達が中心となって、[二四]一体的な犯罪防止策――不良少年感化と免囚保護――、及び地域啓蒙に専心するという理想を心内に持っていた側面もあったとされるが、この夢は、キリスト者教誨師達が連袂辞職したことによって実現不可能となってしまった。このようなことも、二十年近くのときを経て、幸助が理想村の実現の地に北海道を選択したことに潜在的に影響しているのではないだろうか。

iii　社会政策的側面

最後に、北海道を選択したことに影響していたと思われる幸助の国家主義的見解に目を向けてみよう。「国家の生存条件を損害せんとする有害分子を都会に残留せしむるは甚だ危険なり……国家の不健全なる分子は北海道の如き原野に送致すること、社会の政策上肝要にして……[二五]」というように、国家主義的な要素を抱えていた幸助には、社会防衛的な発想で北海道への殖民を捉えていた面があることは否定できない。北海道についての幸助の一般的なイメージの中には、開拓、そして有害な人物の排除という視点が潜在的に含まれていたものと推測できる。

三　比較としてのロバート・オウエンの実践(三六)

(一) ニュー・ラナークでの実験と性格形成学院

イギリス初期社会主義の父と呼ばれるロバート・オウエン（一七七一―一八五八年）は、暴力を否定し、理性と友愛に基づいた共同社会という別の枠組みを築くことによって資本主義社会全般を克服しようと試みた。そのため、自分達は科学的社会主義者であると主張したエンゲルスやマルクスによってオウエンは空想的社会主義者と呼ばれた。

オウエンの父は、馬具職人と郵便局長を兼ねた町の有力者の一人で、財産家ではなかったが、オウエンは早くから学校へ行かせてもらえた。オウエンは、七歳で学校長の助手となり、十歳で徒弟になるために故郷のウェールズのニュータウンを去って、まずはロンドンの商店に勤務した。その後、勃興中の紡績業に身を転じ、負けず嫌いと研究熱心さから、家内工業的紡績工場のオーナー、大紡績工場のマネージャー、そして、その大工場のパートナーへと成功した資本家としての階段を上っていった。

一七九九年にオウエンは、スコットランドのニュー・ラナーク工場を購入した。綿糸紡績の四つの工場からなるこの工業村には二千五百人が定住していた。オウエンの購入意図は、それより以前に、職工に対して取り入れたところ、成果をあらわした「原理」をニュー・ラナークで実験し、全英国民の性格にまで有害な影響を及ぼしかねないような悪境遇におかれているその工場村の人々の状況を変革しようということにあった。オウエンは、ニュー・ラナークで一八〇〇年一月頃から、工場、生活状態、モラルの基準に関する対策を講じていった。まず、オウエンは、子供の労働力を救貧院に求めていた慣習を廃止すると共に、子供の最低雇用年齢を十歳と設定し、その雇用は地元の子供のみに限定した。さらに、十三時間の労働時間の三時間短縮が試みられたが、パートナーの反対ゆえに結局、短縮ではなく一時間増の十四時間になってしまった。一八一六年になって漸く十二時間労働が達成された。オウエンは、また、工場内部の旧式機械を新式に交換したばかりでなく、住居や建物の新築、道路の舗装、道路の清掃システムの導入なども行った。そして、悪習慣を助長していた私営の販売店を廃止して、第一流品の必需品を原価で現金販売するような会社経営の売店もオウエンは設けた。モラルに関しては、慣習化していた窃盗を防止し、工場内に勤勉を普及させる工夫が施された。(三七)

　これらの具体的実践は、オウエンが過去のマネージャー時代に経験し、成果を信じた「原理」に基づいての環境改善策であった。オウエンの改革の核には、「人間性は根本的には善であり、人の性格は例外なく常に彼自らのために造られてある《ママ》。人は自らの性格を造ることは不可能であり、造らなかったのである。これまでは、既成宗教などに基づいて、人は自らの性格を構成する、従って、自分の感情や習慣に対して責任を負うべきであり、その結果として、ある者には賞、またある者には罰を与えるべきだという思考様式で行動することが世間一般の習慣であった。これは最も重大な根本的錯誤であり、我々の制度はそのような錯誤をベースにして形成されてきた。また、この誤った知識に基づいて考え、感じ、行動してきた。しかし、真実は、人の性格を造るのは環境、社会であって、優れた環

ロバート・オウエン

境や良い習慣に囲まれるならば如何なる性格でも合理的に構成され得るのである。この人間性に関する真の知識をもって教育されれば、他人に対するとき、この知識に基づいて寛容な精神で考え、感じ、行動するため、他人に対する不快感や争いは起こらなくなる。つまり、如何なる人も憎悪ではなく、他人への共感と人間愛しか持たなくなる」という「原理」が存在していたのであった。オウエンは、このような「原理」を確信し、教育によって善良な性格を形成して人々の道徳的性格を一新しようと考えた。そうすれば、社会改革と理想的な社会づくりが実現できるとオウエンは確信していたのであった。

オウエンはまた、人間の性格形成上の最も重要な時期は幼児期であると考えていた。そのため、オウエンは、世界初の幼稚園と言われる性格形成学院を一八一六年に開設し、子供達から悪環境を排除し、より良い状態の中で性質や習慣を形成させようとした。幼児は、満一歳、あるいは歩行可能になった時点を目処に通学を開始し、貧民学校と考えられることを防止するために、学校費用のほんのわずかな部分に該当する金額が親から徴収された。子供達には、遊び仲間を全力で幸福にするように常に心がけること、また、年長の子供達には、年下の者の世話を行い、力を合わせてお互いが幸せになるように行動することと言い聞かせられた。教育が性格形成に果たす役割を重視していたオウエンは、無叱責・無懲罰・不断の親切に基づいた独特の新教育方針をとり、打ち解けた口頭での説明に基づいた事実把握、比較を通じて獲得される推理能力に重きを置いた。絵、地図、図は利用されたが、書物を幼少期から用いることに対しては疑いが差し挟まれ、読み書き算数は手段として以上には重視されなかった。また、子供達が自発的に楽しめるものを使う屋内教科が取り入れられ、そして、肉体的・精神的な健康をもたらすとオウエンが考えた音楽、ダンス、軍事教練も行われた。しかし、やがて、クウェーカー教徒的な教育を主張したパートナー(三八)の反対によって、音楽とダンスは廃止を余儀なくされた。

オウエンが『社会に就ての新見解』や『自叙伝』の中で記述したところによると、ニュー・ラナークでのこれらの改革策によって、モラルは改善され、悪事は予想以上に減少し、そして泥酔などの最悪の習慣は消滅し、工場労働者達は勤勉、節制、健康になったということである。また、仲間同士に対しては親切に、そして雇用者に対しては忠実になったと記されている。(三九)さらに、子供達は、毎日一緒に養育されるので、思いやりある同じ一家の兄弟姉妹のように見えたし、最良・最幸福の人間となったと指摘されている。(四〇)実際、この改革実験は成功し、注目を集め、上流階級の有名人を含む多数の人々が見学に訪れたようであった。

(二) ニュー・ハーモニーでの実験

一八〇〇年に開始されたニュー・ラナーク工場における従業員の教育と福祉のための改革が成功して以降、オウエンの理想はさらに具体性を帯び出した。一八一三年にオウエンは四つの論文から構成される『社会に就ての新見解(四一)』を出版した。第一論文でオウエンは、過去の経験と実験に裏打ちされた人間性の真原理を提示し、性格の構成についてまとめた。そして第二論文では、その真の原理を普及させる方法をオウエンは示した。英国は、ナポレオン戦争後の恐慌によって失業者があふれ、貧富の懸隔が激化した社会の混乱に直面していた。このため、もはやスコットランドの一工場主という範疇を越えていたオウエンは、独自の理想社会計画によって社会を再建したいと望むようになった。国に繁栄を解き放つためには変革が必要であって、そのためには困窮を除去する救済策を遂行しなければならないとオウエンは主張した。第三論文の中でオウエンは、英国人口の大多数を占める労働者階級の幸福と快楽は、全階級の幸福と快楽に影響を及ぼすと主張し、英国全体を通じて、均等な利益配分を可能にするという実際的な制度についてふれた。オウエンは、労働者階級の間で日々増大する貧困と困窮を除去して、社会の全ての階層に繁栄と福祉を与えなければ、国は恐ろしく危険な状態になり、国民の利益は危うくなると考えたのであった。そして最後の第四論文でオウエンは、英国の現状に受容され得る改善策として、国民教育制度と失業対策としての公共政策を設けることを提案した。

次第に、オウエンの社会批判は急進的になっていき、社会の基本構造である既成宗教や家族までもが非難されるようになった。そのため、以前とは状況が変わり、オウエンの主張は、支配層には受け入れられなくなっていった。また、その頃、ニュー・ラナーク工場のパートナーの一人（クウェーカー教徒）とオウエンの不和確執が決定的なものとなり、両者が一八二四年に結んだ協定によってクウェーカー色が濃く反映され、そして、オウエンの活動は制限されるようになった。そのような事情も関係していたかもしれないが、その後、オウエンは、アメリカ新大陸での理想村建設に情熱的に乗り出していったのであった。

一八二四年十二月にオウエンと息子達の一行は、ドイツの小農民、ジョージ・ラップを中心にした宗教集団が開拓・自給自足体制を整えたインディアナ州ハーモニーに到着し、移動を前にして残務整理中だったラップ派の人々の協力を得て、ハーモニー村の内外を調査した。そして、翌年四月にオウエンは、三万エーカーの土地、村の共産設備、家畜、在庫食料と原材料、耕作用具類一式を自己資金の大部分をはたいて購入し(四二)、ニュー・ハーモニー準備社会の開設を宣言した。その後、オウエンは、ニュー・ハーモニーを息子達に任せて遊説旅行などに長期間飛び回わり、知り合いになった知識人集団が合流するとの知らせをもって一八二六年一月にニュー・ハーモニーへ戻ってきた。学識者達の参加によってオウエンは成功を確信したためか、過渡的施策の準備社会を一定期間経験した後に平等共同体へ移行するという当初の予定を繰り上げてしまった。

ニュー・ハーモニー共同体の設立を宣言した一八二六年二月の新憲法は、前文において個人主義的傾向を否定すると共に、共同体主義によって人間の福祉を志向し、財産共有の原理へ復帰することを明言していた。第二章では、住居、支給設備、食物、衣料、教育は可能な限り同等でなくてはならないということ、全てのメンバーは一家族であるということ、そして、各自全員が全体の福祉のために奉仕しなくてはならないということがうたわれていた。また、十六歳以上の住民がいずれかの部門に所属して労働しなければならない共同体の活動として、農業、工業、文学・科学・教育、村内経済、一般経済、通商の六部門も掲げられていた(四三)。しかし、肝心の経済活動に関する規定には不明瞭さが残っていた。そのため、九百人の参加者を広告宣伝によって集めて開設した平等共同体の住民内には成立直後から不安感が漂っていた。この充満していた不安感は、順調な統治に乗り出せないと悟った執行委員会が、運営上一切の指導と監督を一年という期限付きでオウエンに任せる、という決定を下した際には一旦は払拭されたかのようであった。結局、平等共同体が正式に発足してから二週間後にはオウエンの独裁体制と化したのだが、それでも混乱を収拾することはできなかった。混乱の主たる原因と一般的に考えられている事柄を以下に掲げてみる。第一の原因は、宗教や思考、関心の相違によって、平等共同体内部で分裂と再結合が繰り返されたこと、第二の原因は、分立した小共同体相互間で利権争いなどが行われたことによって共同体主義的傾向から個人主義的傾向へ回帰していったこと、第三の原因は、土地の所有権をめぐって住民内に動揺が起こったこと、第四の原因は、十六歳以上の全住民を対象にした強制的な労働割当制度に無理があったこと、であった。この平等共同体が明らかな崩壊状態に直面し、多数の住民達が離村を望むようになっていたときにさえもオウエンは、偉大な真理に基づく社会制度の実現は近いと宣言するなど、その楽観的で強気な姿勢を崩さなかった。しかし、オウエンは遂に、全体の結束強化のために一部の怠惰な住民の排除に踏み切らざるを得なくなった。その後、悪徳住民の詐取にあって、さまざまな面で共同体実験に妨害が加えられるようになると、オウエンは、住民各人への土地分売を開始し、村の大部分は私有地となった。こうしてオウエンは息子達を残して一八二七年六月にニュー・ハーモニーを離れ、七月に英国へ戻った。

ここで、失敗原因と考えられているものを列挙してみよう。第一は、平等共同体へ移行する前の準備社会が短期間だったこと、第二は、準備社会の間、長期を通じてオウエンが不在だったこと、第三は、広告によって集まった雑多の人々の適応審査をしなかったこと、第四は、道徳的資質の備わっていない見ず知らずの人達の間に一つの家族観を強制し、共同主義を根づかせようとしたこと、第五は、個人の労働能力や適性を考慮しなかったこと、第六は、オウエンが理想的な大原則以外に明確な経済的計画、土地の所有権計画、及び詳細な行動計画を有していなかったこと、第七は、賞罰のない平等主義の理想面を信じすぎたこと、である。この第七の点については、城塚登《しろつかのぼる》氏の「消費生活の協同のみ考えられ、生産活動の計画的な協同が実行されなかったこと」という指摘がうまく説明しているように感じられる。(四四)

(三) オウエンとその実践の特徴

さて、オウエンに関する最後のパートとしてここでは、理性と人間愛に基づいた共同体主義的社会を建設しようとしたオウエン自身とニュー・ラナークやニュー・ハーモニーを中心とした実践で見られた特徴についてまとめてみることにしよう。

まず、オウエンの宗教観の特徴についてであるが、オウエンは宗教的自由の権利を主張し、既存宗教を非難したため、無神論者・唯物論者と批判されたが、偏重的ではない、オウエン曰く「道理にかなった」宗教や普遍的な人間愛に基づいた信仰までは否定しなかった。人間の性格は環境がつくるものであるという「根本原理」を確信していたオウエンは、その原理を理解することで生れる共感と人間愛に主眼を置き、そして、そのような人間愛によって家族的共同社会を実現しようとしたのであった。

次に、オウエンは、交流もあったベンサムの影響を受けていたことも特徴として挙げることができる。オウエンは、ニュー・ラナークで成功した実験に基づいて書いた『社会に就ての新見解』の第三論文において、貧者と労働者階級を救済するための実践的制度を導入しなくてはならないと主張したが、それは、英国の全階級の幸福と快楽は人口の大部分を占める労働者階級によって左右されると考えたためであった。「快楽や幸福を生むもの」という善について、社会の善は、社会を構成する個人の善の合計と考えた、つまり「最大多数の最大幸福」が社会の善であるという思考方式をオウエンもとっていたことがわかる。「政治の目的は、被治者と治者を幸福にすることにある。さらば、政治は、治者、被治者を含む最大多数の最大幸福を実際に造り出すものが最善なのである」といった表現(四五)は、まさにベンサムの影響を物語っている。しかし、オウエンは、機械的快楽主義で人間をみたのではなかった。人間は生まれながらに福祉を享受したいという欲望、いわゆる利己心を持って生まれてくるという主張をオウエンは展開はしたが、人間性に関する「真の原理」の理解に基づいた共感・隣人愛と利己心とを調和させようとしたのであって、仁愛という点のみで見ればベンサムよりもむしろ、人間は利己心からぬけ出すことはできないが、仁愛もあることを指摘したハチソン的な考え方をしていた。ただ、オウエンの土台にあったのは、キリスト教ではなく、全世界・全人類に共通しなくてはならない人間愛・隣人愛であった。

また、キリスト教社会以外の社会や民族をも念頭に置いていたオウエンの思想と理想は、壮大で大規模なものであったことも特徴としていたと言える。オウエンは、理想の実現を全イギリス、全アメリカ、全世界という規模で考えた。初期社会主義者であったことを考えると当然ではあるものの、オウエンは常に大きな集団、大きな社会という単位にばかり目を向けていたのであった。オウエンは、競争、対立、不調和の温床、そして普遍的な愛を妨害するものとして、社会の基本構造である家族を批判した。しかし、人のかたまりばかりを重視すると、相対化のみの社会になり、拠り所を失ってしまう。そうなった場合、個人としての確立が不可能になり兼ねないことが懸念されるのだが、独立自営の人物造りという視点がなかったオウエンには関係のない問題だったのかもしれない。自分の原理こそが合理的で絶対の真理であるとして、キリスト教界に致命的な打撃を与える必要性を主張しながらキリスト教を過激に攻撃したことからもうかがえるが、正義感の強かったオウエンの思考法は自己絶対的・排他的で多様性を認めてはいなかったと思われる。主体的に決定・行動できるような人物はオウエンには不要だったのである。単にオウエンの真理を理解し、それに従って行動する人物が想定されていただけなので、オウエンの説いたものには窮屈感が伴った。オウエンの描いた理想社会には、主体的・独立自営的に改善に乗り出す労働者達はいなかったと感じられる。

四　幸助とオウエンの相違

資本主義化が始まったばかりの近代日本の社会事業家、留岡幸助の北海道家庭学校を考察した本章は、産業革命時代の大英帝国でいち早く社会主義的見解を打ち出した資本家、オウエンの理想村建設についても目を向けてきた。歴史的・時代背景的・地理的に異なる二人の人物の実践について、単純に一線上で比較することは必ずしも妥当ではないと認めた上でのことである。慈善事業において、人間愛と実践、そして学術を重視していた幸助は、先進諸国の先例について研究・視察を行ったし、また、二宮尊徳による改革の成功を提示した際にはオウエンやフーリエの失敗に言及していたことから[四六]も、コロニー・システムの失敗例を研究していた可能性は大きい。実際、幸助は、内務省嘱託の立場もあって多くの実例を学ぶ機会を得ていた。幸助は、学ぶ姿勢を備えており[四七]――これは、さまざまな思想から自分の信念や実践に合うものを部分的に取り入れるという幸助の特徴にもつながるのだが――、自己絶対的・排他的ではなかったこともあって、幸助は交流を持った社会的に影響力を持つ人達の助けも得た。著名人達が北海道家庭学校を訪問し、社会にその存在と活動や意義を知らしめてくれたのであった[四八]。また、経済力を持たなかった幸助は、専門家の助けも得て、極めて具体的な経済・財政計画を立てて北海道に臨んでいた[四九]。そして、巣鴨家庭学校でも採用していた口頭よりも実践で子供達を教化するという方針に沿って、幸助は自らが率先して活動し、無意識的に指導性と団結力を高めたと思われる。その上、幸助は、人間の力のみならず、二宮尊徳的自然観で、そこにあるものとしての自然を、それに囲まれた人間に影響を及ぼすものとして、その力を信じて活用した。

さらに、愛国志士的要素を持っていた幸助は、常に日本という国の枠組みを見据えており、愛の発現場所である家族も含めて社会の基本構造を攻撃することはなかった。オウエンの理想が大規模で壮大だったことに対し、幸助の場合は、他人に社会的効力を疑われたとしても、活けるキリスト教をもって、自分に貫徹可能な範囲内での使命を「一路到白頭」の精神で遂行しようと考えていたのであった。また、オウエンには主体的な人間を造るという視点が存在しなかったことに対し、幸助の最終目標は、常に独立自営の人間を造ることであった。以上のようなオウエンとの相違点が、幸助の実践の好結果に寄与したと考えることもできそうである。

幸助もオウエンも共通して、人間愛をベースにしていた。永井義雄氏は、オウエンの性格形成原理は資本家の立場からする労働者の馴致《じゅんち》論であるとの見方を示した（五〇）が、そういう面はあったにせよ、オウエンが人間相互間の隣人愛を社会の構成原理に置いていたことは確かだと思える。また、米国から帰国後のオウエンは、主体的に活動する労働者達と共に協同組合運動などに携わったことから考えても、ニュー・ハーモニーで学んだものも多かったと想像されるし、人間愛をベースにして理想村を建設しようと資産を使い尽くして実践したその姿勢を空想的の一言で片づけることは適切ではないと思う。しかし、それでもやはり、オウエンの信念はニュー・ラナーク工場の実例にのみ基づいていたこと、理想村建設の夢を大金と共に失って帰国したことは否定できない。

一方、不良少年を感化するために幸助が設立した巣鴨家庭学校は、十五年近くの間に満足のいく成功を収めることができた。そして、その経験に基づいて集大成として挑んだ北海道家庭学校も、感化部、農業部共に、考察してきたように、有意義な発展を遂げた。従って、留岡幸助の北海道家庭学校と新農村の建設は、「貪欲の入り込むことのないパラダイスのような社会ではあるが、共産・設計・非現実的な極端な理論であり理想に過ぎないもの」という意味としてのユートピアではなく、それを超えて、個人的にも、また社会的にも意義のあった実践だったと私は考える。

注

(一) 『留岡幸助著作集』第四巻、同朋舎、一九八〇年、六三九頁。

(二) 分家と呼ばれた小作人達が集まり出した理由として幸助は、一九一五(大正四)年に湧別《ゆべつ》線が社名淵まで拡張されたこと、石北《せきほく》線が開通したこと、当初は社名淵の払い下げ地は悪質だという噂が広まったが、友人達が社会一般へ宣伝・紹介してくれたことなどを挙げ、鉄道敷設の重要性を指摘した(同右、五七三頁)。

(三) 古くは、頼母子講や無尽講、及び二宮尊徳の報徳仕法に基づいた結社の報徳社も一種の共同組織金融だったが、日本の近代的な協同組織金融は、一九〇〇(明治三十三)年の産業組合法の成立によって制度化された。この成立以前には、一八九一年に信用組合法第一次法案が議会に提出されたが、信用組合のみを取り上げることには反対が唱えられ、一八九七年になって産業組合法案として再提出された。成立当初の産業組合の多くは、農村部における農業者の組合だった。それらは、信用事業のみならず、購買や販売事業をも兼営するものが主流で、現在の総合農協の形態をなしつつあった。下社名淵産業組合も法律に裏付されて、信用、購買、販売、利用の四事業を兼営する組合に発展していった。

(四) 小作争議・農民運動の頻発に直面した政府は、緩和策として自作農創設維持政策を打ち出し、一九二六年には「自作農創設維持規則」を制定した。以前から小作制度に矛盾を感じるようになっていた北海道家庭学校は、幸助が脳溢血で倒れた時期と前後して、政府からの小作農創設維持資金を得て、小作制度を廃止する決断をした

（留岡清男『教育農場五十年』岩波書店、一九六四年、六〇頁）。
（五）　同右、五八頁。
（六）　『留岡幸助著作集』第四巻、四五七頁／留岡清男『教育農場五十年』五三頁。
（七）　既述したが、幸助は、教誨師時代にも、また巣鴨家庭学校においても、キリスト教の信仰を押し付けなかった。宗教は、自発的な力があってこそ有益なのであって、心からの信仰ではない信者を多くつくっても意味はないと幸助は考えたのであった。また、幸助は、「真に聖霊を感ずるならば、首を斬られても信仰せねばならぬ」と志士的な表現を用いて自発力の強さを説いていた（『留岡幸助著作集』第二巻、一二九頁）。
（八）　一九二四（大正十三）年に感化農場の「一羊会」に出席した東京帝国大学法学博士の牧野英一は、その体験をもとにして、「最後の一人の生存権」という講演・講義を行った。「生存競争の放置は暗黒を意味し、淘汰を余儀なくされる多数の敗北者は、貧乏、病気、犯罪によって最後の抵抗を試みて世の健康者を苦しめる。生存共同という調節機があってこそ、自然の大事実たる生存競争がその文化的意義をなすとの認識が重要で、最後の一人として犯人にまで、その人格を尊重しよう。二十世紀の国家にとって社会事業や社会政策は憲法上の事項たるべきである」という内容を牧野は先見的に訴えかけた。しかし、「最後の一人の生存権を確保することによって、最後の一人にまで国家の犠牲になって戦おうと思わせることができるのである」という結び部分の牧野の主張には、幸助と同様の時代的な国家主義色がうかがえる（牧野英一『最後の一人の生存権』人道社、一九二四年、二一―二・四一―二・六〇・八五・九一頁）。幸助と牧野などの法律関係者達との交流については、付論で取り上げた。
（九）　北海道家庭学校は、森林と原野に囲まれているため、冬期は吹雪により、夏期は藪蚊や蜂、虻などにより、逃走は不可能であった。逃走を繰り返したとしても、乗馬の快適さ、山女釣りとそれを食べることの楽しさを享受するようになると、もはや東京へ帰されることの方を嫌うようになったということである（『留岡幸助著作集』第四巻、九七―八頁）。
（一〇）　幸助によると、一八八二（明治十五年）から一八八六年の三県時代（県庁が函館、札幌、根室に置かれていた時期）

の団体移住には成功例が多かったということである。それらの模範村として幸助は、報徳主義に基づいた豊頃村、キリスト教を基盤に置いた日高の赤心社などを例示し、宗教、風俗、習慣が同じ場合は一致協力の精神が富むと説明した（同右、一五二―三頁）。キリスト教主義をとった前出例の赤心社は、鈴木清と加藤清徳《きよのり》という発案者に、三田藩士の長男として生まれ、福沢諭吉の門下生だった沢茂吉《さわもきち》が加わり、三人が発起人となって設立の趣旨を広告し、一般株主を募集して創設された。士族授産、愛国心昂揚、宗教上の愉悦具現を目的とした赤心社は、団体運営のために賃金労働者の雇用を試みるなど、開墾事業を企業的に行い、会社組織で開拓に従事した（富田四郎『会社組織に依る北海道開拓の研究――日高国、赤心株式会社を中心として』沢幸夫、一九五二年、三一・四一頁）。

（一一）『留岡幸助著作集』第四巻、三三一頁。

（一二）一八九二（明治二五）年十月の幸助の日記には、*The Criminal* という三七〇―八〇頁の書物を新渡戸から借りて読み、興味を持った様子など、新渡戸との親交を示す文言が存在する（『留岡幸助日記』第一巻、矯正協会、一九七九年、一七九―八〇頁）。

また、札幌で最初の社会事業と言われている遠友学校では、札幌農学校の生徒達が教師をつとめた。同校では、貧しさからすさみがちな子供の心に糧を与えるために、知育よりも徳育、頭よりも人格、学問よりも実行という精神の下で貧困者達に初等教育が授けられた（北海道総務部文書課編『開拓につくした人々　八　文化の黎明』下、一九六七年、一〇二―六頁）。

（一三）『留岡幸助著作集』第三巻、三三〇頁。

（一四）留岡清男『教育農場五十年』二〇〇頁。

（一五）小作料は、一戸五町歩百二十五円の規定で、実質、年収の一〇％弱であり、内地の約五割五分とは比較にならないほど低率であったため、北海道家庭学校は、小作問題とは無縁であるとの見解を幸助は有していた。（『留岡幸助著作集』第四巻、三三四―五頁）。

（一六）同右、三三四―五頁。

（一七）　北海道への移住が進まないのは事情が不明なことに大きな原因があるため、関係官庁は有望性を宣伝すべしと幸助は説いた。また、移住が必要な理由として、幸助は、外交政治的理由、人口増加、食物・被服・住宅の不足、社会的浄化の必要、文明北上論を掲げた。幸助は、西から進んできた日本の文明の中心地は北海道になるだろうとの見解を示し、北海道には広大な開墾可能地が残されている上、平均年収は内地の一・七倍程度にもなると有望性を示した（同右、第三巻、七七・三八四頁／同右、第四巻、一四一―二頁）。

（一八）　北海道の平均生産額は内地と比較して一般的に高収入となるため、飲酒や奢侈、賭博などによって風俗が乱れ、結局は没落していく例が多いと幸助は注意を喚起した（同右、第三巻、四八二頁）。

（一九）　地質が豊か、水質が純良、気候が比較的穏やか、市場の近郊といった利ある地を選択することも成功の要件に挙げられていた（同右、五六・三八五頁）。

（二〇）　同右、第四巻、四六頁。

（二一）　同右、三〇五頁。

（二二）　同右、二一〇頁。

（二三）　一八七二（明治五）年に東京府が設立し、一八七六年に渋沢栄一が正式に事務長（後の院長）に就任した東京の養育院の視察に行き、臥していただけの貧民が食事の合図と共に台所に駆けつけ、食事を乞う様を見た石井は、人間性を保って孤児を養育するには実業教育しかない、と労働自活の方針を打ち出した（同右、第二巻、二七五―六頁）。尚、石井十次については第五章で、養育院については第九章で詳述した。

（二四）　同右、第三巻、三八二頁。

（二五）　同右、第二巻、五一九頁。

（二六）　幸助は、殖民策を導入している慈善団体として、岡山孤児院の日向茶臼原殖民地、上毛孤児院の北海道釧路農場、汎愛扶植会の朝鮮大邱の殖民地などを例示していた（同右、第三巻、二五〇頁）。

（二七）　同右、第四巻、二一三頁。

（二八）　同右、第三巻、二七七頁。
（二九）　同右、二七八頁。
（三〇）　同右、四一八—九頁。
（三一）　同右、第二巻、五四四頁。
（三二）　四つの集治監のうち、樺戸が本監、空知、釧路、網走は分監であった。また、樺戸には、福島事件などの国事犯、空知には国事犯と凶悪犯、そして網走には軍人・軍属・元巡査などの軍事犯が収容されていた（小池喜孝『鎖塚』現代史出版会、一九七三年、六二頁）。
（三三）　典獄の職をかけて囚人労働に反対する姿勢を貫いた愛媛の士族出身者、大井上輝前は、原胤昭をはじめとして、キリスト者教誨師を北海道の集治監に集めた。
（三四）　日本のプロテスタントの三源流、「熊本バンド」、「横浜バンド」、「札幌バンド」に加えて、宣教師ではない、大井上輝前を中心にした北海道集治監の教誨師一団を「北海道バンド」とする見方もある。メンバーには、大井上の他、原胤昭、留岡幸助、大塚素、牧野虎次、及び最初に北海道バンドの呼称を用いた生江孝之などが含まれる。
（三五）　『留岡幸助著作集』第一巻、六〇二頁。
（三六）　オウエンの考え、及び活動については、オウエン自身の著作以外に以下を参照した。加藤一夫訳『社会思想全集』第三巻、平凡社、一九三二年／上田千秋『オウエンとニュー・ハーモニイ』ミネルヴァ書房、一九八四年／城塚登『近代社会思想史』東京大学出版会、一九六〇年／永井義雄『ロバート・オーエン試論集』ミネルヴァ書房、一九七四年／芝野庄太郎『ロバート・オーエンの教育思想』御茶の水書房、一九六一年／北野大吉『ロバート・オーウェン——彼の生涯・思想並事業』同文舘、一九二七年／都築忠七編『イギリス初期社会主義——オーエンとチャーティズム』平凡社、一九七五年／波多野鼎『人道主義者ロバアト・オウエン』惇信堂、一九四六年／シドニー・ポラード、ジョン・ソルト編『ロバート・オウエン——貧民の予言者生誕二百年祭記念論文集』根本久雄、畠山次郎訳、青弓社、一九八五年／丸山武志『オウエンのユートピアと共生社会』ミネルヴァ書房、一九九九年他。

（三七） オウエンが講じた窃盗防止策は具体的には明示されなかったが、勤勉性を生み出す簡単な道具、サイレント・モニターについては明らかになっている。それは、各労働者の目につく場所に一つずつ吊した小さな箱状のもので、正面の色を見れば前日の勤務態度が誰にでも一目でわかるようになっていた。最悪は、黒、次は青、黄と続き、最優秀は白と決められおり、毎日、各部門の監督によってかけかえられた。改革に着手した当初は黒一色に近かったが、時間を経るに従って、黄や白が多くなったということであった（ロバアト・オウエン『オウエン自叙伝』五島茂訳、岩波文庫、一九六一年、一五二頁）。

（三八） オウエンは、ニュー・ラナーク工場を購入後、教育や改革方針の相違からパートナーを二回変えた。オウエンがニュー・ラナークの株を手放す最後のときまで組んでいた三回目のパートナー六人のうち三人はクウェーカー教徒だった。このときのパートナーには、ジェレミー・ベンサムも含まれ、ベンサムは一株を保有していた（オウエンは五株）。オウエンは、ベンサムが関与した事業の中で唯一成功したものは、ニュー・ラナークのみだとベンサムの友人から聞いたと自叙伝に記している。

（三九） ロバート・オウエン「社会に就ての新見解」、加藤一夫訳『社会思想全集』第三巻、四八・五一頁／『オウエン自叙伝』二一四頁。

（四〇） 『オウエン自叙伝』二五六・四〇八頁。

（四一） 四つの論文から構成されており、交流のあった英国の社会改良家、パトリック・カフーンの影響を受けていたことが指摘されている。オウエンは、第四論文で既成宗教（オウエンが実際に攻撃したのはキリスト教）を激しく攻撃する一方で、犯罪防止のためにも就職を望む人達に、道路工事・運河・港湾・造船・海軍用器などの分野の公共事業によって仕事を準備することは政府の第一義務だと主張した。さらに、このような策による一定地域内の公的労働率は、私的労働の平均率を上回ってはならないということも付け加えられていた（ロバート・オウエン

「社会に就ての新見解」、加藤一夫訳『社会思想全集』第三巻、一二四―五頁)。

(四二)　上田千秋氏によると、従来の内外の研究では、オウエンは十五万ドルをハーモニー購入のために支払ったという説が主流であったが、実際は九万五千ドルだったことが立証できたということである。この額には、家畜と在庫食料・原材料、耕作用具一式に対する四万ドルは含まれていない(上田千秋『オウエンとニュー・ハーモニイ』七・一八八頁)。

(四三)　同右、二七四―五頁。

(四四)　城塚登『近代社会思想史』二四六―七頁。

(四五)　ロバート・オウエン「社会に就ての新見解」、加藤一夫訳『社会思想全集』第三巻、九〇頁。

(四六)　幸助は、オウエンやフーリエなどと比較すると、尊徳は学問からではなく、実地から始め、止むを得ず学問をしたため、尊徳のみが改革に成功したと推測していた(『留岡幸助著作集』第四巻、二一一頁)。

(四七)　幸助は、欧米各国、朝鮮半島、及び全国各地を研究・視察して歩き、訪問した先々や日々の生活で感じたことなどを手帳に詳細にメモし、自ら手帳学問と呼んでいた。

(四八)　注(八)で示した牧野英一と同様に北海道家庭学校を世間に広く紹介したのは、徳富蘇峰であった。一九二二(大正十一)年に北海道家庭学校を訪問した徳富蘇峰は、『国民新聞』に「家庭学校巡視」を連載した。他には、山路愛山や山室軍平なども視察に訪れた。

(四九)　幸助は、専門家や老農の力を借りて、十一年間で開墾する土地の広さ、家庭学校の自作農地と分家の小作農地の比率、移住予定小作人数を決定し、開墾経費、予定年収を見積もっていた(『留岡幸助著作集』第三巻、三〇五頁)。

(五〇)　永井義雄『ロバート・オーエン試論集』一七〇―八〇頁。永井氏のオウエン馴致論の文章は、第五章四節(三)で引用した。

付論　留岡幸助と法律関係者達との交流

第一章で述べたが、留岡幸助は、北海道の空知集治監の教誨師時代に、行刑関係者達のバイブル的存在となっていたE・C・ワインズの著作を米国から入手して欧米の行刑制度の動向を研究した。その後、幸助は、教育刑や感化院の有効性を信じるようになった。そして、東京帝国大学の岡田朝太郎博士の勧めにより、幸助は、不定期刑論や死刑廃止論を『監獄雑誌』で主張した。

本章では、社会事業の先駆者であった幸助は、行刑制度分野でも高く評価されていることを鑑みて、第I部の補論として、幸助と法律関係者達との交流を概観する。その前提として、門外漢ではあるが、行刑制度の歴史的流れについて、即ち、刑法理論の古典派とそれに対応する――主として欧州大陸諸国で盛んだった――近代派、及び米国のリフォーマトリー制度についても、牧野英一や団藤重光《だんどうしげみつ》の著作を基にして、簡単に最初のパートでふれてみることにする。

一　刑法理論の古典派と近代派

第一章の五節でイタリアのロンブローゾの生来性犯罪人説が世界の犯罪学界に大きな影響を与えたことについては簡単にふれたが、そのような状況にあった当時は、応報刑という考え方が一般的であり、犯罪者を社会から絶対的に隔離する人為的な淘汰である、死刑については存置論者がほとんどであったと言われている。

やがて、応報刑的考え方を採る古典派（旧派）に対抗する形で、近代派（新派）があらわれた。ドイツの刑法学者、フランツ・フォン・リスト（Franz von Liszt）（一八五一―一九一九年）を中心とする近代派は、刑罰は応報ではなく、犯人を改善・教育するためのものだという、改善刑の考え方を打ち出し、ベルリン大学のリストの研究室には世界中から優秀な学者達が集まった。近代派の影響は、日本では明治半ば以降から見られ始めたが、その影響が本格的になったのは大正・昭和期であった。リスト研究室で学んだ法学者の中には、日本の岡田朝太郎、そしてその門下生[一]の牧野英一などがいた。リストの目的刑を学んだ牧野英一は、モーリッツ・リープマンと共に、教育刑という用語を使い出した。[二]

日本における古典派と近代派について、牧野英一の教え子でもあった団藤重光は、「私の学生時代には牧野英一先生を代表とする近代派と、小野清一郎[三]・滝川幸辰《ゆきとき》両先生を代表とする古典派とが大きく対立していました。私は在学中には牧野先生の講義を聴き、卒業後は小野先生の指導を受け、また、滝川先生にも格別に親しくしていただいて、両学派からそれぞれに大きく影響を受けながら、自分ではできれば両学派を統合するような立場を見出すことはできないものか、と苦心したのでした。……私は牧野先生の教育刑論からも、滝川博士のヒューマニズム精神からも非常に学ぶところが大きかったのでした。言い換えれば、私はベッカリーアの系統やトルストイあたりのヒューマニズムの系統と、近代派の教育刑思想の系統と両者につながっているわけです」と語っている。[四] 団藤は、基本的に教育刑、そしてそこから派生する死刑廃止に賛成する立場を取りながらも、行為者の主体性の面を強調する古典派とは異なり、人間の主体性を認めていない――団藤曰く人間的・人道的ではない、ヒューマニズムの精神に欠ける――という点において近代派には賛成しかねると考えていた。[五]

また、団藤は、幸助と親交のあった小河滋次郎《おがわしげじろう》を近代派と死刑廃止論の流れの中における重要人物として位置づけている。小河滋次郎は幸助と深い親交があったので、長文だが団藤の言葉を引用してみよう。「わが国ではじめて『監獄学』すなわち行刑学、矯正理論の体系を組織した巨峰です。博士は相対的自由意思論をとっていますので、決定論を基礎とする近代派とは違いますが、近代派にもつながって来るハワードを引いていますし、行刑理論としてはゼーバッハの師であるクローネ(Karl Krohne)の影響が強いところから、すでに近代派の洗礼を受けているとみてよいでしょう。リストらによる国際刑事学協会(ＩＫＶ)が創設されたのは一八八九年のことで、もう近代派の影響は世界各地に広がりつつあったのです。ですから、博士を近代派の流れの中での第一号として位置付けても、それほど見当ちがいのことにはならないと思います。こういう立場から、本格的な死刑廃止論が主張されることになるのは、きわめて当然のことであります。博士は明治三十三年の二月に浅草本願寺の講習院で『廃止刑論』という演題で講演をしています。これは一場の講演にすぎませんが、博士の地位からいって、また、新刑法典へ向けての改正問題が大きく日程にのぼっていた時期のことでもあり、世間に与えた影響は少なくありませんでした。ついでながら、日本への近代派の紹介者であられた勝本《かつもと》勘三郎《かんざぶろう》博士[六]（一八六六—一九二三年）がイタリアのトリーノ大学ではじめてロンブローゾに接せられたのが、その二年後の明治三十五年五月のことですし、やがて日本における近代派の総帥になる牧野英一博士（一八七九—一九七〇年）はこのころは、まだ東大に在学中の一学生でした。このようにして小河滋次郎の名がわが国における死刑廃止論の歴史の中で大きな地位を占めるのは当然です」[七]と団藤は小河滋次郎を評価していた。土井洋一氏も「小河の刑事学、刑事政策論は、刑法理論に内在する新・旧両派の対立関係を踏まえた解釈のみならず、社会政策的視野を前提とし教育政策への関心に連結される広がりを持っていたと解すべきである」と指摘している。[八]小河滋次郎については後述するが、小河は監獄局に勤務しながら、一八九八（明治三十一）年には東京専門学校で、またそれ以降には、東京帝国大学法科大学においても監獄学を講義するようになったのだが、それは、高田慎吾[九]や牧野英一が東京帝国大学に在学していた頃のことであった。

二　米国のリフォーマトリー制度

上述した刑法の近代派は、主として欧州大陸諸国の学者が中心となった動きであったということであるが、ここでは幸助が留学して大きな影響を受けた米国の対古典派的な動向を概観してみることにしよう。

Ａ・Ｍ・プラット氏は、イタリアで評価を得られなかったロンブローゾが米国に支持を求めて進出したこと、そして「アメリカの行刑関係者は犯罪者に対するこのような侮蔑的イメージを支持し、似非科学的な提言を熱狂的に歓迎した」ことを指摘している。(一〇) しかし、そのような中で、十九世紀半ばからは、ニューヨーク刑務協会会長のイノック・Ｃ・ワインズ、ニューヨークのエルマイラ・リフォーマトリー院長のゼブロン・ブロックウェイなどという刑事施設の運営者達がリフォーマトリーという新しい構想を試み出した。

世界中の刑務所やリフォーマトリー制度に関する資料を収集し、二十世紀に入るまで米国の行刑制度の最高権威者と認められていたワインズは、神学と法学の博士号を取得後、さまざまな専門学校で教鞭をとり、教育行刑にも携わった。そして、一八六一年には、セントルイスの大学の学長という職を辞して、ニューヨーク州刑務協会の会長に就任し、リフォーマトリー制度の導入を促進していった。息子のフレデリック・ワインズも犯罪と行刑の専門家として名を馳せたが、そのフレデリックが父のイノック・ワインズの死去の翌年（一八八〇年）に編集・出版したものが、幸助に大きな影響を与えた『文明社会における刑務所と児童救済施設の状況』（*The State of Prison and Child-Saving Institutions in the Civilized World*）であった。また、幸助が空知集治監の教誨師時代から文通をしていたブロックウェイは、一八七六年にエルマイラの院長に就任した行刑の実際を知り尽くした実務的刑罰改良家であり、専門家仲間から高い評価を得ていた人物であった。

このようなワインズやブロックウェイを中心として、未成年や若年成人の犯罪者を改造し訓練するリフォーマトリーが米国では推進されていった。不定期刑や点数制を採用するこの施設は、従来の刑務所とは異なる類のものであった。刑罰政策の究極目的は、犯罪者の改善にあるとしたワインズ達は「受刑者の運命をできるだけ本人の手に委ねることによって、つまり勤労と善行によって自らが一歩一歩より制約の少ない地位を獲得し、他方、怠惰や悪い行いがあれば、強制と不自由の状態に留まるということ」を善としようと考えたのであった[一一]。このようなリフォーマトリーの推進運動は米国全土に広まり、注目を浴びた。米国以外からもリフォーマトリーの視察者達が訪れた。A・M・プラット氏によると、実用主義的な行刑制度関係者達が米国のリフォーマトリー制度を誉め称えたが、そのような人達は、ブロックウェイの構想、つまり、エルマイラを米国の方針そのもの、あるいは米国のリフォーマトリーモデルとみなす傾向があったということであるが[一二]、幸助もそのように考え、

ブロックウェイ

強く影響を受けた一人であったと想像される。実際、幸助は、ブロックウェイの座右の銘である This one thing I do を「一路到白頭」と訳して自分の指針にもした。また、小舎制（cottage plan）をモデルとすること、田舎に設置すること、女性の役割を重視すること、家庭の生活条件に可能な限り近づけること、というワインズの提案は、幸助の思想と実践にまさに一致することから考えても、幸助が、古典派的学説とは対照的な米国のリフォーマトリー推進者達の影響をいかに強く受けたかがわかる。

三　小河滋次郎[一三]との交流

小河滋次郎が、日本における近代派の先駆的人物であると団藤重光が指摘したこと、及び幸助と親交を持ったことは前述したが、ここでは幸助と小河滋次郎の親交についてもう少し踏み込んでみることにする。

生涯の前半期を内務官僚として監獄制度の改良に従事し、後半期には一転して大阪府の社会事業の嘱託として方面委員制度を中心とした社会事業に尽力した小河滋次郎（一八六三〔文久三〕―一九二五〔大正十四〕年）は、信州上田で生れた。小河は、一八八四（明治十七）年に東京専門学校邦語法律科第一回得業生として主席で卒業し、その後、東京帝国大学法科大学選科で学んだ経験を有していた[一四]。「監獄学を小河君に手ほどきをしたのは穂積老博士で、斯学を大成せしめたのは独逸のクローネ翁と、ゼー・バアフア氏であった」と幸助も記している[一五]とおり、小河に監獄学を指導したのは穂積陳重《のぶしげ》であった。

小河は、穂積陳重の推薦で内務省官僚となってからは、一八九〇年に監獄官練習所に招集されたドイツのクルト・フォン・ゼーバッハの通訳を務め、翌年、ゼーバッハに随行して、東北、北海道の監獄を巡視した。このときの空知集治監での出会いが契機となって幸助と小河は親交を持つようになった。幸助は一八九四年に横浜から米国へ向けて出港したのだが、当時、神奈川県監獄の典獄だった小河は夫人同伴で幸助を見送っており、小河自身も、翌年の二月に第五回パリ万国監獄会議に日本代表委員として出席するために欧州へ出発して以降、一八九七年一月までゼーバッハの師、クローネに師事し、クローネに代表されるドイツ刑事学を学んだ。幸助と小河は、米国と欧州にわかれて各々がその地の動向研究を行いながら、書簡や情報を交換し合っていた。英国を訪問する計画があるとの知らせを幸助から受けた小河は、「留岡兄欧州行是非御都合御断行なされ候様切望仕候。此頃クローネ翁と面晤の節、兄の談に及び、模様に由り兄に面会の為め来月英国まで罷越したき積りなりと申出候処、折角英国まで来遊せらるゝことなれば、是非とも当国まで奮発せられ候様、小生より達て御勧め申すべしとの事に有之。御来遊ノ上は十分御世話可申上筈に御座候。……当地御滞在中の費用は如何様にも工夫可仕候」とドイツ訪問を熱心に勧める書簡を一八九六年一月にベルリンより米国の幸助に出していた。(一六)

小河滋次郎
(『小河滋次郎集』鳳書院より引用)

小河は、清浦奎吾《けいご》から公私にわたって後援を得たが(一七)、監獄局長事務取扱のポストに就任したままで、官僚としての立身出世コースに乗ることはできなかった。小河は、官僚でありながら、官僚的体質や当時の刑事政策を厳しく批判し、幸助と同様に、死刑廃止論や感化教育論など、ヒューマニズムに基づいた理想主義を展開した。そして、小河は、施策や省議との見解の不一致を原因として、官僚を辞任し、社会事業の制度充実に尽力するようになった。小河は、また、労働者への共感も有し、一九一六年前後には友愛会の鈴木文治に請われて同会の顧問も引受けていた。

幸助は、小河と大久保利武・林市蔵両大阪府知事との関係を「細井平洲を先生と呼んだ上杉鷹山公を想起せしめずしては止まない」というように喩えたが、（一八）一九一三（大正二）年に小河を大阪府の救済事業指導嘱託に推薦したのは幸助であった。幸助は、第三章四節（三）iiで述べた通り、名望家達が中心となる四角同盟という概念を示して、地方自治の発展を企図したが、小河も同様に、名望家層の働きを重視した。小河は、大阪府知事の協力を得ながら、嘱託という半ば自由の身にあって、ドイツのエルバーフェルト市の救貧委員制度を参考にした方面委員制度――現在の民生委員制度につながるもの――の整備・充実を図ったのであった。他にも幸助と小河には共通点が多い。両者共に、儒教倫理に精通していたばかりでなく、革新性をも有していた。幸助も小河も家庭を重視したし、慈善事業から社会事業というレベルへ進むことを奨励していたのであった。また、幸助は、小河が法学博士としての学理と実際性をあわせもっていることを高く評価したが、それも両者の共通点であった。このように、幸助と小河は、親交と多くの共通点を持ちながら、幸助は民間での実践を主とし、小河は個人間の関係や個別処遇を見据える視点も備えながらも、制度の補完と合理化で現実に対応する方面に関わったのであった。

幸助が警察監獄学校で教鞭をとっていたことは第四章の二節（一）で前述したが、小河も一八九九年九月から同校の講師となった。また、渋沢栄一を会長として一九〇八年に創立された中央慈善協会——後の中央社会事業協会——では幸助も小河も評議員に就任した。そして、一九二五年四月にとり行われた小河の葬儀で、中央社会事業協会会長、渋沢栄一の謝恩の辞（一九）を代読したのは幸助だったのであった。

四　東京帝国大学の法学博士達との交流

第一章の注（二三）でもふれたが、岡田朝太郎は北海道幌内炭坑の四人外役を調査した際に、空知集治監で教誨師を務めていた幸助と初めて出会った。それ以降、不定期刑論に興味を持っている旨を告げた幸助と進歩主義思想の岡田は生涯にわたって交流を持つようになった。両者共、警察監獄学校の教授を務めたし、内務省嘱託時代に幸助が組織メンバーの一人となって設立された貧民研究会に岡田も参加していた。また、二人は、幸助の米国留学中にも書簡を交換しており、書中で岡田は、計画中の刑法専門雑誌の発行、兵営組織の感化場の設立、及び刑法関係の書画の聚集保存について、帰国後には協力してくれるように幸助に要請もしていた（二〇）。

さらに、岡田朝太郎の門下生であった牧野英一も、岡田と同様に幸助と交流を持ち、第四章で前述したように、北海道家庭学校を訪問した際には宗教的会合の「一羊会」に参加し、その後、その経験に基づいて「最後の一人の生存権」という講演・講義を行った[二一]。牧野英一について、所一彦氏は、「貧乏人の側に立った見方を持っていた。彼が自分を貧乏人として規定していたことは、この点で重要である。『最後の一人の生存権』を説いたのも、こうした貧者の立場に立った発想だったということができよう」と分析しているが[二二]、所氏が指摘したような特徴は、牧野が第二次世界大戦後の一九四六（昭和二十一）年以降の五年間に書きためた文章の中にも見られる。牧野は、「わが兄弟なる此等のいと小さき者の一人に為したるは即ち我に為したるなり」と聖書のマタイ伝から引用し、そして、「聖書には『最後の者』という教がある。わたくしは、それに依って曾て『最後の一人の生存権』を書いたことであった。今、この『いと小さき者』の教えを反省することに因って、節約ということを考えたい」と提言していたのであった[二三]。牧野は、戦災によって二万五千冊の蔵書を失って以降、焼け残った多少の書物や米軍が配布した聖書などを読んでいたということであるが、聖書の言葉を強く受け止め、引用した背景には幸助と北海道家庭学校での経験も影響していたのではないかと想像される。団藤重光は、近代派の人間を客体視する点には異論を唱えながらも、「牧野先生も実際上はヒューマニズム精神を強くもった方で単なる功利主義者ではなかったのです。そのことは、例えば牧野先生が北海道家庭学校の創始者であった留岡幸助氏と意気投合したことからもよくわかります」と指摘しているが[二四]、この証言は、共に弱者の視点を持ち、家庭を重視した[二五]幸助と牧野との親交を裏付けるものであろう。牧野は、幸助のことを「教育刑を主張し、不定期刑と累進刑を唱道し、行刑に於ける『希望の原理』をいち早く説いた刑法論者の先駆者」と評価していた。[二六] 牧野は、また、少年法に関連しても幸助を引き合いに出していた。牧野には、少年法に関して二つの「因縁」があった。一つは、穂積陳重が一九〇四（明治三十七）年の米国出張後に土産話として行った「米国に於ける子供裁判所」という話を聴いたこと、もう一つは、幸助との交流によって「少年法の成立」という文章を書いたことであった。牧野は、穂積陳重にとっての少年法とは、穂積が法律学の基線として論じた「法律の進化」の一環であり、穂積が日本における少年裁判所運動の第一の主唱者かつ、一九二二年の旧少年法の完成に大きく寄与した人物であると説明していた。[二七] 幸助については牧野は、「留岡翁は、わが国において、最も早く不良少年の感化ということを問題とした先覚者であり、そうして、刑法論としては、夙《つと》に不定期刑論を主唱せられ、その著『獄制沿革史』は明治三十三年に出ている。……留岡翁は、アメリカにおける宗教的な情操とそのプラグマティックな考え方とを結合したところに成立する刑事政策を、わが学界に持ち込んで、われわれに反省を促された最初の人であったのである。留岡翁は、全犯罪問題に対し、まず少年のことからはじめるべきである、とせられたのであった」と評していた。[二八]

牧野英一（牧野英一『人たちの言葉その折々』社会教育協会より引用）

　そして、牧野の教え子で、最高裁判事もつとめた団藤重光は、幸助とは直接的に親交をもったわけではないとは思われるが、[二九] やはり、幸助を、岡山県高梁の大先輩であり、社会問題分野の偉大な先駆者であると位置づけていた。団藤は、さらに、行刑制度分野における幸助についても、「さらに、ここでどうしても名を逸することができないのは、留岡幸助氏（一八六四―一九三四）であります。氏は新島襄門下のキリスト者として社会事業、とくに矯正保護の領域でわが国における先覚者になった一人ですが、明治三十三年に発表した『死刑論』は『教育主義』から死刑廃止を主張されたもので、時期といい論旨といい、きわめて注目に値するものであります」と語って[三〇]高く評価した。

このように、日本の社会事業の先駆者、留岡幸助は、法律・行刑制度分野においても、主たる人物達と親交を持ち、影響を及ぼし合いながら、先駆的な役割の一端を担った側面も有していたのであった。

注

（一）牧野英一は、「特に刑法をと希望したわけではありませんが、社会学を応用して法律をやりたいというので、富井先生に相談をし、できるならば法理学をやりたい、穂積先生に就きたいといったら、法理学は考えものであるということであり、刑法はソシオロジーを応用するに都合のいい学問であり、これならば法律学者として立ってゆくに都合がいいという富井先生の示唆であり、……。それで、岡田先生の研究室へは前々から出入りしていたのでありますから、岡田先生へお願いし、改めて刑法を専門にとその指導をねがうことになりました」と岡田朝太郎に師事した経緯を語っていた。ちなみに、穂積陳重の息子、穂積重遠《しげとお》も岡田朝太郎の門弟であった（日本評論社編『日本の法学――回顧と展望』日本評論社、一九五〇年、六二頁）。

また、牧野は、民法の起草者である富井政章博士と穂積陳重博士の諸説に従って刑法についての研究を始めたということにも言及していた（牧野英一『刑法内外の動き』有斐閣、一九六〇年、七七頁）。

（二）牧野は、ドイツのリスト研究室へ留学した際に師の岡田朝太郎がリスト研究室で大変な勉強家であったこと、そして評判が良かったことを知ったが、岡田からは目的刑という言葉もまた考え方も講義されたことはなかったと回顧している（牧野英一『刑法内外の動き』七三頁／日本評論社編『日本の法学――回顧と展望』六一頁）。

（三）小野清一郎について牧野英一は、「昭和期に至ってから、応報刑論客観主義の論者として世に重きを為したは、東京大学の小野（清）博士と京都大学の滝川（幸）博士とであった。小野博士はわたくしの研究室で研究せられ、はじめは教育刑の論者であられたが、留学から帰って応報刑論の一人となられ、大いに一般予防論を主張せられることになった。……しかるところ、その小野博士の応報刑論には、文化の動きについて刑法の進化を考慮したものがわたくしの眼には、大に欠けている、否、全く見あたらない、とわたくしは常常、くり返し批評しているのである。……わたくしは、穂積先生の法理学においてこの点につき特に示唆を受け、これを刑法の分野に展開しているのである」という言葉を残していた（牧野英一『刑法内外の動き』八〇・九八頁）。

一方、小野清一郎の方は、古典学派の刑法学の方が刑法固有の論理的本質を捉えていると考えたために、牧野英一とは理論的に立場を異にしたことを示しながらも、「その思想を端的に示されたのが先生の自由法論でした。それは、従来のとかく形式的になりがちな概念法学を批判し、新しい社会思想によって、法律解釈を形式的な論理から解放し、より自由なものにしようとするものであります。先生の徹底した自由法論は、その後のわが法学に大きな影響を及ぼしたのであります」との見解を示していた（牧野英一『人たちの言葉その折々』有斐閣、一九八〇年、序文欄）。

尚、穂積陳重の法律進化論については、団藤重光が死刑廃止を主張する中でも引き合いに出している。『復讐と法律』の中で「穂積陳重博士は、法律進化論の見地から、私的な復讐が次第に制限されて公刑罰に進化して行く過程を論じておられる」と団藤は説明していた（団藤重光『死刑廃止論』有斐閣、一九九七年、二七頁）。

（四）団藤重光『死刑廃止論』三〇二―三頁。

（五）団藤は、「近代派は人間を科学的・客体的にみるので、私はその点でついて行けないのですが、このような近代派の社会防衛論を人道主義的な方向に転回して『人道主義的刑事政策』を唱道したのはフランスのマルク・アンセル（Marc Ancel, 1902-90）で、……アンセル氏とは私も意気投合するところが多く、亡くなるまで親交を重ねたのでした」とも語っていた（同右、二五六頁）。

（六）牧野英一は「刑法は、明治二十年代の中頃から三十年代の終りにかけて、岡田勝本時代」であったと指摘している（日本評論社編『日本の法学――回顧と展望』六四頁）。

（七）団藤重光『死刑廃止論』二七五頁。また、団藤は、一八六八年には、蘭学者であった神田孝平が死刑廃止論を紹介していたこと、そして一八七五年には津田真道がベッカリーアの死刑廃止論を引用していたことも指摘している（津田真道の「死刑論」については大久保利謙、桑原伸介、川崎勝編『津田真道全集』上、みすず書房、二〇〇一年、三五五頁を参照）。団藤もふれているが、日本では平安時代の三百四十年間（嵯峨天皇の弘仁九〔八一八〕年から後白河天皇の保元元〔一一五六〕年）にわたって死刑が廃止されていた時期があった。その原因は、大乗仏教思想の影響という合理的な説明も後世ではつけられるようになったが、それよりも、実は処刑による怨念を怖れていたためだという説明の方が妥当であるという見方もある（菊田幸一「死刑廃止を考える」、『岩波ブックレット』No.166, 岩波書店、一九九〇年、五〇頁）。

（八）土井洋一、遠藤興一編『社会福祉古典叢書　二　小河滋次郎集』鳳書院、一九八〇年、三八四頁。

（九）高田慎吾については第六章の注（一六）を参照。

（一〇）アンソニィ・M・プラット『児童救済運動』藤本哲也、河合清子訳、中央大学出版部、一九八九年、一七・二二頁。

（一一）同右、四三頁。

（一二）同右、六四―五頁。

（一三）小河滋次郎は、理想的な社会事業家として石井十次をあげており、第六章の注（一六）でも示したように大原孫三郎とも交流を持った。小河滋次郎については、柴田善守『小河滋次郎の社会事業思想』日本生命済生会、一九六四年／土井洋一、遠藤興一編『社会福祉古典叢書　二　小河滋次郎集』／木原活信『J・アダムズの社会福祉実践思想の研究』川島書店、一九九八年他を参照。

（一四）小河滋次郎は、一九〇七年の大隈重信銅像落成時には、早稲田大学校友、学生総代として式辞を述べた。

（一五）『留岡幸助著作集』第四巻、同朋舎、一九八〇年、三八六頁。

（一六）『留岡幸助日記』第一巻、矯正協会、一九七九年、六一六頁。

（一七）小河が監獄局長事務取扱のときの局長は清浦奎吾であり、ドイツ留学中に夫人が死去してしまった小河は、後に清浦奎吾の養女と再婚した。

（一八）牧野虎次編『留岡幸助君古稀記念集』大空社、一九八七年、六四六頁。

（一九）小河の葬儀では高田慎吾も大阪社会事業団体代表として謝恩の辞を述べた。

（二〇）『留岡幸助日記』第一巻、六〇六頁。

（二一）牧野は、また、北海道家庭学校を訪問した記念として植樹を依頼したし、訪問を記念して歌を詠んだりもした（『留岡幸助日記』第五巻、六八〇頁）。

（二二）潮見俊隆、利谷信義編著『日本の法学者』日本評論社、一九七四年、二五八頁。

（二三）牧野英一『人たちの言葉その折々』六頁。

（二四）団藤重光『死刑廃止論』三〇二頁。

（二五）第二次世界大戦後の民法改正に従事し、封建的家族生活からの個人の解放を努めた我妻栄は、家・戸主権・家督相続という三位一体の廃止に牧野英一が激しく反論し、その非難は新法成立後も手厳しかったことを伝えているが（我妻栄『民法と五十年　その二』有斐閣、一九七六年、三九九頁）、牧野英一は、現代文明による家族生活の崩壊は最も憂慮すべきことで、家族制度は、発達・維持されなければならないと考えていた。所一彦氏は、牧野について、「共同性の強い大家族主義が遅くまで残った飛騨高山の出身であったこととおそらく関係している。

しかも彼は、長男として、家維持の主たる責任者であった」と説明しているが（潮見俊隆、利谷信義編著『日本の法学者』二六二頁）、ちなみに、牧野の家族生活尊重の核は、孝道、親孝行であった。牧野は、孝道の原則が封建社会では濫用されてきたことは顕著な事実であるとは認めながらも、民法を改正して、夫婦間の協力義務と親子間のそれとの間に、法律上の軽重の差を設けるべきでないと力説した。牧野は、「親に対しては孝行をせねばならぬということを、われわれの現在の生活において、法律からも、道徳からも、除外してゆくということは、はたして、民主主義が、健全に理解され、しかるべく展開されるのに、適当なことであろうか」と疑問を投じ、「老人権ということは、今、国際連合の問題としているところである。諸国はすでに養老年金乃至社会保障の制度においてこれを明らかにしている。人類の文化における棄老俗から敬老俗への進化は、すでに、穂積陳重先生がその『隠居論』において論ぜられたところである。……わたくしは、老齢に関する社会保障が法律上の制度として成立する前に、親に対する奉養の義務がしかるべく法律の上に明らかにせらるべきものと考える。民法第七百三十條はまさにそれである」と主張したのであった（牧野英一「家族共同体の解放と統合」、『中央公論』九月号、中央公論社、一九五〇年、七八―九・九三―四頁）。尚、穂積陳重の『隠居論』については第九章一節（三）でふれた。

（二六）　牧野英一『理屈物語』日本評論社、一九四〇年、二二五―七頁。

（二七）　牧野英一『刑法の国際化』有斐閣、一九五六年、三〇七頁。

（二八）　同右、三〇八頁。

（二九）　団藤重光は、一九八三（昭和五十八）年に年来の宿願がかなって北海道家庭学校を訪問した。当時の校長、谷昌恒氏に校内と敷地内を案内されて視察した団藤は、幸助の偉大さとその幸助に傾倒した恩師、牧野英一の根底に流れていたヒューマニズムの精神を改めて感じ取ったと感想を述べている（団藤重光『わが心の旅路』有斐閣、一九八六年、二九八・三〇三・三〇九頁）。

（三〇）　団藤重光『死刑廃止論』二七七頁。

第Ⅱ部　大原孫三郎（一八八〇―一九四三年）

大原孫三郎（おおはら・まごさぶろう）

一八八〇年（明治十三年七月二十八日）—一九四三年（昭和十八年一月十八日）

明治・大正・昭和前期の実業家、社会事業家。岡山県倉敷出身。早稲田大学で学んだ後、明治三十九年に父孝四郎の後を継いで倉敷紡績の二代目社長に就任。倉敷絹織社長、中国銀行頭取なども歴任する一方で、石井十次が運営していた岡山孤児院や勉学を志す学生などを支援すると共に、大原奨農会農業研究所、大原社会問題研究所、倉敷労働科学研究所という科学研究所、及び大原美術館、倉紡中央病院を設立・運営した。また、倉敷日曜講演会を自費で明治三十五年から大正三年まで定期的に開催し、当時の有名な知識人や政治家を招聘して倉敷地方の人々の啓蒙に尽力した。

第五章　大原孫三郎――使命感が芽生えるまで

一九九五年の阪神淡路大震災を遠因として三年後の三月に特定非営利活動促進法（ＮＰＯ法）が制定され、ボランティアや社会貢献ということが特にクローズアップされるようになった。プラザ合意での急激な円高をきっかけとして日本で企業の社会貢献が急速に広がったのは一九九〇年代のことであった。（一）日本の企業フィランソロピー元年とも言われる一九九〇年には、企業メセナ協議会と経済団体連合会内部の一％クラブが、（二）翌年には大阪コミュニティ財団が誕生した。しかし、このような社会貢献の動きは、日本の歴史上にこれまで存在しなかった新しいことではなく、遡ること約百年前の二十世紀初めにも、人格向上主義に立って企業経営と社会貢献を行った人物がいた。岡山県倉敷の大原孫三郎（一八八〇―一九四三年）である。孫三郎には資産家という特異性もあったが、第Ⅱ部では個人が持つ民間活力の大きさを示唆し、社会貢献を鼓舞し得る先例として、大原孫三郎をとりあげる。

まずはじめに本章では、フィランソロピー的思想の実現に挑んだ大原孫三郎の生い立ちと影響を受けた人物や事柄をみていくことにする。

一　時代背景

大原孫三郎が誕生した時期は、近代産業の勃興期に当たる。明治維新後に誕生した新政府によって経済の資本主義化が急速に遂行されていった。この時期の日本の近代化は、工業化一面のみで、民主化や自由・平等の概念といった思想面での近代化を伴わない歪んだ近代化であった。このような中で、貧農の子弟は都市に集中して賃労働者化していった。工場労働者という新中間層によって急激に膨張した都市では、新たな資本主義的貧困が広がっていった。「毎日規則正しく稼いでいながら、ただ賃銭が少ないか、または家族数が多いがために貧乏線以上に浮かび得ぬのである」と、河上肇が『貧乏物語』で指摘した(三)ような困窮者が日本でも増加し、貧困はもはや個人の責任という範疇を越え、社会問題と化していった。

一八七四（明治七）年には恤救規則(四)が政府によって出されたが、これは、わずかな例外を除いて住民相互の情誼での解決を迫るという、救済策としてはかなり不満足なものであった。一九一一年には、済生勅語によって天皇から救療費として百五十万円が下賜され、慈恵的救済措置としての恩賜財団済生会が設立された。さらに、その六年後には内務省の地方局内に救護課が設置――二年後には社会課と改称――され、その課が一九二〇年には内務省社会局に昇格するという動きがみられたが、これらの感化救済事業では一九一八年の米騒動以降に広がった労働争議や小作争議などの社会運動に対応することは到底できなかった。そこで、政府は、飴と鞭の政策で知られる普通選挙と抱き合わせの治安維持法を一九二五年に施行し、社会運動の弾圧に乗り出した。孫三郎の青壮年期は、このような日本の都市社会のあり方が変容し、新しいさまざまな問題が社会に登場してきた時期に相当していたのであった。

二 生い立ち・環境(五)

大原孫三郎は、父、孝四郎と母、恵以《えい》の三男として一八八〇（明治十三）年に岡山県倉敷で生まれた。大原家は、十五世紀の半ばに児島半島から移ってきた地主兼商業資本家で、岡山県下の三十九町村に五百町歩以上の土地と二千五百人を越える小作人を有していた。孫三郎のすぐ上の兄は生後間もなく死亡していたので、孫三郎は戸籍上は次男として届け出られた。祖父、壮平は、村政上の反対派に耳を切られた際に「まだもう一方の耳があるから大丈夫だ」と言って動じなかったといわれる豪快な人物であった。壮平は、天領の代官所があった倉敷で(六)自由な企業家精神を持って事業に邁進した(七)だけではなく、学問の道にも興味を示した。倉敷に簡塾を開いた森田節斎に五十歳から師事し、「満は損を招き、謙は益を招く」という謙受節を体得した。この言説は、壮平に勧められて節斎に同様に師事した孫三郎の父、孝四郎のモットーにもなっていた。父の孝四郎は、儒者の藤田蘭叟《らんそう》の孫で祖父の壮平に見込まれて養子に入り、事業の才を発揮して大原家の富を増大させた。儒家出身の孝四郎は、漢

大原孝四郎（倉敷紡績提供）

籍に明るく、書画を好み、(八)大原家に養子に入る前は俳句をつくるなど、風流を愛する文人だったが、「やるべし、大いにやるべし」という精神で古いものにこだわらずに新しいことを実行する側面も有していた。孫三郎は、このような祖父と父から、謙受説のモットーと自由な精神、学問を尊重する心、そして大きな社会や新しい世界へ関心を持つという性質を受け継いだ。

大原家には孫三郎の上に娘二人と息子一人がいたが、孫三郎の誕生後間もなくして長男は二十歳前後で夭折したため、孝四郎が四十七、八歳という年齢で孫三郎は大原家唯一の男の子となった。そのため、孫三郎は、甘やかされてわがままに育てられ、とても気性の激しい、大変な癇癪持ちになっていったということである。教師達からは、金持ちのわがまま息子という扱いを受け、周囲の子供達からは反感を買うことも多かった。孫三郎が後に、教師などの権威を嫌い、真の友人を求めるようになったのはこれらの事情が大きく関係していた。小学校を出ると、遊び仲間達は東京や京都の学校へ行ったが、孫三郎は、厳しい規律と質素さで定評のある岡山藩の元藩校、閑谷黌《しずたにこう》の予科に入れられた。閑谷黌の前身は、江戸時代前期に岡山藩主の池田光政と藩政を指導した陽明学者の熊沢蕃山が創設したもので、武士の子弟のみならず、庶民にも陽明学に基づく教えを授けていた。中江藤樹の学風を継ぐ(九)この閑谷黌での寮生活は孫三郎には合わなかった。麦飯の食事で体調を崩しがちであったこと、金持ちのわがまま息子だと反感を持った寮生達に集団で襲われたことなどから、孫三郎は十五歳でついに東京行きを許されることになった。

孫三郎は、念願叶って上京し、東京専門学校（早稲田大学の前身）に入学した。授業にはほとんど出ず、親元を離れて自由になった東京で放蕩三昧をきわめた。その結果、孫三郎の高利貸への借金はいつしかどうにもいかぬほどの額に上り、正月に郷里にも帰れなくなってしまった。そのため、父に書簡を出して帰郷を先送りにしていたところ、義兄の原邦三郎《くにさぶろう》が孫三郎を連れ戻すために東京まで迎えにやってきた。そして、孫三郎が帰郷すると、東京の高利貸が倉敷の大原家にまでやって来た。義兄の邦三郎が東京の友人に頼んで調査したところ、一ヶ月十五円で悠々と生活でき、総理大臣の年棒が一万円という時代に（一〇）孫三郎の借金は元利合計で一万五千円にもなっていた。このような金額を未成年者に貸し出した方にも落ち度があると考えられた結果、邦三郎が弁護士を介して高利貸と話し合いを持つことになった。しかし、代理人同士では全く話が煮詰まらないことにしびれをきらした邦三郎は、一ヶ月間の中国視察から帰国して間もなく、高利貸と直接交渉をするために妻の卯野《うの》と共に東京へ向かった。そして、高利貸問題についての話合いの最中に脳溢血のために三十二歳で死亡してしまった。

三　孫三郎の人生の転換期

（一）義兄、邦三郎の死

義兄の邦三郎は、孝四郎の次女、南賀《なか》の婿として神々家《みわ》から養子に入ったが、二年後に南賀が亡くなると、縁続きの原家に養女に行っていた孝四郎の長女、卯野と結婚して原邦三郎と名乗った。関谷黌時代には生徒代表を務めた秀才であったのみならず、面倒見が良かった邦三郎は、六十歳を越えた孝四郎を助け孫三郎の後見的役割を果たしていた。邦三郎死亡の知らせを受けて直ちに上京した孫三郎は、倉敷での葬儀のために、姉の卯野と邦三郎の棺と共に列車を乗り継いで倉敷に戻った。

それまで、年齢に似つかわしくない放蕩三昧を続けていた孫三郎でも、慕っていた義兄が自分の不始末に奔走した末に三十二歳の若さでこの世を去ってしまったことはかなりショックだったはずである。また、二度も未亡人になってしまった自分の姉の姿を目にして孫三郎は自分の行いを責めたに違いない。孫三郎の借金問題は邦三郎の死後、意志を継いだ代理人や知人達のおかげで一万円を支払うことで片がついた。しかし、この件は、孫三郎が青年期において我が身を省みる最初の転機だったと思われる。実際、孫三郎は、邦三郎の死後、邦三郎が抱えていた神戸のマッチ工場の負債整理に一生懸命あたり、その後、小作地の検分や邦三郎が担当していた大原家からの奨学金給付[一二]の整備に尽力したのであった。

（二）森三郎からの二宮尊徳の著作

倉敷での悔恨と自責の日々の孫三郎に、東京の森三郎から書籍が送られてきた。一橋の高等商業の学生、森三郎は、孫三郎が麹町の下宿、望遠館にいたころの下宿仲間の友人で、義憤を感じた足尾鉱毒事件の実地調査へ孫三郎と二人で出かけたことがあった。十一歳年長の森三郎は、学問を途中で止めてしまった孫三郎を憂い、「金持ちの息子にはとかく悪い友人がよってきやすいもの、この本を読んで前途を慎むように」というアドバイスと共に二宮尊徳の『報徳記』を送ってきた。『二宮翁夜話』も同封されていたという説もあるが、いずれにしても孫三郎は、夢中で読んだ二宮尊徳の報徳思想に感銘と影響を受けた。

明治36年6月、日曜講演会に来講した**徳富猪一郎**（中央洋装）を迎えて。向かって左端**孫三郎**、後列左**石井十次**、後列右**林源十郎**。（竹中正夫著『倉敷の文化とキリスト教』日本基督教団出版局より引用）

(三) 林源十郎との交際と石井十次との出会い

老舗の薬種商の主人、林源十郎は、同志社で学んだ信仰の篤いクリスチャンで、家業に熱心な人格者として周囲の尊敬を得ていた。また、林は、孫三郎が小学校時代に四人組として遊んだ仲間の一人で、後に有名な社会主義者となった山川均の長姉、浦の夫でもあった。林は、朱に染まれば赤くなると言って、友達による善化・悪化の影響、金持ちの子供に対する悪友からの誘惑を警告した。そして、良い本と良い友に接することを説き、孫三郎に聖書と石井十次との交わりを林は勧めた。林は、薬を無料でおさめるなど石井十次が運営する岡山孤児院を支援しており、孫三郎の父、孝四郎はこのような林との交際（一二）とそのことによる感化を孫三郎に望んでいたようであった。

孫三郎が石井十次を初めて見たのは、一八九九（明治三十二）年の夏、近所の小学校校庭で開かれた岡山孤児院の音楽幻灯会でのことであった。孫三郎はこのとき、ボロ布をまとった石井十次の並外れた奮闘をスクリーンで見て、廻ってきた寄付金箱に所持金全てを入れたほど感激した。石井を幾度か訪問した末に、石井との会談がかなった孫三郎の精神には再び大きな変化が起こり、孫三郎は、心機一転して新しい実践の生活へと踏み出していったのであった。石井の思想と活動によって奮起させられた孫三郎は、岡山孤児院を度々訪問し、孫三郎と石井十次の交流は急速に深まっていった。

四　人道主義への大変換に影響を与えた人物・思想

（一）石井十次（一三）と聖書

石井十次は慶応元（一八六五）年、日向の国（宮崎県）児湯郡上江村の村落、馬場原村の下級藩士の家に長男として生まれた。父の万吉は役人で、開墾事業や桑園づくりなどに従事していた。戸数わずか四十軒の貧村には裕福な者や両親のそろっている者は少なかった。母、乃婦子《のぶこ》は、両親のいない貧しい子供に対しても我が子同然に衣類や物品を分けて助けた。そのような姿を見て育った十次は、困難に直面している友人を自分も助けるべきだと幼少から思うようになり、祭などでは小遣いで同じ菓子類や玩具類を二つ購入して、友人と分かち合っていた。豊かとはいえないが、生活に困難を感じることなく、働き者の父と温順で慈悲深い母の影響を受けて育った十次は、幼少時から人の不幸に対する同情心が深かった。藁縄を帯として締めていたために仲間はずれにされていた友人に、十次は母の手作りの兵児帯を与えて母に誉められたこともあった。また、継母に虐待されていた友人二人への義侠心から十次は、共に荒地の開墾に精を出したこともあった。

十次は古賀侗庵《とうあん》の門下が多かった藩校、明倫堂に学び、十五歳で東京の攻玉舎に入学したが、脚気のために一年もたたずに帰郷した。その後、養蚕の研究、結婚、小学校の教員や警察署の書記を経て一八八二（明治十五）年に岡山県甲種医学校に入学した。医学校入学は十次にとって最初の一大転機で、これは、性病にかかり、宮崎の医師、荻原百々平《おぎわらとどへい》を訪ねて相談したことに由来していた。荻原百々平は、原因は精神的欠陥にあるとし、良薬は聖書と信仰であると十次に説いた。さらに、荻原百々平は、岡山に行って医術を研究することを十次に勧め、毎月の給金十二円の中からその三分の一を十次に支援した。そして、十次は、岡山で新しいスタートを踏み出し、神に目覚めてクリスチャンとなったのであった。

それから二年後の夏、宮崎への帰郷途中に十次はまた、感化を受けるものに出あった。それは、一八八三年四月に出版された新島襄の『同志社大学設立趣意書』（一四）で、十次は、国家存亡のためには教育が重要だという新島の主張に大きな感銘を受けた。翌年の七月十九日の十次の日記には「感奮するところがあったのでこれを記して他日の参考とする」という文章と共に、新島の文章が書き写されていたことからもその感動の度合いを知ることができる。感激したら即実行する人物だった十次は、故郷に着くなり戸別訪問をし、有志の賛同を得て、馬場原教育会を設立した。岡山に孤児教育会が設立されるまで存続したこの教育会が孤児院の起源であると十次は後に日記で明らかにしている。[一五] 夏休みが終わると、十次は五人の学生を伴って故郷の宮崎から岡山に戻った。荻原百々平からの補助金増額は望めなかったため、十次は、勉学の傍ら夜間に按摩をして歩き、五人の学生がそれぞれの道を踏み出すまで彼らの生活を支え続けた。

十次は、一八八五年の夏休みに三度目の転機を迎えた。友人からスマイルズの『西国立志編』を偶然借りて読み、「ジョン・パウンズの話」に刺激を受けたのであった。[一六] このとき、十次は、医学校卒業後には医師としての収入で貧児を教育しようと決心した。その後も十次は勉学に励んだが、そのような中、一八八六年末から翌年の一月にかけて英国のブリストル孤児院院長、ジョージ・ミューラが来日した。十次は、東京、横浜、神戸、大阪、京都などで開催された講演を聴きに行くことはできなかったが、同郷の友人が京都から送ってくれたノートや新聞などを基にして講演内容を知り、改めて信仰について考えるようになった。そして、己を全て棄て、人のために生涯を送ろう、信仰の生涯にしようと十次は決断したのであった。

石井十次（倉敷紡績提供）

しかし、十次は、精神疲労にかかり、医学校の卒業試験を受けることができなくなってしまった。そのため、知り合いの太田杳三《ようぞう》医師の邑久《おく》郡大宮村上阿知にある診療所に代診医として赴任し、医療の勉強をしつつ転地療養をすることにした。その頃の十次の日誌には、「脳病」「精神狂乱状態」「奇なる哉予の脳」「精神卑怯憂鬱」「コロラールを内服」「精神奮錯」などの言葉が頻繁に書かれてあるが、このようにして一八八七（明治二十）年四月一日に上阿知村に移ったことは、十次にとってまたもや大きな転機となった。診療所に隣接した大師堂には、食事にも事欠く巡礼のような人達が毎夜宿泊しており、十次は、そこで、二人の子供をかかえて備後の国から来た寡婦の巡礼に出会い、共倒れ防止のためにこの寡婦の上の男の子を引き取ったのであった。これに端を発して、十次は、一人、二人、四人と孤児貧児を預かっていった。その年の九月当時の日誌を読むと、医学校を卒業して医師の資格をとることと、慈善に従事することとの間で十次は大きく揺れ動いていたことがうかがえる。そして、十次は、とうとう、六年間学んだ医学のノートを燃やし、慈善の道に生きることを選んだ。病人は他の人にも救えるが、孤児の教育は自分にしかできないと考えた上での決心であった。十次は半年で上阿知村を引き払った後、岡山の三友寺本堂内の二十畳敷を借りて岡山孤児院を始めた。この岡山孤児院は、明治末の東北飢饉後に無制限受け入れを宣言した最盛期には千二百人を収容するまでに膨らみ、十次の活動は多くの人に知られるようになっていった。

第Ⅰ部で既述したように、留岡幸助はルソーの自然観に影響を受けたが、十次も新島襄の教育論の他に、ルソーの『エミール』を繰り返し読んで感化を受けていた。(一七)『エミール』は教育上の聖書だと考えていた十次は、故郷の宮崎茶臼原に孤児を送り込んで「エミール」教育を施し、理想の国をつくるという抱負を持った。(一八)十次は、同情して単に恩恵を施して救済するだけでは孤児貧児を堕落させてしまうので、幼いながらも教育して、勤労を体得させなければならないと考えた。寄付金をもらって彼らを養育することは物質的には彼らを救うことにはなるが、精神的には彼らを殺す阿片を与えるようなものだと十次は確信していたのであった。そのため、自活を目指して米つき、幻灯部、活版部、理髪部など職業的な活動を岡山孤児院は進めていった。当初、十次は、孤児貧児の中から立派な英雄が出る可能性を信じていたが、即座にそれを望むことは不可能だったので、二代目、三代目で開花する「三代教育論」を唱えて勤労と教育を重視した。

岡山孤児院（倉敷紡績提供）

このような熱い思いの十次に魅せられた孫三郎は、石井十次が一九一四（大正三）年一月に宮崎茶臼原で死去するまで金銭的援助を続けた。岡山孤児院は自活宣言をしたこともあったが、実際には寄付金に大きく頼っていた。十次は寄付金を募る生活が嫌になったと言って、純粋な孤児院事業以外に手を広げようとしたことがあった。十次は生糸相場や炭坑にも着手しようとしたが、実業的なことは不首尾に終わって撤退していた。孫三郎は、十次の実業的な活動に対しては反対を表明し、援助を断る姿勢を貫いた。しかし、孫三郎の孤児院運営に対する直接的な資金援助の額と頻度は、石井十次の日誌を見る限りでも、相当なものであったことがわかる。

孫三郎は、使命感に燃え、常識でははかりきれなかった石井十次との親交を深めるに従って、キリスト教と聖書への造詣を深めていった。孫三郎の少年時代、安部磯雄（一九）の育英館を出た英語講師、剣持省吾が岡山から倉敷小学校に赴任して来、近所の少年達を集めて英語やキリスト教を教えていた。孫三郎も、この夜間の集会に年長の友人達と通ってキリスト教に触れたことはあった。しかし、孫三郎が人道主義に立脚した人生の意義と天命を感じるようになったのは、石井十次と出会ったことによる。孫三郎は、「木は果によりて知らるるなり。善き人は、善き倉より善き物を出し、悪しき人は、悪しき倉より悪しき物を出す。人の虚しき言は、審判の日にたださるべし」、「富める者の神の国に入るよりは、ラクダの針の穴を通るは反って易し」、「善を行うことを知れりて行わざるは罪なり」、「善を行うて倦むことなかれ」、「汝この世の富める者に命ぜよ、高ぶりたる思を持たず、定めなき富をたのまず、善き事を行い、善き業に富み、惜しみなく施し、分け与うることを喜ぶべし」などという聖書の言葉を暗誦し、それらの実行を試みた（二〇）。遠大な計画や高い理想が一般的には理解され難く、時に、誤解を受けることもあった石井十次の理想追求と偉大な社会事業家精神（二一）は、孫三郎に大きな影響を与えたのであった。

（二）二宮尊徳（二二）

大原孫三郎は、確かにキリスト者の石井十次と聖書から大きな影響を受けた。しかし、既述したように、同時に、二宮尊徳の報徳思想の影響も受けていた。「我が法は………誠心誠意実行するにあり」と語った尊徳は、頭の中に理念が詰まっていたとしても、それを応用して現実に役立てなければ無益であると説き、善事とみなしたら即座に実行することを諭した。また、尊徳は、実地実行を強調する中で、「大事をなさんと欲せば、小なることを怠らず勤べし」と主張した。つまり、尊徳は、小事を侮ることなく、勤勉にコツコツと即時に実行せよと唱道したのであった。[二三] また、富者が現在の立場や財産を保有しているのは、全て先祖のおかげであるのだから、そのことをきちんと認識して謙虚であるべきだと尊徳は警告した[二四]と同時に、富者に対しては推譲の中の他譲を特に強く要求した。

聖書の博愛主義も二宮尊徳の報徳思想も富者のフィランソロピー的な生き方の励行と実行の重視という点ではかなり共通している。このような共通点を孫三郎も感じていたはずであり、上述したような、尊徳が重視した実地実行、勤勉、譲るという人道、先祖の積徳の認識などは、孫三郎に見受けられた特徴であった。欧米のフィランソロピー的活動の背景にはキリスト教という一貫した基盤があると言われる。確かに、日本には連続した純粋な宗教的背景があるとは言い難い。日本には、古来から神道があり、四―五世紀にかけて儒教が加わり、そして六世紀には仏教、そして、安土・桃山時代にはキリスト教がもたらされた。従って、日本にはいくつかの宗教の影響が不均等に混在している。孫三郎は、キリスト教徒であったが、神仏への敬虔の念も強く、壇那寺の宝寿山観竜寺で茶会を開いたり、氏神の阿智神社の改築準備に力を貸したりもした。神道、仏教、キリスト教を共に尊崇した孫三郎も日本の宗教的背景の特性を持ちあわせていたのであった。また、孫三郎の父の孝四郎は儒家の出身であることなど、孫三郎の中には報徳思想を受容しやすい精神が無意識のうちに幼少時からあったと思われる。従って、尊徳の著作を自分の身上、立場に引きつけ、照らし合わせながら繰り返し読んだ孫三郎の胸中には、「我が教えは、天地の徳、君の徳、親の徳、祖先の徳など、徳を以って徳に報うの道なり」という尊徳の教え[二五]と聖書が合致して宿ったと思われるのである。

(三) ロバート・オウエン[二六]

労働理想主義の見地に立って、企業内改革を進めた大原孫三郎を「日本のロバート・オウエン」と呼ぶ人もいる。また、孫三郎は、生涯の大部分が英国の産業革命期と重なっていたロバート・オウエンの研究をしたと言われている。

空想的社会主義者と呼ばれたロバート・オウエン（一七七一―一八五八年）が生きた当時のイギリスは、産業革命を遂げ、繁栄を享受していた。しかし、一方で、戦後恐慌と多数の農業労働者達が賃金労働者化を余儀なくされたことによって失業者が増大していた時期でもあった。経営者達は、手段を選ばず、一途に利潤を追求し、機械ほどには人間を尊重していなかった。水力利用のために僻地に立地していた木綿工場では、救貧院からもらい受けてきた多数の幼い子供達が長時間労働を強いられていた。既述したように、このような英国社会にあってオウエンは、「最大多数の最大幸福」を達成するという理想実現のために獲得した財産を消費していった。オウエンについて芝野庄太郎氏は、「オーエンは幼児教育について特に、ルソーの影響を受けている。ルソーもオーエンも共に、自然法に基づく人間性の発展を企図した」と説明しているが[二七]、教育を重視したオウエンは、特に幼児教育に着目したのであった。幼年労働の禁止を求めてオウエンが後に展開した工場法運動は、人間の性格形成上において最も重要な時期は幼児期であると考えたことと一貫するものであった。オウエンは、結婚してニュー・ラナークに移り住む以前には、マンチェスターで知識階級の人々と交流を持っていた。後に、工場法運動のリーダーとなったパーシバル博士もその中の一人であり、オウエンが工場法運動に専心していった一因は、パーシバル博士の影響があったと思われる。

　このようなオウエンの活動について永井義雄氏は、「オーエンの人道主義者の実体は、よく検討する必要がある。性格形成原理は、労働者の資本主義批判の原理ではなく、逆に経営者が労働者を馴致する方策を教えるものであった。あまり貧困では人間は労働の意欲と能力を失うだろう。そういう人間は雇用されても非能率であり、怠惰である。だからオーエンは貧困を解決しようとしたのである」とオウエンの人道主義的側面に勝るブルジョア的性格を指摘している。[二八] 第四章でもふれたように、オウエンは、確かに、全体の繁栄を維持するために「上」から理想実現を働きかけるという観念が強く、労働者個人の主体性を尊重していなかったのである。

　さらなるオウエンの弱点は、ニュー・ラナーク工場での経営をもって自分の理想の実行可能性を確信し、全社会にその理想を普及しようと努めたことで、ニュー・ラナークの工場という特殊な例のみを示して反論や批判に応酬したことであった。それゆえに、オウエンは空想的社会主義者と呼ばれたりもした。しかし、オウエン自身は、空想家だとは思っておらず、実践しない理論は人類に何の利益ももたらさないと主張して、書斎の理論家や無経験な人達の言説の有益性を認めなかった。実際、オウエンは、理想を実現しようと思ったら常に誠意と熱情をもってそれに当たり、強固な意志力でその目的を貫徹しようとした。実行の人ゆえにオウエンは波乱の人生を歩んだ。孫三郎も周囲の反対を怖れずに改革を実践していった。孫三郎もオウエンと同様、労働者のための福祉施設は単に労働者の利益を増すばかりではなく、雇主自らの利益をも増大するものであると確信していた。また、人道主義的使命を感じると共に、経営者として大切な「能率の経済」という観念をしっかりと保持していた孫三郎は、その点において単に博愛的な人道主義を唱える人達よりも一歩進んでいた。孫三郎とオウエンのこれらの共通性からみると、上述したようなオウエンの姿勢は孫三郎に影響を与え、そして孫三郎の信念を裏打ちし、強固にしていったのではないかと想像されるのである。

注

(一) 一九八五年のプラザ合意によって急激な円高が誘導されたが、それでも米国の対日貿易赤字は一向に減少せず日米貿易摩擦は悪化する一方であった。そのため、日本企業は、米国での生産活動を円滑に進めるための地域社会への貢献の必要性を感じ取り、この流れが次第に日本国内にも持ち込まれるようになった（丹下博文『検証・社会貢献志向の潮流──フィランソロピーの新しい方向性を探る』同文舘出版、一九九四年、四頁）。

(二) 一％クラブは、米国にある一％クラブや三％クラブといった「パーセントクラブ」を手本にしたもので、法人会員からは経常利益の一％以上、個人会員の場合は可処分所得の一％以上を社会貢献のために自主的に拠出してもらい、ボランティアの活性化やコーディネートなどを行う（経団連のインターネット上ホームページを参照）。

(三) 河上肇『貧乏物語』岩波文庫、一九四七年、二七頁。

（四）恤救規則については第九章一節（三）も参照。

（五）大原孫三郎の生い立ちや経験・環境については、大原孫三郎伝刊行会編『大原孫三郎伝』中央公論事業出版、一九八三年／犬飼亀三郎『大原孫三郎父子と原澄治』倉敷新聞社、一九七三年／城山三郎『わしの眼は十年先が見える』新潮文庫、一九九七年／竹中正夫『倉敷の文化とキリスト教』日本基督教団出版局、一九七九年他を参照した。

（六）二村一夫氏は、天領で地付の武士がいなかった倉敷には独特の性格があったはずであり、そのため、傑出した人物が何人も生まれたのだろうと指摘している（二村一夫「大原社会問題研究所を創った人びと」、『大原社会問題研究所雑誌』No.426、法政大学大原社会問題研究所、一九九四年五月号、五九―六一頁）。

（七）土地の豪商はかなり自由に振る舞える側面があった。壮平は、代官相手で話が通じない場合、江戸に出向き、人を介して老中にまで話を持って行ったりもした（城山三郎『わしの眼は十年先が見える』二八頁）。

（八）孝四郎の祖父や曾祖父は頼山陽や浦上玉堂らと親交があり、書画などを多数所蔵していた（大原孫三郎伝刊行会編『大原孫三郎伝』三六三頁／同右、一六九頁）。

（九）城山三郎『わしの眼は十年先が見える』六七頁。

（一〇）大原孫三郎伝刊行会編『大原孫三郎伝』二九頁／同右、三三五頁。

（一一）孫三郎の義兄、邦三郎が育英事業の創設を孫三郎の父、孝四郎に進言し、孝四郎が基金十万円を提供したことに端を発して、有為の人材に学資援助などを与える大原奨学会が一八九九（明治三十二）年に設けられた。邦三郎の育英事業を引継いだ孫三郎は、作成した大原奨学会規程を携えて上京し、犬養毅や阪谷芳郎（渋沢栄一の次女、琴子と結婚）など、岡山県出身の有力者に委員に就任してもらい、「大原奨学貸資規則」を公表した（阪谷芳郎については、阪谷芳直『三代の系譜』みすず書房、一九七九年、一三九―五九・一七五―二一九頁を参照）。「人を使はんとすれば……正しい判断と人を愛する心の基礎が出来てゐないと失敗を繰り返すと思ふ。……聞くべし……発見すべし、発明すべし」という文面の書簡を晩年の孫三郎は息子の總一郎に宛てたが、孫三郎は、学資援助の決定を下す前に、多数の志願者と可能な限り実際に直接面接をして自ら人物を見極めた（大原孫三郎伝刊行会編『大原孫三郎伝』三三五頁）。また、孫三郎は、毎月の煩雑な送金作業も自らで行ったが、その際は必ず激励のメモ書きを添えた。

孫三郎は、結果的に生涯一度きりの海外視察となった北京を訪れた際の案内役、清水安三にも援助を行った。当時、北京日本人教会の牧師をしていた清水の北京での事業は、中国から奪うことしか考えない日本人一般とは正反対であり、その清水を支援することは日本人の犯した罪の償いの一部にもなると孫三郎は考えた。清水は、孫三郎の援助を得て、米国オハイオ州オベリン大学へ二年間留学し、帰国後、桜美林学園を創設した。また、孫三郎は、民間から南極探検のための寄付を募っていた白瀬中尉にも援助を行った（犬飼亀三郎『大原孫三郎父子と原澄治』一六・一七九頁）。被援助者が援助について明らかにした場合はあるものの、大原家の方で被援助者を公表するようなことはなかった。後に孫三郎と親交を深めた画家の児島虎次郎（石井十次の娘と結婚）を含め、大正末までに数百人が大原奨学会の支援を受けた（大原孫三郎伝刊行会編『大原孫三郎伝』三一―二頁／城山三郎『わしの眼は十年先が見える』八頁）。孫三郎が行った援助については第七章の注（五五）も参照。

（一二）孫三郎は、林源十郎宅の二階で開かれた聖書研究会に石井十次の勧めで毎夜のごとく通うようになった（大原孫三郎伝刊行会編『大原孫三郎伝』三六頁／城山三郎『わしの眼は十年先が見える』七八頁）。

（一三）石井十次の生い立ちなどについては、石井の日誌、及び黒木晩石『石井十次』講談社、一九八三年／柴田善守『石井十次の生涯と思想』春秋社、一九六四年／西内天行『石井十次の生涯と精神――孤児の父』教文館、一九四四年／同志社大学人文科学研究所編、室田保夫、田中真人編『石井十次の研究』同朋舎、一九九九年／柿原政一郎『石井十次』日向文庫刊行会、一九五三年／石井記念協会『石井十次伝』大空社、一九八七年他を参照した。

（一四）この中で新島は「教育は実に一国の一大事業なり。此一大事業を国民が無頓着にも無気力にも唯政府の手にのみ任せおくば、依頼心の最も甚だしき者にして吾人が実に浩漢止む能はざる所なり」と「上」からのみの政策に憂慮を示していた。

（一五）石井十次『石井十次日誌（明治二十年）』石井記念友愛社、一九五六年、一三二頁。

（一六）ジョン・パウンズは、靴の修理工をしながら無報酬で貧児の教育にあたった（サミュエル・スマイルズ『西国立志編』中村正直訳、講談社、一九八一年、四七五―七頁）。

（一七）ルソーには文明批判の態度が見受けられるが、『エミール』の中でも「都会はすべて人類を破滅にみちびく渦である。幾代かたつと都会に住む家系は滅びるか、さもなければ衰退する。そこで都会生活者を入れ替えることが必要となる。そしてこの入れ替え分を供給するのがつねに田舎なのである」という見解を示していた（ルソー『エミール』永杉喜輔、宮本又好、押村襄訳、玉川大学出版、一九六五年、四〇頁）。

（一八）石井十次『石井十次日誌（明治四十一年）』一九七九年、一〇八・一一〇・二〇七頁。石井の茶臼原での活動や考え方については第四章の二節（一）でも簡単にふれた。

（一九）安部磯雄に関しては、岡山についてふれた第九章の注（四〇）を参照。

（二〇）犬飼亀三郎『大原孫三郎父子と原澄治』一二頁。また、孫三郎は、「九州人種の成功せるは信仰があった為」であり、中国地方にも信仰が必要だと考えていた（大原孫三郎伝刊行会編『大原孫三郎伝』四一頁）。

（二一）熱烈なる宗教家であった石井十次について山室軍平は、「石井の慈善救済の卓越なる見識は、その心から出たもの、愛からうみ出たもの、知恵で判断するものでなく愛で判断する……」と十次の葬儀で回顧していた（石井十次『石井十次日誌（大正二年）』一九八三年、二一九頁）。

（二二）二宮尊徳の生い立ちやその他詳細については第三章二節を参照。

（二三）福住正兄筆記、佐々井信太郎校訂『二宮翁夜話』岩波書店、一九三三年、四・七〇・一一六頁。

（二四）同右、四一頁。

（二五）同右、一一五頁。

（二六）オウエンの生い立ち、ニュー・ラナーク工場とニュー・ハーモニーでの実践、及びオウエンの考え方の特徴などは第四章三節で詳述した。

(二七)　芝野庄太郎『ロバート・オーエンの教育思想』御茶の水書房、一九六一年、八六頁。

(二八)　永井義雄『ロバート・オーエン試論集』ミネルヴァ書房、一九七四年、一七九―八〇頁。

第六章　倉敷紡績内での改革と大原社会問題研究所

孫三郎の業績は――岡山孤児院に対する支援については既述したが――教育、文化、農業、労働、研究など多岐の分野に及んでいる。倉敷を戦時中の空爆から救ったと言われている大原美術館や今も孫三郎の意志が院是(一)に引き継がれている倉敷中央病院、形態は変わったが現存している大原農業研究所、大原社会問題研究所、倉敷労働科学研究所などの事業を孫三郎は手がけた。本章では、孫三郎の人格向上主義とそれが社会化されていったことをみるために、倉敷紡績内での改革と大原社会問題研究所を取り上げることにする。

一　倉敷紡績内での改革(二)

一九〇二年の元旦の日記に孫三郎は、十六歳から二十一歳までの所業を反省し、心霊上に大きな改革を経たのであるから、今後は現実改革に励んでいくという所信を記している。そして、孫三郎は、果たすべき任務として特に重視した教育を中心として、公益活動に資産を活用していった。それから四年後の九月には、孫三郎は、父に代わって倉敷紡績の社長に二十七歳で就任した。そして、工場を、資本家が搾取する場ではなく、資本家と労働者が共に働き、共に高め合う場にしようという理想を抱いて倉敷紡績内での改革を孫三郎は推進していった。既述したように、孫三郎は、ロバート・オウエンの業績や他国の工場経営法を研究しており、ドイツのクルップ社のパンフレットなども収集していた。クルップ社では、フリードリッヒ・クルップが、病気に陥った従業員を家族と同様にみなして手厚く処遇するという方針を打ち出し、その意志を引き継いだ息子のアルフレッド・クルップが、従業員のための「困窮、死亡の際の疾病互助共済会」を設立していた。この共済会の会則は後に作成されたドイツ帝国法制度下の疾病保険の手本になったものであるが、クルップ社では、この共済会に対して一定の条件下で毎年、資金援助を行っていた。(三)

当時の日本の労働者は、極大利潤を追求する経営方式の中で、悲惨な立場に置かれていた。孫三郎の改革から二十年近くも後の一九二五（大正十四）年五月に出版されて多くの人に読まれた『女工哀史』は、著者の細井和喜蔵《ほそいわきぞう》が一九二三年までの約十五年間に紡績工場の下級職工をしていた際に見聞した女工の生活を記録したものであるが、そこからも当時の工場を取り巻く環境や制度が人間性を全く無視していたものであったことがわかる。

孫三郎は、「私の改革は、一時的な人気取りの方略や御都合主義とは根底を異にするもので、職工不足対策のような姑息なものではない」と言い切っていた。(四) 確かに、「女工の悲惨さが知れ渡るにつれ、女工不足になり、私立尋常小学校や愛と自由のない外観上は美しい寄宿舎や住宅をつくる企業が増えた」と『女工哀史』で指摘されたような状況も見受けられるようになっていたし、孫三郎の改革も実際そのような受け取られ方をしたのかもしれない。この点に関して孫三郎は、「他の経営者とは違う、一線を画したい」と考えていたと思われる。当時、鐘紡のリーダー、武藤山治が唱えた温情主義が有名になっていた（五）。孫三郎は当初、人道主義や人道的教育主義という言葉で自らの方針を表現していた。しかし、人道主義という言葉が孫三郎の意図する意味合いとは異なって使われ出すと、孫三郎はそのような意味合いと混同されることを避けるために、人格向上主義という言葉を使うようになった。孫三郎は、人格向上主義を、弱い立場にある労働者の人格を重んじ、一人前の人間として取り扱うと同時に、教育によって労働者が人格を尊重されるに値する人間になることを助けるという意味で使っていた。

倉敷本社工場の分散式家族的寄宿舎（倉敷紡績提供）

孫三郎は、まず、工員達と会社の間に入って、工員達を搾取している飯場制度を全廃した。このことで、孫三郎は身に危険が迫るような脅迫も受けたが、ひるまずに実行した。さらに、職工の健康衛生面を危惧した孫三郎は、大部屋式の二階建て宿舎を分散式の家族的な寄宿舎に建て直した。また、孫三郎は、労働者の人格を認めその幸福を増進するという理念と教育を重視していたため、工場内に職工教育部や学校教育に見合う勉学を提供する場を設けた。孫三郎のこのような改革は採算が合わないものとして、役員達からの反対にあったが、孫三郎は、会社の利益に反するものではなく、必ず会社の利益を増進するものだと主張して譲らなかった。孫三郎は、職工の幸福、健康、収入を増加させるなどして、労使の利益が一致する共同作業の場を実現すれば、会社にもプラスになると確信していたのであった。実際、孫三郎は、熱心な人道主義者であるとともに、有能な事業家でもあった。孫三郎自身も、営利を追求する企業家として物事を遂行するときには、常に収支を考えたと語っており、各種の財務表や統計数字にも頻繁に目を通していた。(六)

二　大原社会問題研究所

(一) 設立の経緯

人道主義から人格向上主義へと用いる言葉が変化していっただけではなく、孫三郎の理想実現の志向もまた、倉敷紡績内から社会全般へと向かっていった。考え方も石井十次が行っていた慈善的な救貧から進んで、社会の根本を改良する防貧へと転じていった。個人の努力で困窮者を事後的に救済しても社会に広がる病理を克服することは不可能だと孫三郎は考えたためであった。おりしも、一九一一(明治四十四)年には英国からウェッブ夫妻が来日し、「救貧は防貧にしかず」ということを訴えた。企業の経営者であり、資本主義社会を認めていたと思われる孫三郎は、社会の欠陥を補充・改良してより良い社会を実現したいと常々願っていた。倉敷紡績の社長として労資問題を身近に受取っていた孫三郎は、労働者と資本家双方にプラスとなる合致点の存在を信じ、それを見出そうと考えた。孫三郎は、資本家も大いに覚醒・研究し、労資問題を調節・緩和する手段と方法を講ずる努力を為すべきだと痛感していたのであった。また、孫三郎は、時代の流れに伴う労働者の意識変化と社会問題は、依然として正しく理解されていないことを憂い、そのような状況打破のためには、社会状態に関する調査研究が必要だと感じ取っていた。一九一六年には、倉敷日曜講演会に来た小河滋次郎や安部磯雄に孫三郎は意見を求め、「日本では防貧の研究は、まだ進んでいないから、社会問題を科学的に研究する研究所の設立は急務である」とのアドバイスを得た(七)。しかし、翌年、一九一四年に死去した石井十次の銅像除幕式が岡山で開かれた際に、岡山孤児院の評議員の一人だった徳富蘇峰に孫三郎が同じような相談をしたところ、徳富蘇峰の意見は時期尚早というものであった。

そうしていた間も資本主義化は急速に進み、社会矛盾や貧富の差は薄れるどころではなかった。一九一八年には米騒動が富山で起き、それを皮切りに農民運動や労働運動などの社会運動が表面化し出した。このような紛争の噴出は、孫三郎にとっては全くの予想外というものではなかった。また、問題視され出した状況は、階級闘争的性質を帯びたものだったので、海外から過激な思想が流入することを孫三郎も憂慮した。そして、日本には日本の問題解決の方法があると信じていた孫三郎は、日本の社会問題の研究を根本的に掘り下げて科学的に解決することの必要性を強く再認識したのであった(八)。

孫三郎は、研究所を発足するに際して、幾人かの研究者、そして、『貧乏物語』で一般にもよく知られていた河上肇のところも訪問した。しかし、河上は、孫三郎に社会統計学の草分けで社会政策学会を創立した東京帝国大学の高野岩三郎を紹介し、自らは計画に参加しなかった。その後、一九二〇年になって河上は評議員には就任したが、大原社会問題研究所の財団法人化によって全評議員は自然解職となり、結局、河上の入所は紆余曲折を経ながらも実現はしなかった。孫三郎が研究所設立に先立って河上肇を訪問したことについて二村一夫《にむらかずお》氏は、「研究所役員の人選をおこなったのは徳富蘇峰と谷本富《とめり》で、河上肇の名前は推薦されていなかった。この点からも、大原孫三郎自身が河上肇を選択した」と指摘し、[九] 大原社会問題研究所を設立しようと孫三郎に決心させた直接の原因は、一般に言われているように石井十次の影響と米騒動ではなく、『大阪朝日新聞』に一九一六年九月十一日から同年十二月二十六日まで掲載された河上肇の『貧乏物語』だという見解を示している。[一〇] 河上肇は『貧乏物語』の中で「世の富豪に訴えて、いくぶんなりともその自制を請わんと欲せしことが、著者の最初からの目的である。貧乏物語は貧乏人に読んでもらうよりも、実は金持ちに読んでもらいたいのであった」と明かすと共に、「損をしながら事業を継続するということは永続するものではない。それゆえ私は決して金もうけが悪いとは言わぬ。ただ、金もうけにさえなればなんでもするということは、実業家たる責任を解せざるものだと批評するだけのことである。少なくとも自分が金もうけのためにしている仕事は、真実世間の人々の利益になっているという確信、それだけの確信をば、すべての実業家にもっていてもらいたい

高野岩三郎（法政大学大原社会問題研究所所蔵）

ものだというものである」と呼びかけた。(一一) このような河上肇の論調が孫三郎に大きな影響を与えたことは確かと思えるが、孫三郎には社会主義者として有名になった幼なじみの山川均(一二)がいたこと、また、以前から社会で起こった問題に興味を抱く性向が孫三郎にはあり、早くから幸徳秋水や堺枯川《こせん》の『平民新聞』や黒岩涙香の『万朝報』などを読み、社会主義に対しても関心を持っていたということ(一三)、及び倉敷日曜講演会を通じての大隈重信や浮田和民など、早稲田関係者との縁で、既に一九一一（明治四十四）年頃から労働問題研究を早稲田に委嘱していたことなど(一四)も大きな影響を及ぼしていたはずであって、『貧乏物語』のみが研究所設立の直接の原因だと言い切ることはできないのではないかと考える。

ちなみに、孫三郎の河上肇訪問について、『大原孫三郎伝』では、「大正七年十一月の相談会では、研究所設立の具体策について議せられたが、その時河田嗣郎《しろう》は、当時社会問題の研究家として盛名を馳せていた、京大教授法学博士河上肇を研究員に招くことを提案した。孫三郎も、河上博士と直接の面識こそなかったが、『貧乏物語』などの著述によってかねてから尊敬していたので、数日後大学に博士を訪ね、研究所の人事や組織について意見を聴き、またできることなら、研究員になっていただきたいと懇請した」というように記述されている。(一五)

いずれにしても、孫三郎は、米騒動発生前の一九一七年十一月には既に、石井十次が残した岡山孤児院の大阪事務所を基にして財団法人石井記念愛染園を、そしてその中には救済事業研究室を設け、児童社会事業について米国で研究してきた高田慎吾を迎えていた。(一六) この研究室は、発展して、その二年後の二月十二日には大原救済事業研究所となり、さらには、その三日前の同年二月九日に実質的な創立総会が行われた大原社会問題研究所と同年六月に合併して、大原社会問題研究所となったのであった。

(二) スタッフ

一九一七年に孫三郎が社会問題の研究について相談した時点では時機尚早と答えた徳富蘇峰も米騒動を過ぎた頃には、孫三郎を後押し、『国民新聞』の記者時代に孫三郎の支援を受けてドイツ留学をした京都大学教授の河田嗣郎などを研究員に推薦してくれた。京都大学からは他に、講師の米田庄太郎が第三高等学校校長の谷本富によって推薦されて入所した。河田と米田の両者は、一九二一（大正十一）年に大原社会問題研究所が財団法人となるまでこの研究所に所属した。また、早稲田大学教授の浮田和民によって北沢新次郎が研究員に推薦され、高田慎吾は東京大学医学部の学生だった暉峻義等《てるおかぎとう》と米国で宗教関係の仕事に従事した経験を有する大林宗嗣《むねつぐ》を勧誘してきた。そして、前述したような経緯で東京帝国大学教授の高野岩三郎が所長に就任したこと、及び「クロポトキンの社会思想の研究」論文で森戸辰男《たつお》や発行責任者の大内兵衛《ひょうえ》が東京大学を追われたことが大きく影響して、東京大学経済学部から櫛田民蔵《たみぞう》、久留間鮫造《くるまさめぞう》、権田保之助《ごんだやすのすけ》などがまとまって、及び小河滋次郎、長谷川如是閑《によぜかん》、高山義三《ぎぞう》などが大原社会問題研究所に研究員や研究嘱託として流入した。孫三郎は、この研究所からは所長の高野岩三郎をはじめとする六人を欧米留学させ、海外の重要な文献購入にも多額の資金を出した。

(三) 活　動(一七)

社会問題研究所と救済事業研究所を合併し、労働問題に関する研究部門と社会事業に関する研究部門を併存させて誕生した大原社会問題研究所の設立趣意書には、八つの目的が記されている。それらは、労働問題・社会事業その他の社会問題に関する研究及び調査の実施、調査の嘱託、研究及び調査の援助、研究の刊行、海外著作の翻訳刊行、学術講演及び講習会の開催、懸賞論文の募集と審査発表、国内外の関係図書を蒐集することであった。このような目的に従って大原社会問題研究所では、孫三郎の支援を受けて各所員が研究・調査を進め、場合によっては海外留学をし、国内外の著名な図書を大量に獲得していった。

そして、研究・調査や翻訳の刊行という活動目的どおりに、大原社会問題研究所は、一九二〇年からは、労働者・農民の状態、労働運動、農民運動その他社会運動の動向や各種の政策などについて客観的な立場から記録する『日本労働年鑑』を刊行するようになった。また、その二年後には不定期刊行の小冊子、「大原社会問題研究所パンフレット」第一号が、そして、その翌年からは研究調査の成果を公開するための機関雑誌、『大原社会問題研究所雑誌』が発行されるようになった。一九二五年には主として調査報告資料を掲載する「大原社会問題研究所アルヒーフ」第一号『本邦消費組合の現況』が刊行された。

さらに、学術講演及び講習会の開催という目的にそって、一九二〇年の秋からは、一般労働者を対象とする社会問題の「研究読書会」が大阪と東京で開かれるようになった。週一回で全三十回が一期とされ、会費は当時、一円だった。所長や所員が講義にあたったこのような読書会では、ウェッブの『防貧策』、ブレンターノの『労働者問題』、J・S・ミルの『婦人解放論』などがテキストとして使用された。また、一九三一年からは月次講演会が研究所で開催されるようになったし、その二年後からは、講師を招聘して時事的話題で談話と質疑討論を行う「談話会」も開催されるようになった。第一回の「談話会」では長谷川如是閑が「思想問題」と題した講話を行っている。

その他にも、大原社会問題研究所は、一九二四年から、研究所内に開設した図書閲覧室を無料で希望者の利用に供したりしている。また、その前年には、社会問題研究を志す大学卒業程度の人物を教育指導する研究生制度が設けられ、研究生規定が全国の大学に配布された。研究生は、年額二十円で一年間、個別の所員から読書指導や演習を受けた。

大原社会問題研究所閲覧室（法政大学大原社会問題研究所所蔵）

このように幅広い活動を行った進歩的な人達のメッカであった大原社会問題研究所では、女性運動に関するさまざまな資料も収集されたし、女性のみを対象にした読書会も開催された。また、日本で初めてマルクスの『剰余価値学説史』の翻訳を企画・断行したのも大原社会問題研究所であったし、『産業民主制論』など、ウェッブ夫妻の著作が翻訳されたりもした。しかし、その活動は、孫三郎が望んでいた社会改良のための実践的な調査研究というよりも、マルクス主義を中心とした学術研究へと特化していった。そのため、大原社会問題研究所は次第に、政府や保守的な資本家達からは、危険思想の培養所と見られるようになった。それでも孫三郎は、運営にも研究にも一切口出しはしなかった。正規の学問を修めなかったが、耳学問を得意としていた孫三郎には、学者や専門家を信用して丁重に扱う傾向があったのである。しかし、恐慌が深刻になるに従って、周囲の資本家やジャーナリスト達からの孫三郎への非難や嫌がらせ、それに警察の干渉も度を増し、また、倉敷紡績の業績も芳しくなくなったために、社会問題研究所などへの支援を道楽と見る会社内部の人員と孫三郎の争いは激しくなった。そして、共産主義者が大量検挙された一九二八（昭和三）年の三・一五事件を契機として、孫三郎と大原社会問題研究所の間で、研究所のあり方についての話合いが持たれるようになった。その後、孫三郎や高野の病気もあって、交渉は数年にわたったが、結局、大原社会問題研究所は大阪から東京に移転し、将来的には孫三郎、及び倉敷紡績から独立することが決定された。

東京に移転して活動を続けていたこの研究所は、その後、研究員の大内兵衛が総長を務めた法政大学に合併され、現在は法政大学大原社会問題研究所として存在している。

三　信念を持った人道主義的実践者

晩年、孫三郎は、「下駄と靴を片足ずつ同時にはけると思ったが、この考え方は無理だったことを悟った」と話していたが（一八）、資本家が結果的に反資本主義的な研究所を持ったことによって孫三郎は、社会公益事業と企業経営の板挟みで相当の苦労を味わったと想像される。それでも孫三郎は、弱音を吐いたり、困惑したりという姿を息子の總一郎に見せたことがなかった。(一九)「父が個人として常にひそかに希っていた理想は、人類の幸福ということであったと思う。この理想が父のなす事業の中に様々な形で現れたが」(二〇)という總一郎の表現は、孫三郎の視点が、労働者の個人のみならず、社会・人類という点にまで及んでいたことを物語るものである。「自分のことを全然客観的立場に立って一生を過ごしてみたいとさへ思ひます。私の仕事が社会的意義を持ち、多少社会のお役に立ち得るならば、それで私は満足であります」と考えた孫三郎は、不況期においてさえも、信ずることのためには、周囲も心配するほどの大胆さをもって躊躇なく莫大な費用を投じた。(二一)どの企業も他に採用することのなかったと言われている分散式寄宿舎の建設などは、会社の短期的な利益を度外視した孫三郎の人間尊重主義の典型例と思われる。その一方で孫三郎は、不況期の数年間、倉敷紡績や中国銀行の役員報酬を全額辞退した。(二二)人道主義の理想を持つ人は少なくはないだろうが、孫三郎のように篤志家だからといって社会事業に多額の援助をしながら若い頃の決心を生涯貫き通す人物は珍しいと言える。二村一夫氏によると、大原孫三郎は、大原社会問題研究所の創立から一九三九（昭和十四）年までの二十一年間に合計で百八十五万円もの資金提供をしており、現在との価格比較のために単純に五千倍にすると九十二億五千万、一万倍にすると百八十五億円にもなると示している。(二三)

このような理想の具現化を孫三郎に押し通させたのは、祖父から受け継いだ豪傑さと学者気質の父から受け継いだ温厚さ、そして両者から得た新しいことに挑む精神、それに倉敷という風土にあったと指摘される自由な企業家精神や庶民的義侠心だったと考えられる。そして何よりも大きな原動力は、金持ちのわがまま息子という目で見られ過ぎたための反発心、反抗の精神であったと指摘された。(二五)

さらに言うならば、孫三郎に理想を永続させたのは、生活に窮したことがないという裕福さではなかろうか。物質的裕福さが無意識のうちに、孫三郎の心に余裕を与えていたので、卑屈になることなく理想に向かって素直に走りつづけることができたと考えるのである。小学校時代に孫三郎とよく遊んだ山川均のように、孫三郎を米国の近代実業家、アンドリュー・カーネギーの日本版だと評する人もいる。しかし、立志伝中のカーネギーには金銭的に矛盾したところがあったと言われる。カーネギーは、晩年にはフィランソロピー活動家として数多くの公共施設の設立に貢献したが、経営者時代には、積極的にではないとしても労働組合つぶしや労働者の給与の大幅削減を断行した。過去のこのような行為ゆえに、カーネギーの図書館寄贈が労働組合による拒絶のロビー運動を受けたこともあった。スコットランドの労働者の家庭に生まれたカーネギーは、チャーティスト運動を指導した父や祖父などの親類縁者の影響で政治的・社会的平等の重要性については意識していたはずである。しかし、スコットランドと移民したアメリカでの困窮した生活が、この意識とは矛盾する側面をカーネギーに植え付けていったと思われる。貧しい生活は、社会の矛盾を認識する機会を提供するが、貧しさが過度であった場合には屈折した思いをも抱かせるのかもしれない。このような矛盾は大資産家に生まれた孫三郎にはなかったものである。フィランソロピー活動の量や額ではカーネギーが仮に勝っていたとしても、公共事業への貢献を私益という視点も失わずに、それら両者をどうにかしてバランスさせ、可能な限り前者を尊重する姿勢を矛盾なく常に貫こうとしたという点を鑑みると、孫三郎の方がカーネギーよりも、より信念に突き動かされた人道的フィランソロピストだという感じを持たざるを得ない。マルクス研究者で後に法政大学の総長になった大内兵衛も、「岩崎弥太郎や安田善次郎ほど巨大な実業家ではないが、得た富を公益事業に使用したという点では三井も三菱も、いかなる実業家よりも偉大な結果を生んだ財界人で、語り伝えるに値する財界人」であると孫三郎のことを評している。(二六)

しかし、息子、總一郎が「生前は必ずしも今のようには評価されていなかった。人によって評価はまちまちだった。人に弱みを見せることが嫌いで、外部に弱みを現すことを制御していたためしばば孤独だった。要は正しく理解されなかった人であったと思う」と回顧したように、(二七)孫三郎の実践は「金持ちの道楽」だとか「模倣」、「事業家の人気取り」、「資本家の搾取」、あるいは「実はよく理解していなかった」と批判されたこともあった。しかし、二十世紀初頭に、一人の企業経営者が、倉敷という一地方都市で著名人の講演を長きにわたり定期的に開催して地域の人々の啓蒙に貢献したこと、本来は国が行ってもよさそうな救済策や啓蒙策を民間レベルで多分野に渡って展開したこと、先見の明と人選の確かな目を持って理想を永続したことはやはり特筆すべきことである。独立した「民」という個人のレベルで大きな社会貢献を果たした孫三郎の活動の先例は、少子高齢社会において経済や福祉などが懸念される今日、我々各人に示唆するところが大きいと考えるのである。

注

（一）　同病院は、「院是」、「私達の基本理念」、「院長基本方針」から成る「目標」を掲げており、「院是」の「本院は平等主義にて治療本位とす」は、設立当初の孫三郎の理念と一致する（倉敷中央病院のインターネット上ホームページを参照）。孫三郎のその理念については、犬飼亀三郎『大原孫三郎父子と原澄治』倉敷新聞社、一九七三年、七七―八二頁／大原孫三郎伝刊行会編『大原孫三郎伝』中央公論事業出版、一九八三年、一五六―六一頁／城山三郎『わしの眼は十年先が見える』新潮文庫、一九九七年、一七頁を参照。

（二）　これらの改革やその経緯については、大原孫三郎伝刊行会編『大原孫三郎伝』六八―七六頁／倉敷紡績（株）編『倉敷紡績百年史』倉敷紡績（株）、一九八八年、一二九―四四頁／城山三郎『わしの眼は十年先が見える』一〇九―一一頁他を参照した。

（三）　同共済会において、アルフレッド・クルップは「掛け金は少なく給付は多く」を理想として、労働者から一定の掛け金を徴収し、一定の規定に基づいて給付を行った。病気のために労働不可能の場合はその期間中一定の療養金が支給された（ライン史学協会連名共同研究部第四次〔一九三八〕年報『クルップ研究』伊藤浩夫訳、北陸館、一九四四年、二二七―三〇頁）。

（四）　大原孫三郎伝刊行会編『大原孫三郎伝』一三〇頁／ダイヤモンド社編『財界人思想全集』第五巻、ダイヤモンド社、一九七〇年、二六六―七頁。

（五）　孫三郎と武藤については第八章で比較した。

（六）　大原孫三郎伝刊行会編『大原孫三郎伝』一六一頁／城山三郎『わしの眼は十年先が見える』一五三頁。

（七）　大原孫三郎伝刊行会編『大原孫三郎伝』一二五頁。

（八）　孫三郎が科学を信奉した理由については第七章三節（二）で考察した。
（九）　二村一夫「大原社会問題研究所を創った人びと」、『大原社会問題研究所雑誌』No. 426、一九九四年五月号、六八頁。
（一〇）　二村一夫「大原孫三郎と河上肇」、『大原社会問題研究所雑誌』No. 360、一九八八年十一月号、五九頁。
（一一）　河上肇『貧乏物語』一三七・一五二頁。河上は、鐘紡の武藤山治を代表的な資本家と判断して批判したが、その点については第八章五節で記述した。
（一二）　孫三郎は、小学生時代に山川均を含めた四人仲間で回覧雑誌を作ったりした。後に山川均が不敬罪で重禁固刑に処されていた際に孫三郎は、監獄まで面会に行ったが、家族以外は面会不可能だった。山川は孫三郎が面会に来たことを後に知ったということである（犬飼亀三郎『大原孫三郎父子と原澄治』九―一一頁／城山三郎『わしの眼は十年先が見える』八六頁／神谷次郎「大原孫三郎――近代経営の先駆者」、『財界革新の指導者』ティービーエス・ブリタニカ、一九八三年、二九―三二頁）。
（一三）　大原孫三郎伝刊行会編『大原孫三郎伝』五三―四頁。
（一四）　早稲田大学内に「労働問題調査会」がつくられ、永井柳太郎、安部磯雄などが主査となって研究が行われた。孫三郎のこの研究会への資金援助は一九一五（大正四）年頃まで続けられた（同右、八五頁）。このことについては第七章の注（六一）でもふれた。
（一五）　大原孫三郎伝刊行会編『大原孫三郎伝』一三三頁。
（一六）　岡山孤児院大阪事務所は、一九〇九（明治四十二）年に設けられ、愛染橋保育所と愛染橋夜学校の経営を行っていた。経営難に直面していた同事務所の主任、富田象吉は、石井十次の死後、経営改革案を携えて孫三郎を訪問した。支援を約束した孫三郎は、大久保利武大阪府知事の後援と大阪府嘱託の小河滋次郎の指導を得て、愛染橋保育所を改組拡大した形で、石井記念愛染園を開設するに至った。孫三郎の寄付で遂行された岡山孤児院創立三十周年と石井十次の三回忌を記念するこの事業、石井記念愛染園においては、孫三郎や小河滋次郎などが理事に就任した。そして、小河滋次郎の勧めによって、石井記念愛染園の中に救済事業研究室が設置されたのであった（大原孫三郎伝刊行会編『大原孫三郎伝』一二四頁／法政大学大原社会問題研究所編『大原社会問題研究所五十年史〔復刻版〕』レビュージャパン、二〇〇一年、三頁）。この石井記念愛染園は、社会福祉法人として現存しており、愛染橋病院や保育施設、特別養護老人ホーム、介護サービスなどの事業を展開している。

（一七）大原社会問題研究所の活動や成果については、主として法政大学大原社会問題研究所編『大原社会問題研究所五十年史〔復刻版〕』を参照。

尚、高田慎吾は、友愛会の代表、鈴木文治の東京帝国大学の同窓生であり、無二の親友でもあった（吉田千代『評伝　鈴木文治』日本経済評論社、一九八八年、一二六頁）。高田は米国留学後、内務省救済課の嘱託を務めていたが、その職を辞して救済事業研究室に入った。また、高田は東京養育院の巣鴨分院の幹事を務めた経験も有していた。

（一八）城山三郎『わしの眼は十年先が見える』二〇頁。
（一九）大原總一郎『大原總一郎随想全集』一、福武書店、一九八一年、九八頁。
（二〇）大原孫三郎伝刊行会編『大原孫三郎伝』ｉ頁。
（二一）同右、一八〇・二四九頁。
（二二）同右、二八六頁。
（二三）二村一夫「大原孫三郎が出した金」、『大原社会問題研究所雑誌』No.359，一九八八年十月号、六六頁。
（二四）竹中正夫『倉敷の文化とキリスト教』日本基督教団出版局、一九七九年、二六頁／城山三郎『わしの眼は十年先が見える』二八頁／二村一夫「大原社会問題研究所を創った人びと」、『大原社会問題研究所雑誌』No.426，一九九四年五月号、六〇―一頁／神谷次郎「大原孫三郎――近代経営の先駆者」、『財界革新の指導者』ティービーエス・ブリタニカ、一九八三年、二七頁。
（二五）大原總一郎『大原總一郎随想全集』一、六七・九一頁。
（二六）大内兵衛『高い山――人物アルバム』岩波書店、一九六三年、二一三・二二七―八頁。
（二七）大原總一郎『大原總一郎随想全集』一、九三・一〇四頁。

第七章　労働科学と倉敷労働科学研究所

大原孫三郎は、一企業内における労働理想主義の実現に終始した人道的理想主義者だったわけではない。社会一般を良くするという使命を青年期に抱いた孫三郎の理想実現の場は、倉敷紡績という一企業内から社会一般へと広がっていった。第一次世界大戦後の社会運動の高まりの中で、孫三郎は、日本の社会問題の解決方法を探るために、予てから密かに考えていた科学研究所、大原社会問題研究所を一九一九（大正八）年に設立した。本章は、その大原社会問題研究所から分離した倉敷労働科学研究所、及び労働科学の発展に対して孫三郎が果たした役割を孫三郎の科学尊重姿勢をも含めて考察する。

現在、労働や企業のあり方、及び経営の合理化が再び注目されている。従って、ヒューマニズムに基づき、「民」の立場で労働科学においてもリーダーシップを発揮した孫三郎について取り上げることは現代的意義もあると考えるのである。

一　倉敷労働科学研究所と労働科学

（一）倉敷労働科学研究所の設立経緯

大原社会問題研究所の初代所長に正式就任した元東京帝国大学教授の高野岩三郎（一）は、同研究所の機構改革に乗り出し、併存していた労働問題に関する研究部門と社会事業に関する研究部門の区別が一九二〇年三月に撤廃されることになった。（二）この後、高野所長をはじめ、集団で入所してきた高野の教え子などもほとんどが経済学者や社会学者だったため、同研究所は、社会問題、特にマルクス主義の研究に特化していった。所員の中で唯一の医学士だった暉峻義等（三）は、当時のことを「経済のほうは紙と鉛筆があればできる。ところがこっちはひとりで入っても何もできないのでとほうにくれてしまった。会議に出ても、経済学の話と労働者の疲労の問題とはとうてい距離があって結びつかない。……みんな理論家なんですよ。何も実践はないわけだ」と振り返っている。（四）この暉峻に対して孫三郎は、倉敷に来て労働者の状態改善に努力してくれるのならば、思い通りの研究施設を提供しようと持ちかけ、一九二〇年二月に暉峻と孫三郎は深夜予告無しの倉敷紡績工場見学を実施した。そして、同年末には大原社会問題研究所の社会衛生関係部門が倉敷紡績の万寿《ます》工場内に移され、倉敷労働科学研究所が翌年の七月一日に新設されるに至った。（五）暉峻は、「君、何とかしてこの少女達が健康でしあわせになるように、ここでひとつやってくれんかというわけだ。はじめは、自分から見せようと言ったんだけ

倉敷紡績万寿工場（倉敷紡績提供）

れども、一年ぶりに入ってみて、やっぱり私という男を連れているのが大原さんに響いていたし、大原さん自身もなまなましい現実を一年ぶりに見たんですから、ひどくこたえたんですね。こうして頭をぶっつけて目を覚ましているんだからね。打っちゃ目を覚ましている……いたるところでね。それは大原さんの痛切な要求だったんでしょう。歩きながら真剣に語り続けるものだから、僕も感動してしまって、『大原さん、やりましょう！』というところにきたわけです。まあ一とおり見まして、大原さんがしみじみ、『やってくれれば私も全力を上げてやります』と、こういうことだ。……僕もこの時代のことを思うと感動にたえないくらいだからね」と孫三郎とのやりとりを回想している。（六）このような話、及び工場見学の運びまでの孫三郎の態度（七）は、孫三郎が純粋な気持ちで労働者の状態改善を望んでいたことを示すものと思われる。

（二）労働科学とは

暉峻義等、桐原葆見《しげみ》、石川知福《ともよし》という研究所設立当初のメンバーは、ベルギーのソルヴェー研究所に所属するイオテイコ女史（Dr. Josefa Ioteyko）の著作、*The Science of Labour and Its Organization* を基にして、倉敷労働科学研究所という名称を決定した。この名称では、一見すると、労働運動の研究所と思われかねないため、孫三郎は当初は驚いたが、Science of Labour はフランスやベルギーでは使われている言葉だとの説明をうけて納得したということである。[八] イオテイコ女史は、「労働者にとって最善の作業状況を見出し、疲労を検知し、そして、産業労働のために科学的根拠を規定することを目標として、身体器官の働きを実験に利用する」ことが労働科学であると説明している。[九]

この倉敷労働科学研究所が日本の労働科学の発祥地となったのであるが、では、暉峻達は、労働科学をどのように定義していたのであろうか。暉峻などが執筆した『労働科学辞典』によると、「労働科学とは労働する人間についての学問であり、労働する人間の肉体と精神とについて科学的諸原則に立って、経営と労働とをよくする方法を発見する科学」となっている。[一〇] そして「労働の機械化によって新たに起こってくる、機械的労働の人間生活や労働力に及ぼす影響を研究し、機械の重圧から人間を開放する科学的手段を発見する」ことが労働科学の任務であると同辞典には書かれている。[一一] 暉峻は、後述するテーラー・システムの批判を同研究所設立に先立って行っていたこと、及びイオテイコ女史の著作の影響を受けていたことから考えてみると、労働科学を、精神性をも備えた働く人間を対象にする学問というように、人道主義的な側面からもとらえていたことが容易に

大正九（1920）年９月、向かって左から**桐原葆見、暉峻義等、石川知福**（三浦豊彦『労働と健康の歴史』第三巻、労働科学研究所より引用）

想像できる。この人道主義的側面ということに関しては、「どんな体制の下でも労働者大衆のためのもの（labour oriented）」であると語った設立当初のメンバー、桐原の言葉からもうかがえる。[一二]「労働科学は人間の労働を研究する実践科学である。……労働科学は働く人間のために真実に合理的な労働と生活の条件を求めてやまない社会生物科学（sociobiological science）である。そこには感傷ではない、合理的ヒューマニズムがなくてはならない、というのがわれわれの志願であった」と、桐原は労働科学の生い立ちを回想している。[一三]

このように労働科学は、一九六二（昭和三十七）年に労働科学研究所所長に就任した斎藤一《はじめ》が、「人間疎外に通ずるさまざまな問題が発生してきている。……そうした諸問題に対しては、イデオロギーや常識から割り出すのではなく、現実に即し、科学的実証的に、キメ細かな研究資料をとって、それを基礎に合理的な解決を図っていくということが、何よりも大切」と指摘しているような観点をもって、[一四]資本主義経済の発展に伴って生じた労働者の諸問題を具体的に改善、解決しようとして動き出した科学であったのである。それは、人間尊重の視点が盛り込まれていた実践的学問なのであった。

実際には、肉体の科学である労働生理学と精神の科学である労働・産業心理学という二つの基礎科学のベースの上に、生化学、労働・産業・社会衛生学、職業疾病学などが密接に絡み合った専門領域が倉敷労働科学研究所で形成され、栄養学、臨床医学、心理学などの専門家も研究員に加えられた。

（三）倉敷労働科学研究所の活動と成果

倉敷労働科学研究所が新設事務所を構えて正式に成立したのは、一九二一（大正十）年七月一日であったが、暉峻達はその前年の夏に、倉敷紡績の労働者を対象にした労働衛生調査を行っていた[一五]。これは、紡績工場の女性労働者と同様の生活をする中で、昼夜交代作業[一六]による肉体的、精神的影響を調査したものであり、これ以降、倉敷労働科学研究所は、疲労問題をテーマとする研究に集中していった。この研究について、一九三〇年に同研究所に入所した勝木新次が「昼夜交代作業に関する研究は婦人の深夜業禁止という内容を含む工場法改正の有力な支えとなったことは疑いのないところである」と指摘した[一七]ように、同研究所の研究は、紡績女工の深夜業の撤廃をはじめ、労働時間の短縮、女性労働者の福利施設の改善などを科学的に裏付けていった。また、同研究所が綿業不況の中で、倉敷紡績の経営から孫三郎の個人経営へと移行した一九三〇年には、「補償体操」――今日では珍しくはない職場体操――を最初に提案した。これは、「小部分の身体部局を用い、長時間にわたり、同一の体勢と緊張を以て行う持続的反覆性作業であるから、健康を維持し、心身機能の順調円滑な発展を期するためには、補償的な体育運動を以てしなくてはならぬ」という考えに基づいていた[一八]。また、この時期には、従来の工業分野の研究か

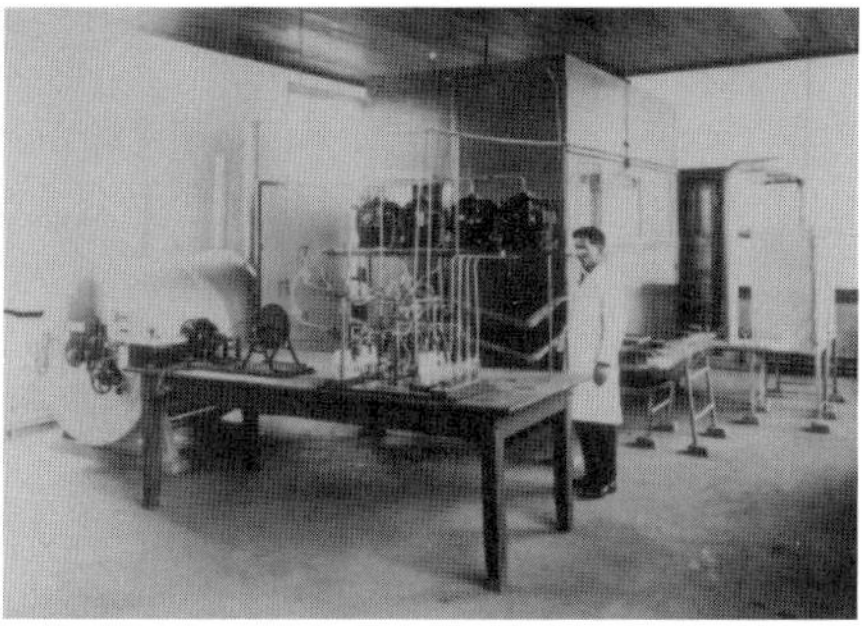

倉敷労働科学研究所内部（倉敷紡績提供）

ら飛び出し、生理値の測定を含んだ農業労働と農村生活に関する全面的な研究にも倉敷労働科学研究所は乗り出した。(一九) また、労働衛生行政に取り上げられることはなかったが、一九三二年には女性労働者の妊娠保護に関する提案を倉敷労働科学研究所は行った。その提案の中では、労働時間の制限、妊娠九、十ケ月目の労働禁止、定期的な体重測定とその結果如何での労働と栄養面のチェック、及び妊婦の作業場変更の必要性が訴えられていた。(二〇)

また、設立当初には大気条件の研究も行われた。これは、労働者の疲労と夏季の減産を防止するために、工場内の温湿度を調節する冷房装置付きの空調試験工場を孫三郎が構想していたこととも関連していた。孫三郎は、効果を上げているそのような工場がイギリスに存在するという報道を耳にして、大型冷房用冷凍機を一九二一年に発注し、英米に技師を視察派遣した。(二一) しかし、一般的に、倉敷紡績の工場を研究材料として同社の経営下でスタートし、実績を上げていった倉敷労働科学研究所は、大原社会問題研究所と大原農業研究所と同様、孫三郎のビジネス面の利益アップということにはほとんど結びつかなかったと言われている。孫三郎にとってプラスどころか、マイナス要素の強いことも行われた。紡績工場内の労働諸問題の研究を手がけてきた同研究所の研究結果を公にしたいと暉峻が要求し、経営者である孫三郎は、最初は難色を示しながらも最終的には承諾したことなどはその典型である。「始めるからには続けること」というアドバイス付きで、一九二四年六月から機関誌、『労働科学研究』が発行された。これについて暉峻は、「大原氏の許容は実に一大決意であったに相異《ママ》ない。日本のいづくの工場経営者に、当時に於て、その労働状態の科学的批判を自らの経営下にあるものの仕事として天下に公表せしめたものがあるか、……。ここにも大原氏の科学的研究に対する尊敬すべき理解を発見し、この識見の非凡なるに畏敬の念を禁ずる能はざるものがある」と賞賛している。(二二) また、桐原は、孫三郎との会話の端々を基に、孫三郎の倉敷労働科学研究所設立の意図を「自工場の労務管理施策のためにではなくて、ひろく労働と労働者一般のために、ということである。もし私意がかりにあったとしても、それは自分がやって来た、またこれからしようとする労務管理の理念と施策との科学的裏付でももし出て来れば、もっけの幸だ、というくらいのものであろう」と代弁している。(二三)

このように、倉敷労働科学研究所は、日本の労働科学の発祥地として、小規模な民間の研究所ながらも注目を浴びる研究結果と提案を発信し、国の政策に影響を与えることもあった。自由、かつ独立した独創的、意欲的研究活動を支え、そして助け続けたのは、経営者でもあった孫三郎だったのである。

二　労働科学と労働衛生行政の世界の状況と日本の先覚者

(一) 労働科学と労働衛生行政の世界の状況(二四)

日本の労働科学は、資本主義の発展と共に顕在化してきた労働環境下の諸問題に対処する研究分野として、一九二一年の倉敷労働科学研究所の創立と共に誕生した。では、その当時の世界の研究機関の状況はどのようなものだったのだろうか。

まず最初に、産業革命発生の国、従って、労働問題にも最も早期に直面した英国の労働衛生、公衆衛生行政に目を向けると、これらの点でも英国は先進国であったことがわかる。工場法の成立と改正、十時間法案をうけての全女性労働者と十八歳までの青年労働者の週五十八時間労働化、及び公衆衛生法の通過と衛生局・保健総局の設置、及び雇用主責任法の実現が一八八〇年までには行われていた。日本で近代産業が発展し始めた頃の英国では既に、公衆衛生行政を調査研究するグラッドストン王立委員会が設けられるなど、創設された地方自治委員会と中央政府との連携による体系的な労働衛生行政が行われつつあったのである。しかし、英国以外の西欧諸国がこのような段階へ入っていくのは二十世紀になってからのことであった。

ベルギーのソルヴェー総合研究所は一九〇四年に誕生している。「労働科学」研究所という名称に影響を及ぼしたイオテイコ女史が所属していたこの世界初の労働問題の科学研究所では、労働を社会科学的、生物学的観点から研究するということが行われていた。また、その六年後には、イタリアで労働と職業病の関係を研究する職業病研究所が設立されていた。ドイツではさらにその三年後に労働生理学研究所が、フランスでは一九一九年に社会衛生研究所が創設されていた。英国では一九一八年に産業疲労リサーチ委員会が設けられ、倉敷労働科学研究所と同じ頃に国立産業心理学研究所が創立された。米国では一九一〇年に公衆衛生院がハーバード大学に設立された。また、第一次世界大戦中には産業疲労委員会が設置され、コロンビア大学のフレデリック・リー教授のリーダーシップの下、八時間労働と十時間労働の比較得失研究（報告書、*Comparison of an eight-hour plant and a ten-hour plant* は一九二〇年に出版）が行われた。さらに、一九二〇年にはハーバード大学に疲労研究所が設けられた。こうして見ると、日本の近代化は欧米よりもかなり遅れていたのだが、労働科学、労働衛生部門の研究所は意外と早期に、英国以外の欧州と米国の同種類の研究機関設立から遅れることわずかの時期に組織されていたことがわかる。

(二) 労働能率と労働者保護――テーラー・システム

労働問題を取り扱う場合、主として、労働者保護的側面からと労働能率的側面からとらえることができる。つまり、労働科学には、社会政策的視点と経営生産的視点という異なる方向から接近することができるのである。労働能率的アプローチとしては、米国の技師、フレデリック・ウィンズロー・テーラー（一八五六―一九一五年）が提唱したテーラー・システムが有名である。テーラーは、一九一一年に『科学的管理法の原則』(*The Principles of Scientific Management*) を著わし、「能率」という言葉に特別、かつ新たな意味を与え、コスト削減と生産性アップを実現するために産業過程の簡素化に挑んだ。テーラーは、作業から無駄な動作を排除し、一定時間内の最大生産につながる労働様式を制定するために、労働様式と所要時間を分析し、その労働様式に合わせて労働者を訓練、そして労働させるということを考案した。(二五) テーラーは、労働者と事業主双方に最大の繁栄を提供するシステムだと主張していた。しかし、労働の組織化、生産の計画化、訓練による労働負担の軽減、無駄な労働の排除、工具の合理的配備、資材の無駄排除などから成るテーラー・システムは、人間の機械視や給与カットなど、労働者にとって不利な状況をもたらしていった。そのため、批判も続出し、テーラーは、上述した著作を発表した年とその翌年に米国下院の特別委員会に喚問され、テーラー・システムの欠陥が糾明された。しかしそれでも、分析的な研究に基づいて、無駄な動作と労働者の疲労を避けながら最大生産を達成することができると宣伝されたテーラー・システムは、米国社会に貢献し、影響を投じたことは確かのようである。その後の米国では、ヘンリー・フォード（一八六三―一九四七年）がコンベヤーを使用した流れ作業で経済をリードした。また、産業能率的側面の経営学は現在も米国で盛んであり、「生産性の父」としてテーラーの影響は息づいているようである。

米国とは対照的に、欧州では冷静に受け取られたこの科学的管理法は、時をほぼ同じくして日本へ流入し、学界や経営者達の関心を引いた。孫三郎も興味を持った一人であったと思われる。[二六] 暉峻は、「テーラー・システムは労働の強化だ」という米国コロンビア大学のリー教授による批判[二七]から方向性を得てテーラー・システムを研究し、一九二〇年に『「合理的労働」の見地より観たるテーロイズム批判』という論文を『中央公論』五月号に発表した。その中で暉峻は、テーラーが行った分析実験の科学性に疑問を投じ、テーラー・システムは、「生産額と時間とを考慮したに過ぎない」、「資本主義的傾向をもった」、「人間の天分を全く度外視」し、「人間を機械視」したものだと非難した。[二八] そして、孫三郎から研究の機会を得た後、暉峻は、人間を機械の隷属物としてではなく、精神面をも持つ存在として重視しながら、その労働環境を改善・解決していく科学の研究に没頭していったのであった。つまり、倉敷労働科学研究所は、労働能率的側面に偏向していると批判されたテーラー・システムの影響を多分に受けて出発したのであった。

（三）日本の労働衛生政策——先覚者、後藤新平

倉敷労働科学研究所は、労働能率的側面の強いテーラー・システムを反面教師的にとらえて、労働者保護的側面を重視して設立されたことは上述した。また、倉敷労働科学研究所が設立された頃までの世界の労働問題分野の研究所や労働政策行政の到達状況についてもふれた。そこでここでは、テーラー・システムが流入してくる前、即ち倉敷労働科学研究所設立以前で、もちろん労働科学という言葉も使われていなかった時期——一八九八（明治三十一）年頃まで——の日本の社会衛生行政や社会行政一般に対する（認識）レベルを、孫三郎とも接点があり[一九]、社会衛生の先駆者と言われる後藤新平《しんぺい》の活動[二〇]を中心にして見ることにする。

後藤新平

日本初の労働者保護法規である官役人夫死傷手当規則が出されたのは一八七五年のことであった。そして、官設工場の労働者のみを対象としたこの規則を工場労働者一般の保護にまで広げる目的の工場法の立案は、一八八一年に設置された農商務省の主導で翌年から開始された[二一]。愛知県立病院院長として臨床医を務めていた後藤新平が内務省衛生局の照査課副長になったのは翌一八八三年であったが、後藤は、その五年前には、幼年者雇用に関する法規の制定要求などを含む意見書を内務省衛生局長に提出していた。一八八七年には『普通生理衛生学』を訳・公刊したことに続いてその翌

年からは、『大日本私立衛生会雑誌』に論文「職業衛生法」を五回シリーズで後藤は投稿した。労働者待遇について当時社会問題となっていた高島炭坑事件に触発されて書いたと言われるこれらの論文の中で後藤は、職業衛生法の意義を述べると共に、労働者保護についても言及した。また、欧米の先進制度にふれ、工場巡視官についても紹介し、さらには、他国の職工住居生活環境をとりあげ、それらについても意見を提示した。そして、一八八九年には、社会進化論的視点をもって、有機体である国家には衛生原理が必要であると『国家衛生原理』において後藤は説いた。翌年の『衛生制度論』では、ビスマルク的社会政策の必要性を説き、工業衛生については職場・現場で研究することの必要性を後藤は強調した。そして、実際、一八九〇年四月から二年後の六月までドイツへ自費留学をし、帰国後(二二)の十一月に内務省衛生局長になった後藤は、ドイツ的社会政策(二三)を求める提案を行ったのであった。さらに後藤は、一八九五年には「明治恤救基金案」、二年後の二月には「恤救法案」と「救貧税法案」を提出した。また同年五月には「帝国施療病院の設立」、「労働者疾病保険の国庫補助」などの建議を行い、その翌年には、「帝国施療病院の設立」と「労働疾病保険法」を求める「救済衛生制度ニ関スル意見」を提出した。後藤は、このように、社会・労働衛生政策を求める建議を精力的に行ったのであるが、これらの提案はどれも形をみることはなく、後藤は、一八九八年三月に台湾民政局長に転じ、その後は、衛生行政から離れて政治家へと転身していった。

　健康的な労働の場を作り、そこに働く人達に良い環境を提供することを目標とする労働衛生は、社会衛生の重要な一分野であり、社会衛生の発展に準じてきた。そして、社会衛生は、社会一般を対象とするもので、資本主義の発展と共に発達してきたのだが、このような、後藤新平による早期の建議、提案、そしてそれらの廃案は、後藤の先見性を示すものであり、社会衛生行政の必要性認識に影響を及ぼしたことは確かだと思われる。

後藤の衛生行政面での活動については、「ドイツの社会政策思想が後藤新平を通じて、やや皮相な、表層的な形においてではあるが、公衆衛生・労働衛生的国家施策の必要性が訴えられた」(二四)と指摘されたような「皮相・表層的」という見方はあるものの、近代化のための資本主義原理追求下で、医師でもあった後藤が、労働者保護の視点を主として「官」の立場から投じたことは評価に値すると思われる。意味合い的には温情的、国家政策的なものを含んでいたにしても、後藤は、孫三郎が東京専門学校に入学した一八九七（明治三十）年頃までに、上述したような活動を通じて社会衛生行政——「官」の立場から——の先駆者となっていたのであった。そして、後藤が意欲的に衛生行政へ働きかけたその後、一九〇四年には肺結核予防令が公布、翌年には一八九二年の鉱業条例を整備した鉱業法が制定、一九一一年には工場法が制定、そして五年後にはその工場法が施行、及び医学生だった暉峻も参加した保健衛生調査会が内務省内に設置されるなど、社会衛生行政は徐々に整備される方向へと動き出していったのであった。(二五)

三　孫三郎の労働者福祉におけるリーダーシップと科学信奉

(一) リーダーシップをとった理由

さて、孫三郎が暉峻達に研究材料、研究施設を提供して設立された倉敷労働科学研究所がどのような経緯で設立され、どのような研究を目指したか、及び労働科学や労働衛生をめぐる世界や日本の環境がどのようなものであったのかは既述した。そこで、次に、孫三郎が労働者福祉分野においてリーダーシップをとり、倉敷労働科学研究所を設立した理由について考えてみることにする。

i　地主・名望家　孫三郎は、前述したように、父、孝四郎の引退によって、倉敷紡績の社長のポストと共に大地主[三六]としての地位も受け継いだ。明治初期には、大久保利通を中心にして、西洋式大農業の直接的移入政策[三七]が進められたが、やがては、老農[三八]を中心にして日本の自然や社会に適した農業が推進されていくようになった。そして、明治後期には、小倉倉一《くらいち》氏が「明治政府の農業政策、殊に明治三十―四十年代のそれは農民に対するやり方において、プロシャのフリードリッヒのひそみに倣《なら》っていた。強制の程度と方式に相違はあっても、問題の性質は相似ていた。明治三十―四十年代の農業政策は、農業の内発的発展や自発性によるよりも国家権力による上からの指導奨励であった。……違反者は罰金ないし拘留に処せられた」と指摘している[三九]ような、国家権力を前面に押し出した農政が行われた。[四〇]農業技術が発展するに従って、地主達は、農業技術の指導者たることを止め、農業改良の指導は国または府県の農業試験場へ、そして産米改良は府県の穀物検査制度へというように、地主のそれまでの指導的役割は公的な機関に肩代わりされていったのであった。

従来、地主は、農事改良、農業生産、用水の管理などに指導的役割を果たし、公的事業などにも率先して金銭投資を行ってきた。また、地主達は、地主と小作人の関係維持を主たる目的として、温情的・慈恵的政策も地域で行い、農業生産とそれらの活動を通じて高い地位につき、名望家としての社会的な尊敬を集めてきた。地主にとって、温情的、慈恵的行為は、代々続く義務であり、[四一]信用と尊敬を得るためには欠かせないものとなっていた。後述する大原農業研究所について孫三郎は、「地主の家が当然なすべき社会奉仕であると考えていた」と孫三郎の息子、總一郎が語っているように、[四二]上述した名望家としての特徴は孫三郎に確かに見受けられたのであった。

また、孫三郎の父、孝四郎は、儒家から大原家に養子に入った人物であり、孫三郎は、この勉強家の家系を高く評価していた。儒教には、困窮民に手を差し伸べることが名君の条件とされる西洋のノブレス・オブリッジと同じような考え方があり、歴史を振り返ると、身分の高い人達による困窮民の救済事業が日本でも行われてきたことがわかる。このような儒教の精神が孫三郎に受け継がれていたことは想像に難くなく、この儒教的精神と地主としてのあり方に関する孫三郎の考え方が相乗効果を起こして、孫三郎に大きな責任感を根づかせたのではないだろうか。

しかし、孫三郎の場合は、小作料収奪の便宜や支配のためだけから地主の務めを果たそうとしたのではない。もし、孫三郎が自分の地主としての利益を守ることしか考えなかったならば、後述するような、農家の青年教育などは考えなかったはずである。教育の普及によって知的水準が上昇すれば、個々人の意識は変革され、主体的に考え、判断し、行動することができるようになる。教育を普及させようという姿勢は、人間の尊重につながっている。つまり、孫三郎が紡績工場の女性労働者達に語った表現を用いれば、「人格が尊重される存在となる」ようにするのであり、このような結果をもたらす教育を施そうとした孫三郎は、温情主義というより、人間平等主義に基づいて相手の利益も考えていたのだと言える。また、実際、孫三郎は、小作あっての地主であり、小作人達を共同経営者と考え、(四三)小作料金納論を唱えていた。(四四)支配階級の多くの人達は、地主にとって有利な米納を支持していた。土屋喬雄氏は、地主は封建的、寄生的性格、そして、保守的、反動的であるというこれまでの支配的な地主論に異議を唱え、「私のように、地主出身者にも多くの進歩的経営者も政治家もいたという認識に立脚すれば、必ずしも『変わり種』と解釈する必要はない」と孫三郎とその父親の孝四郎を評価しているが、(四五)孫三郎は、やはり一般的な地主ではなく、「変わり種」ではないかと感じられる。キリスト教的ヒューマニズムの影響を受けた孫三郎は、資金力に富んでいたことも一利あって、一般的な地主よりもずっと率先して、名望家に対して当然視されてきた責任をまっとうしようとし、リーダーシップを発揮した。その一つの活動が、理想的な労働環境を科学的裏付けの下で実現するための倉敷労働科学研究所の設立と支援だったのであった。

ii　社会や物事に対する批判的な視点

リーダーシップを発揮した第二の理由として、社会や物事に対する批判的な視点を孫三郎は忘れなかったということが挙げられる。足尾銅山が社会問題化し、学生達によって足尾鉱毒地救助演説会が一九〇一年に開かれたり、集団視察が行われたりしたのは、孫三郎が東京専門学校に在学していた時期と一致する。第五章でもふれたが、孫三郎も、泊りがけで足尾銅山視察に出かけていた。足尾銅山事件は、公害問題の原点ともいうべき社会問題であるが、孫三郎は、多くの学生達と同様に、批判と同情の精神を強くしたに違いない。

また、第六章で大原社会問題研究所を取り上げた際にも指摘したが、山川均の影響も忘れてはならない。犬飼亀三郎《かめさぶろう》氏は、孫三郎の「益者三友」を掲げ、孫三郎は「この三人のいうところを、素直に受け入れて、後日の大をなす精神上の根拠をつくった」と指摘している。(四六)その三人の中の「多聞な人――世間の事理に通じそれを教える友」には孫三郎の幼なじみの山川が挙げられていた。同志社大学で学んだ後に、キリスト教を通じて社会主義の活動に実際に入っていった山川は、不敬事件と赤旗事件で逮捕された。出獄後の山川は、倉敷とその近郊でしばらく生活しており、孫三郎から『エンサイクロペディヤ・ブリタニカ』を借りて夢中になって読んだり、孫三郎と石井十次の橋渡しをした山川の義兄、林源十郎の薬種店の二階で英語を教えたりしていた。(四七)これらのことを考慮しても、孫三郎と山川の間に交流や相互的な感化があったことは確かであり、山川の社会問題に対する視点も孫三郎に影響を及ぼしていたと考えることは妥当なのではなかろうか。

また、金持ちの子として教師達から正当に扱われなかった幼年期の経験から権威を嫌い、反抗心の強い子になった孫三郎は、社会一般の流れに単に迎合することを好まなかった。(四八) このように、社会や物事に対して批判的な視点をも備えていた孫三郎は、自らも経営者として関わっている労働環境の理想実現のためにリーダーシップを発揮して労働を科学する新しい研究所を設立、支援していったとも言えそうである。

iii 最初の科学研究所——大原奨農会農業研究所——の経験

孫三郎が、労働者福祉のための労働科学研究所を設立した第三の理由は、農業改良を科学的に研究する大原奨農会農業研究所の設立、運営という経験を有していたということである。そこで、ひとまず、この農業研究所とはどのようなものだったのかを概観してみよう。

大原奨農会農業研究所は、ドイツ留学から戻った近藤万太郎《まんたろう》(四九)の意見に従って、農業の基礎研究所として設立された。(五〇) 農家の子弟を対象にした農学校を設立して、農民の経済的地位を向上させたいと孫三郎が以前から考えていたこともあって、この研究所下では、二ヶ年を収容年限とする農業講習所も一時的にではあったが開設された。(五一) さらに、設立を記念する講演会や講習会が一年に一回開催された。(五二) また、初期には温室葡萄の栽培や白桃の品質改良をもこの研究所は手がけた。しかし、次第に、このような実地研究や教育活動から純学問的な基礎研究へとその活動の中心は移っていき、十五周年を契機に財団法人大原農業研究所と改称された頃には、科学的研究への集中度はかなり高くなっていた。研究結果は報告書や講演会を通じて公表され、穀物の貯蔵など、一般の農業改良にも大きく貢献した。(五三)

また、石井十次の死後に解散が決定された岡山孤児院の院長を一時的に引き受けた孫三郎は、岡山孤児院の茶臼原農園に所長の近藤万太郎などを派遣して、土壌の改良などに協力した。

次に、孫三郎のこの農業研究所設立の意図の中からリーダーシップをとった理由を探るために、設立経緯をみていくことにしよう。既述したが、東京遊学から戻った孫三郎は、一九〇三年春から大原家所有の田地検分を開始した。この際、農村生活の窮状を知った孫三郎は、何らかの行動を起こす必要性を感じ取った。その後、孫三郎は、民間の農学校設立を構想するようになったのだが、ひとまず一九〇七年には農業改良のために第一回大原家小作俵米品評会を開催した。この大原家小作俵米品評会は十三年後の第十四回まで続いたが、一九一〇年の第四回品評会のときに孫三郎は大原奨農会を発足させ、孫三郎自らが会長に就任した。この大原奨農会は、農業改良資金や小作地を買い取って自作農になりたい人への融資や農業改良資金の貸出しも行うということになっていたが、この方針は、紡績会社などの資金源を大原家のようには有していない岡山県の他の地主達から大反発を受けた。このような近隣地主からの反対も、民間の農学校の設立構想へと孫三郎が転じていく一因になったと思われる。しかし、実際に設立されたのは、農学校ではなく、農業技術の研究を通して農民の状態を改善するための大原奨農会農業研究所であった。

大地主として、このように、小作農の生産と経済の両面における理想実現のための科学的研究所を既に設立、運営していたという経験が、紡績会社の経営者としても、工場労働者の幸せの実現のためにリーダーシップを発揮し、倉敷労働科学研究所を設立させる方向へ導いたと考えることもできる。

（二）科学信奉の理由——慈善事業の限界と社会問題の複雑化

次に、倉敷労働科学研究所を設立した孫三郎は、なぜ労働者福祉の実現に科学を求めたのかという点に考察を移すことにする。

孫三郎が科学に傾倒していった第一の理由は、慈善事業の限界にあった。石井十次の岡山孤児院を物心両面で支援しつづけた孫三郎は、石井の死後、自助独立した人間づくりという点において、私意をなげうって臨んでいた石井ですらも必ずしも成功したとはいえなかったことを再認識し、慈善事業に対する限界を強く感じた。孫三郎の息子の總一郎が、「父は孤児院事業の意義と石井院長の不滅の奮闘とを認めながらも、それが一時的救済方法の域を出ず、日本の将来の社会事業がどうあるべきかにはもっと科学的な考慮が払われる必要があることを真剣に考えていた」と記述している[五四]ように、孫三郎の関心は、個々の事後・応急的な慈善事業から組織的・科学的な社会事業へとますます移っていったのであった。また、石井の活動の形骸化を避けるために岡山孤児院を解散するに際して、全国社会事業協会や慈善事業経営者、及び慈善事業宗教家達[五五]から猛烈な反対と非難を受けたことも、宗教から科学へと孫三郎が傾注していった一因であると思われる。

孫三郎が科学を尊重していった第二の理由は、社会問題の複雑化にあった。当時の社会では、足尾銅山鉱毒問題のような、資本主義の発展による構造的矛盾と不合理、及び貧富の格差が顕在化しつつあった。第一次世界大戦、ロシア革命を経て、階級対立的な思想が日本にも流入してきた。孫三郎は、海外から危険、かつ過激な思想が入ってくることを以前から懸念していた。一方、既述したように、二宮尊徳の思想の感化も受けていた孫三郎は、調和を尊び、先祖の努力に報いたいという考えを持っていた。(五六)つまり、地主として、企業経営者として、バランスある問題解決の方法を求めたいと願っていたのである。しかし、労働問題や貧富の格差の問題は、あまりにも大きく、根深く広がっており、徹底的な対策を研究する必要があると感じられた。孫三郎は、真の解決をしたいと考えたが、どうすべきかわからかなかった。(五七)そこで、進歩や発見、独創性を重視していた(五八)孫三郎は、科学に新しい期待を寄せた。科学的手段がバランスある解決に貢献してくれると感じ取っていたにちがいない。(五九)

(三) 科学信奉の結果——ロバート・オウエンの修正(六〇)

ロバート・オウエンの職工待遇などを研究し、参考にした孫三郎は、科学を信奉していった結果として、オウエンの思想や活動の修正を無意識に行った形になったのではないかとの考えをここでは展開してみたい。

オウエンの『新社会観』の第三論文はジェームズ・ミルの加筆を受けたことからもわかるように、オウエンはベンサム主義の影響を受けていた。オウエンが「統治」と呼んだ共同村の経営目的は、「最大多数の最大幸福」であった。オウエンは、ベンサム主義から出発して、ベンサムの限界を乗り越え、共産主義構想に行き着いた。しかし、個人主義をオウエンは絶対否定したのではなく、個人の利益を社会全体の利益に優先させて良いとする個人主義を否定し、両者の利害は一致させるべきだと説いたのであった。オウエンは、全人類の救済を意図していた。このことは、程度に差はあるものの、孫三郎にも通じることである。さらに、貧困防止の根本的救済策の必要性認識という点でも孫三郎とオウエンは共通していた。そして両者ともに、平和的な社会問題の解決のみを念頭に置いていたのであった。

しかし、孫三郎とオウエンが異なる点は、オウエンが自分の原理を共同体メンバーに強要したということである。理想とは、絶対に自分の構想するもののみとオウエンが決めつけて建設された共同体は、外部からの力で半ば強制されたものだった。従って、共同体は自律的統制を保つことができずに崩壊してしまった。これに対し、孫三郎の構想した職工村や倉敷の東洋のエルサレム化構想は、一人一人の人格や自立意識にまで思いを馳せていたために、市民社会的であったと言える。オウエンは全面的な平等を主張したが、孫三郎の平等は、自主独立、進歩と両立するものであった。孫三郎にはオウエンに欠けていた個人のレベルまで見る目が備わっていたのであった。また、孫三郎は、オウエンよりも厳密に科学性を尊重しており、唯我独尊的、主観的、恣意的な認識や判断は避けなければならないと考えていた。オウエンは自分の思想の一般化を試みたが、孫三郎は一般化できる思想を求めたのであった。オウエンは、「環境と社会こそが人間の性格を左右するものであり、好条件を備えたならば、如何なる性格でも合理的に構成され得る」という「性格形成原理」を「環境の科学」とも呼んだのだが、この「環境の科学」の法則性は、科学的に実証されているわけではなかった。「環境の科学」は、オウエンの経験的事実に基づく信念であり、ニュー・ラナーク工場以外では成果が現われなかったことからも、普遍性には欠けることは確かである。オウエンは、「性格形成原理」に基づいた博愛を中核に据えて共同体を作成しようとした。孫三郎は、博愛だけで共同体を構成することには無理があることを石井の経験などから認識していた。オウエンの問題点は、このことを現実的に認識しなかったことにある。そのため、オウエン主義の現実適用には、修正が余儀なくされると指摘されることも多い。

オウエンと孫三郎には、共通点もあったが、上述したように相違点も存在した。オウエンの事跡を研究した孫三郎は、オウエンの理想実現の試みをそのまま模倣したわけではなかった。賛同できる部分のみが取り入れられたと思われる。そのようにして、言わばオウエンを修正した孫三郎は、オウエン主義の出発点とも言われるベンサム主義に戻ったのではなく、J・S・ミルに近くなったと私は考える。もちろん、ベンサムが社会科学を科学的原理で取り扱おうとした点は、孫三郎の科学尊重に通じる。また、どちらかといえば個人主義的側面の方が強かったこと、民主的・平等的視点をもって社会改革を使命と感じたこともベンサムと孫三郎に共通する。「最大多数の最大幸福」という功利主義的な目的達成の姿勢が孫三郎には全くなかったと言うこともできない。しかし、孫三郎は、ベンサムのように単純な快楽主義的利己的人間観は持っていなかった。まとまりとしての地域、社会を見る目も有していたし、そして、少数派を犠牲にしても良いとは孫三郎は考えていなかった。

孫三郎にはもっと人間的視点や道徳的視点が備わっていたのである。その視点は、ベンサム主義を修正したJ・S・ミルに見られたものと同様であったと感じる。J・S・ミルは、ベンサム主義に倫理的道徳的側面の欠落を認め、快楽の質にまで言及した。J・S・ミルは科学を極度に信奉したが、人間性（ヒューマニティ）の研究にも重点を置いた。そして、経済的自由主義に人間性を結びつけた。なぜなら、純粋な経済的自由主義や個人主義のみを原理としていては時代の要求に適応できなくなったからであった。ヒューマニズムを取り入れたJ・S・ミルは、社会主義に接近した。しかし、J・S・ミルは、競争の有益な面を無視して、そのマイナスポイントばかりを強調する社会主義者一般の姿勢には批判的だった。J・S・ミルは、ベンサム主義を修正はしたが、それを完全に捨て去ることはせず、やはり個人主義者であったし、個性を重視し、人間の精神的幸福には自由が必須であると考えた。自由は、自発性、自主独立性と密接な関係を持っているとJ・S・ミルは確信していたのであった。オウエン主義は、自由の抑圧という点で問題が多いと批判したJ・S・ミルは、自由を維持しつつ平等化を進めていくことに関心を持つようになり、労働者階級を擁護するための政府の干渉と立法について、他のベンサム主義者とは異なって、賛意を示すようになった。

このように見てみると、自主独立を重視した孫三郎は、科学を信奉したことで結果的に、研究材料としたオウエンの修正を無意識に行い、オウエンよりもJ・S・ミルに重なる部分が多くなったのではないかと私は考えるのである。（六一）

四　労働衛生・労働科学への貢献

本章では、孫三郎が設立した倉敷労働科学研究所とそこで研究された労働科学、及び発揮された孫三郎のリーダーシップと科学尊重の姿勢をも考察してきた。孫三郎には個別的な慈善の視点もあった。会社の幸福は社員を前提としたもの、社会の幸せは個人の幸せを前提としたものと考えた孫三郎は、工場労働者の状況改善を願った。孫三郎は、現実を直視して慈善事業から科学へと傾倒していき、経営する倉敷紡績の工場を科学的研究の材料として提供した。このような孫三郎の思いを受けた倉敷労働科学研究所は、「科学的管理法」と称して合理的な労働能率アップを主張し、当時注目を浴びていたテーラー・システムに対抗する形でヒューマニズムを強調して設立された。それは、世界の労働科学・労働衛生関係の研究所の設立時期とそれほど大差のない時期に創立されたもので、日本で初めて労働科学分野を取り扱う研究所となった。日本の労働・社会衛生行政が「官」の立場の先駆者の動きを受けてようやく動き出して間もない頃であった。

明治維新以降の国家・官僚・企業主導に慣れきった日本でも、現在、独立した消費者意識、市民意識の芽生えと共に、企業倫理はますます重要視されるようになってきている。経済団体連合会が一九九六年に発表した「経団連企業行動憲章」には、『良き企業市民』として積極的に社会貢献活動を行う」、「従業員のゆとりと豊かさを実現し、安全で働きやすい環境を確保するとともに、従業員の人格、個性を尊重する」ことの必要性がうたわれている。経営トップは、これらの精神を実現するための役割を認識し、倫理観の涵養に努めなければならないというのである。一九六〇（昭和三十五）年に孫三郎の息子、總一郎は、「経営者が経済的自由を考えるにあたっても、人間としての倫理的反省と社会的責任を考えるべきである」と語っている。(六二) この発言は、経団連の行動憲章が発表される三十六年前のことである。さらに、本章で考察してきたとおり、遡ること七十五年前に孫三郎は、「経団連企業行動憲章」を体現していたことになる。

總一郎が「父はキリスト教による救世の理想をもったが、後になって科学に信頼を寄せると共に、生活は再び不羈奔放《ふきほんぽう》な態度に逆転した。しかし、心中の矛盾はこれら二つの極の間を激しく動揺し……」と表現したように[六三]、孫三郎は、理想と現実の間を行きつもどりつしながら思考を繰り返し、内省均衡を取りながら意思決定を行っていった。「直感と科学を愛した父にも不可思議な事実を通じて信仰の記憶はたえず絶滅から救われつづけた」と總一郎は振り返っているが[六四]、キリスト教信仰は晩年まで孫三郎の中に根づいていたと思われる。そのような孫三郎は、「愛と誠のほか神意にかなうものはなし[六五]」という信念で、幸福な市民社会づくりにかけたのであった。

孫三郎は、研究者達の自由を尊重することによって、真理を追求する科学的・創造的活動を支援した。倉敷紡績の経営状況が悪化した度に出された研究所廃止論に対しても孫三郎は倉敷労働科学研究所を擁護し、孫三郎の個人経営に移して存続を図った[六六]。擁護者、孫三郎は、また、自分の経営する工場の実態、及びその労働の現場から生まれた日本の労働科学という実践科学の成果公表を許可した。孫三郎は、現実に対する厳しい批判や忌憚のない意見の表明を伴った活動を認めることで、真理を追究する姿勢を鼓舞・尊重したのであった。孫三郎のこれらの実践はどれも簡単なことではない。孫三郎は、充分な金銭的、施設的支援をも保証し、自由な研究と在野精神の涵養を通じて日本の労働科学や労働衛生の確立に大きな貢献をした[六七]と私は考える。

注

（一）大原社会問題研究所が二月に設立された一九一九（大正八）年には、第一回国際労働会議が十一月にワシントンで開催されることになった。日本も代表を送ることになり、政府代表出席者として鎌田栄吉《えいきち》、岡実《おかみのる》、資本家代表として武藤山治、そして労働者代表の第二候補として高野岩三郎が選出された。しかし、出席代表選出のために政府が招集した労働代表選定協議会は、友愛会や労働団体、特に海員組合を全く無視していたため、その選出手続きに問題があったと労働団体から政府は攻撃を受けた。労働者代表の第一候補者は、労働団体の反発を察知して辞退した。高野は代表受諾を表明したが、その撤回を迫る友愛会の運動に遇い、結局、高野も代表を辞退した。その後、高野は、迷惑をかけたとして十月に東京大学を辞め、大原社会問題研究所所長として仕事に集中していった（法政大学大原社会問題研究所編『大原社会問題研究所五十年史〔復刻版〕』レビュージャパン、二〇〇一年、一六―七頁）。

（二）同右、八―一〇頁。

（三）僧籍を持つ家に生まれた暉峻は、東京帝国大学医学部の永井潜《ひそむ》教授の生理学教室で学んでいた際に、有馬頼寧《よりやす》、近衛文麿、木戸幸一といった進歩主義の華族達が開いた労働者学校で、日本人の生理について講義をした経験を持っていた。また、吉野作造などが指導した「人類の解放と現代日本の合理的改善」のための学生団体、新人会にも加入していた。暉峻は、一九一六年に設置された内務省保健衛生調査会のメンバーに永井の勧めで加わり、農村視察を行った。しかし管轄問題で調査が不可能だったため、それを可能にするために暉峻は警視庁嘱託になり、一九一八年五月から六ヶ月間泊まり込みで、本所や深川の細民長屋の生活実態調査を行った。同じ頃、月島の労働者街で高野達が大学の「持続活動」として家計調査を行っており、暉峻がその「謀議」に招かれ参加したことが高野達との交流の始まりであった（暉峻義等博士追憶出版刊行会編『暉峻義等博士と労働科学』同会、一九六七年、八一頁／三浦豊彦『暉峻義等――労働科学を創った男』リブロポート、一九九一年、四八―八八頁）。ちなみに、永井潜教授は孫三郎の遠縁にあたる（大原孫三郎伝刊行会編『大原孫三郎伝』中央公論事業出版、一九八三年、一三二頁）。

（四）暉峻義等博士追憶出版刊行会編『暉峻義等博士と労働科学』八一頁。

（五）新研究所設立に際して暉峻は、労働現場が研究の糧であるため、工場の隣接地に新研究所を設立してほしいと要望し、その願いは聞き届けられた（暉峻義等『産業と人間』理想社、一九四〇年、三三三頁）。また、研究所内には実験研究施設が整備された（労働科学研究所編『労働科学の生い立ち　労働科学研究所創立五十周年記念』同研究所、一九七一年、八〇・八二頁）。

（六）暉峻義等博士追憶出版刊行会編『暉峻義等博士と労働科学』九二頁。

（七）孫三郎は、社長である自分が工場視察を行うということを現場に知らせぬまま、つまり準備なしの通常の状態を暉峻に見せたいと考えた。孫三郎は暉峻を旅館に訪ね、夜間に視察する意向であるから、それまで待っていて欲しいと告げた。白足袋、せった、袴を身に着けた孫三郎は夜中の一時に暉峻を旅館に再訪し、二人で連れ立って夜道を歩いて紡績工場へ向かった（暉峻義等博士追憶出版刊行会編『暉峻義等博士と労働科学』九二頁）。

（八）暉峻義等博士追憶出版刊行会編『暉峻義等博士と労働科学』九八頁。

（九）Dr. Josefa Ioteyko, *The Science of Labour and Its Organization*, GEIRGE ROUTLEDGE & SONS, LIMITED, 1919, pp.4.

（一〇）暉峻義等他『労働科学辞典』河出書房、一九四九年、一六四頁。

（一一）同右、一七五頁。

（一二）労働科学研究所編『労働科学の生い立ち――労働科学研究所創立五十周年記念』一一三頁。

（一三）同右、九〇頁。

（一四）同右、iii頁。

（一五）暉峻達は夏季の五週間、女子寄宿舎の一角で起居を共にし、昼勤と夜勤の各々一サイクルを追跡調査し、心身機能や態度に及ぼす労働の影響を研究した（三浦豊彦『暉峻義等――労働科学を創った男』一〇四頁）。この夏の予備実験は極秘の内に行われ、社会運動家達の標的化を倉敷紡績が憂慮したために、暉峻達は、決して外部に漏らさないと誓約させられた（労働科学研究所編『労働科学研究所六十年史話　創立六十周年記念』一九八一年、三六頁）。

（一六）　昼勤が朝六時から夕方六時まで、夜勤が夕方六時から翌朝の六時までの十二時間二交替制がとられていた。昼夜勤を十日間一サイクルとして続け、交替直前に一日休みが間に入った。また、正午と夜中の零時に四十五分間の食事休憩、午前三時頃と午後三時頃に十―十五分の休憩時間が設けられていた。十八時間労働ということもあったようである（三浦豊彦『暉峻義等――労働科学を創った男』九九・一〇四頁）。

（一七）　暉峻義等博士追憶出版刊行会編『暉峻義等博士と労働科学』一三八頁。

（一八）　労働科学研究所編『労働科学の生い立ち――労働科学研究所創立五十周年記念』一六七頁。

（一九）　暉峻義等『産業と人間』三四五頁。

（二〇）　三浦豊彦『十五年戦争下の労働と健康』労働科学研究所、一九八一年、三九七―八頁。

（二一）　孫三郎の冷凍機室付試験工場の実用化は、不況と関東大震災のため頓挫してしまった。購入された冷凍室は製氷所と改められ、孫三郎が設立した倉紡中央病院で重宝がられた（労働科学研究所編『労働科学研究所六十年史話――創立六十周年記念』四九頁）。また、孫三郎は、この構想用の技師を海外視察へ派遣したのと同様、倉敷労働科学研究所設立直後には、暉峻に夫人同伴でドイツへ留学する機会を与えた。

（二二）　暉峻義等『産業と人間』三三八―九頁。

（二三）　労働科学研究所編『労働科学の生い立ち――労働科学研究所創立五十周年記念』九七―八頁。

（二四）　英国を含めた世界諸国の事情などについては以下を参照した。三浦豊彦『労働者と健康の歴史』第一巻、労働科学研究所、一九七八年、一六八―七〇頁／第二巻、五一―二頁／橋本重遠『労働者の健康を考えた人々』労働基準調査会、一九八〇年、一五九―六〇頁／労働科学研究所編『労働科学の生い立ち――労働科学研究所創立五十周年記念』三二一頁／『労働科学辞典』一六五・一六七頁／労働科学研究所編『労働科学研究所六十年史話

――創立六十周年記念』五四頁／石川知福『日本の労働科学』南山堂、一九五〇年、一六三頁／石井金之助『労働科学論』三笠書房、一九五二年、一二七―九頁。

（二五）労働科学研究所編『労働科学の生い立ち――労働科学研究所五十周年記念』二〇頁。

（二六）第八章の注（二九）に示したが、鐘紡のリーダー、武藤山治もテーラー・システムの影響を受けて能率重視の方針を採り、その後は対照的な「精神的操業法」を打ち出した。

（二七）コロンビア大学のリー教授による『人間機械と産業能率』が留学中の北海道大学教授から東京大学の永井教授に届けられた。永井教授の勧めを受けて暉峻が書いた内容紹介は『朝日新聞』に掲載され、反響を呼んだ。このため、暉峻は、私訳『生理学上より観たる労働者問題』として出版したが、現在、「能率の父」として知られる産業能率学者、上野陽一に誤訳を指摘され、後に改訂版『人間の機械と産業能率』を暉峻は出した。

（二八）労働科学研究所編『労働科学の生い立ち――労働科学研究所創立五十周年記念』二一五―八頁。

（二九）一九二三年六月に設立された倉紡中央病院（後に倉敷中央病院と改称）の開院式に来賓として出席し、祝辞を述べた後藤新平は、設立趣旨に独自性を持つ日本一の病院だと賞賛した（倉敷紡績株式会社社史編纂委員編輯『回顧六十五年』倉敷紡績、一九五三年、二四四頁）。ちなみに、後藤の娘婿、鶴見祐輔氏は、岡山備中出身であった。

（三〇）後藤の「官」主導型活動が先駆的であった、という日本の社会衛生行政の様相を示しておくことによって、「民」主導型活動に対する孫三郎の貢献がより明確になるのではないかと考えたため、後藤の事例を取り上げることにした。後藤の建議や活動については以下を参照した。南俊治『明治以降日本労働衛生史』日本産業衛生協会、一九六〇年／橋本重遠『労働者の健康を考えた人々』／三浦豊彦『労働の歴史』紀伊國屋書店、一九六四年／三浦豊彦『労働と健康の歴史』第二巻他。

（三一）工場法については第八章の注（六）を参照。

（三二）官僚主義や閥に対しては批判的であったと言われる後藤は、民間機関の組織にも携わった。ドイツから帰国する北里柴三郎を所長に迎えての伝染病研究所設立構想に、後藤は留学先のドイツから尽力した。帰国して衛生局長になってからは、文部省や大学の反対・抵抗勢力をおさえ、民間初の大日本私立衛生会の伝染病研究所を福沢諭吉の協力も得て、一八九二年に設立することができた。また、愛知県立病院の医師時代の一八八〇年一月には私立衛生会の原型、愛衆社を設立していた。これは、中央に大日本私立衛生会が設立されて以降はその名古屋支部となったものである。

(三三)　ドイツの社会政策は、産業革命後に生じた労働問題を体制維持的に処理することを目的としてビスマルクが一八八〇年前後にとった「飴と鞭」の飴的政策が発端である。産業後進国の場合、国家権力が常に主導権を握っていた。

(三四)　橋本重遠『労働者の健康を考えた人々』二七一頁。

(三五)　後藤新平が衛生行政分野で活躍した後の社会衛生行政の動きは、大霞会編『内務省史』第二巻、原書房、一九八〇年、四七九頁他を参照した。

(三六)　一八七三(明治六)年の地租改正は、土地の所有権を公認すると共に、金納・全国統一的定率税制を確立した。しかし、納税のために貨幣が必要となったにも関わらず、農村では貨幣経済・商品流通経済の基礎は形成されていなかった。一八八〇年以降には大蔵卿、松方正義がインフレ抑制のための緊縮財政を実施した。これらの事情によって農村の疲弊は進み、中小地主の中にも土地を売り払って小作に転落するものが続出した。その過程で抵当流れなどによる田地が大地主へ急速に集積されていった(大霞会編『内務省史』第二巻、四四四頁他参照)。

(三七)　西洋農法の直輸入施策として、欧米技術の摂取と移植、西洋作物、種蓄、西洋式農具の輸入と普及、及び西洋式大農経営思想の輸入が進められた(大霞会編『内務省史』第二巻、四四一頁)。

(三八)　小倉倉一氏は、明治の三大老農の一人といわれた船津伝次平《ふなつでんじへい》が、青森と鹿児島において全く同じ内容の講演をしていたことを挙げ、個人的な経験に基づく農法を指導する老農は、経験一方で理論を解せず、変通性に乏しかったと指摘している(小倉倉一『近代日本農政の指導者たち』農林統計協会、一九五三年、二八―九頁)。また、経験一辺倒という点に関連して言えば、孫三郎は「古い者とくに学校を出ておらん者は経験にとらわれすぎて進歩がない。だから若い者にはよく勉強し古いことにとらわれずに新しい着想によって将来をきりひらいてもらわんといかん」と倉敷紡績社員に語っていた（『労働科学の生い立ち――労働科学研究所創立五十周年記念』一二六頁）。この言葉の中にも、孫三郎が現状維持ではなく、常に新しいもの、進歩を望んでいたこと、従って教育や科学を尊重した理由を垣間見ることができる。

（三九）小倉倉一『近代日本農政の指導者たち』一五二―三頁。プロシアのフリードリッヒ大王（在位一七四〇―八六年）は、農事改良に尽力したが、警察権の使用も辞さなかった。

（四〇）一八八七（明治二十）年以降の農政は、一八八一―四年にかけて作成された興業意見に従い、制度化を通じて政府の指導で農事改良を進めようとした。中央・地方政府は、老農の指導力を積極的に活用し、一八八一年には全国の著名な老農百十名を集めて開催した全国農談会をもって大日本農会を成立させた。一八九四年には全国的農会組織である全国農事会が創立され、一八九九年には農会法が成立して町村農会、郡農会、府県農会の系統組織が確立された。明治中期以降各地に農事試験場や農会が確立されると、一八七八年の農事通信制度、一八八三年の府県勧業諮問会制度、一八八五年の農事巡回教師制度において老農が主として担っていた仕事は、それらに吸収されていった。さらに、農会への強制加入と強制徴収が規定されるようになり、農会は、上からの組織化を図る系統的な全国的集中機関として発展していった。

また、農事強制を示す例としては、一八八五年の田圃虫害予防規則、一八九六年の害虫駆除予防法がある。違反者は、前者では違警罪に、後者では科料又は拘留に問われた（大霞会編『内務省史』第二巻、四四三―四・四四六―九・四五一頁他参照）。

（四一）『倉敷の文化とキリスト教』（竹中正夫、日本基督教団出版局、一九七九年、一二六頁）では、倉敷の人々の気質をよく体現しているものとして「倉敷義倉《ぎそう》」が取り上げられている。各人が分に応じて毎年義麦を供して救貧活動に役立てるというこの伝統が一八七〇（明治三）年に「続義倉」として復活した際、孫三郎の祖父、壮平もこれに参加し、相対的な多量を供出していた。また、『倉敷市史（第十冊）』（永山卯三郎編著、名著出版、一九七四年、八三二頁）には、その壮平が行った事業について「勤王の志厚く皇居造営の費を献す、其他道路の改修学校の建築或は窮民賑恤等に金穀を出損すること十数回に及ぶ、晩年に至て益富むしかも倹素を守り貧民を救助するを以て楽とせり」という記述がある。父の孝四郎についても「深く心を教育に注き一萬円を擲《なげう》ちて倉敷奨学会を設け以て児童就学の便を図り又有為の青年にして学資に窮せるものには是か資金を貸与して成業せしむ」と記述されているように、孫三郎の祖父も父も、慈恵的事柄に積極的に関わっていた。

（四二）　大原奨農会編『大原農業研究所史』同会、一九六一年、序文。

（四三）　孫三郎は、小作料取立てと小作料減免の談判のときぐらいにしか地主と小作人が顔を合わさないことは恥ずべきことと感じていた（大原總一郎「大原敬堂十話」、『十人百話　五』毎日新聞社、一九六四年、一二一頁）。青地晨《あおちしん》氏は、「大原三代　美術とアカデミズムの都」（『中央公論』一九六一年五月号、二七九頁）の中で、總一郎が、小、中学校時代、職業欄に「農業」と書いたことを紹介し、両親の誰かが教えたのだろうと推測している。この答は、孫三郎が、旅行先で宿帳に「平民農」と記入していたことにあると思われる（犬飼亀三郎『大原孫三郎父子と原澄治』倉敷新聞社、一九七三年、五五頁）。このように孫三郎には、地主、大原家を小作人達と一体的に捉えようとした節が濃厚であり、そこには人間を平等視する姿勢も備わっていた。このことは、短気矯正のために試行錯誤をした孫三郎の死の床での回想話にも現われている。「人に腹を立てるのを直そうと思って、例えば人を自分と同等だと思いさえしなければ、腹は立つまいと思ってそうしてみたこともある」というように、孫三郎は、人間を対等な人格者として見続けていたのであった（大原總一郎「おやじ　大原孫三郎――理想と敗北とのたたかい」、『朝日ジャーナル』一九六四年一月、朝日新聞社、六一頁）。

（四四）　孫三郎が、キリスト教にふれた時期と前後して小作地検分に出かけたことは、第五章三節（一）で簡単にふれた。このときに小作人達の生活を目の当たりにした経験を有していた孫三郎は、公正という観点から既得特権の放棄も辞さず、小作料金納制を早くから主張した。一九一三（大正二）年に三重県地主会に招かれた孫三郎は、米納による地主の不合理な利益獲得は正当ではないとして、農業発達のためにも小作料は金納であるべきだとの自説を語った。孫三郎は、柳田国男の『農政論』を読んでおり、その影響も受けていたと思われる。また、孫三郎は、官僚的運営から民主的運営へ移行することを表明して就任した岡山県農会の会長を多忙のために在任六年で一九二五年に辞任した際には、会長手当てとして受け取った全額を返上したと言われている（犬飼亀三郎『大原孫三郎父子と原澄治』三六頁）。

(四五) 土屋喬雄『続　日本経営理念史』日本経済新聞社、一九六七年、三一一頁。

(四六) 孫三郎の「益者三友」には、「多聞な人」の山川均の他に、「直な人——短所を指摘し親切に直言する人」の森三郎（二宮尊徳の著作を孫三郎に送ってくれた人物）と「諒な人——真実で表裏なき忠告をする友」の林源十郎がいた（犬飼亀三郎『大原孫三郎父子と原澄治』八頁）。

(四七) 竹中正夫『倉敷の文化とキリスト教』一二二頁。

(四八) 「先生に誉められる者にろくな者はいない」と常日頃語っていた孫三郎は、總一郎の結婚に際して、「時々級友を代表して教師へ要求を持ってきたりなど、いこじなところがある」という相手に関する聞き合わせの評が気に入ったようだということである（大原總一郎「おやじ　大原孫三郎——理想と敗北とのたたかい」、『朝日ジャーナル』一九六四年一月、六一頁）。

(四九) 東京帝国大学農学部大学院で種子学を専攻した近藤万太郎は、孫三郎の支援でドイツやスウェーデンに留学し、一九一四（大正三）年に帰国した。近藤は、農業研究所の初代所長と共に、種芸部の主任も務めた。

(五〇) 研究所、あるいは試験場と名のつくものでは初めての純民間施設だったこの研究所は、種芸部、園芸部、農芸化学部、昆虫部、植物病理部などから成っていた。孫三郎は、この研究所運営のために農地を百町歩ずつ二回に渡って寄付したが、第二次世界大戦後の農地解放によって収入の途が閉ざされてからは、この研究所は岡山大学の研究機関となって現存している。この研究所については、大原奨農会編『大原農業研究所史』同会、一九六一年／今村新三『大原美術館ロマン紀行』野村出版、一九九三年／大原總一郎「大原敬堂十話」、『十人百話五』毎日新聞社、一九六四年／大島清『高野岩三郎伝』岩波書店、一九六八年他を参照した。

（五一）　一九二〇年四月から週三日の授業で開設され、四十人が募集された。隔年募集で一九二二年の第二回生を卒業させただけで研究活動へ集中するために講習所は中止された（大原奨農会編『大原農業研究所史』四二頁）。

（五二）　一九〇二（明治三十五）年二月から始まった倉敷日曜講演会は一九一四（大正三）年五月の第六十七回で幕を下ろした。これを引き継ぐことも農業研究所の事業の一つとなっており、講演会、あるいは講習会が一九一五年から開始された（大原奨農会編『大原農業研究所史』四三頁）。

倉敷日曜講演会は、一九〇二（明治三十五）年十月八日付の『信濃毎日新聞』で、道義を説くための日曜講演会を信州人に勧めた山路愛山の記事にヒントを得て開催されるようになった。その講演会には、大隈重信や徳富蘇峰をはじめとする日本の一流知識人達が招かれ、一九一一年四月には留岡幸助も講演を行っている。他には、金森通倫、海老名弾正、新渡戸稲造、井上哲次郎、江原素六、岡田朝太郎、小松原英太郎、植村正久、姉崎正治、永井潜、浮田和民、高田早苗、幸田露伴などが倉敷日曜講演会で講演した。孫三郎は、講義録を印刷して希望者には無料配布し、県にも寄贈して一般頒布を委嘱した。経費は孫三郎が負担し、事務や準備全般は林源十郎が全て取り仕切った（犬飼亀三郎『大原孫三郎父子と原澄治』一七―二三頁／城山三郎『わしの眼は十年先が見える』新潮文庫、一九九七年、八六頁）。また、山路愛山を倉敷講演会に招いて以降、孫三郎と山路愛山は交流を持つようになった。山路愛山は、石井十次の死去後に『石井十次伝』を執筆することになっていたが、着手直前で山路も死亡してしまった。孫三郎は、山路の蔵書を買い取り、同志社へ寄贈した。

（五三）　津田仙については第一章の注（二）でもふれたが、農業改良には、明治初期の進歩的なキリスト者、津田仙が主催した学農社も貢献した。津田は、「上」からの農業政策には常に批判的立場をとり、一八七五（明治八）年に学農社を設立すると翌年から一八八六年まで学農社農学校を開設した。そこでは、農学や関連する学科が全て原書を用いて教授された。津田と新島襄の親交もあって、当初の教師には同志社出身者が多かった。小崎弘道も、聖書講義を受け持っていた時期があり、また、札幌農学校を卒業した内村鑑三も渡米までの一時期、同校で教鞭をとった。学農社はさらに、一八七六年から、自由主義的な『農業雑誌』を発行して、農民の自助独立意識の確立と科学的な農業技術の導入に尽力した。地方政治において指導的立場を有する豪農や中小地主などがこの雑誌を支持し、自由主義的農業観やキリスト教的ヒューーマズムが農村にもたらされた。学農社はこの他、農事試験場の創設、米国から取り寄せた花や野菜、果樹苗の栽培、苗の通信販売などを手がけた。学校廃止後も、雑誌と農園は続けたが、支持層の流動・消滅化によって、事業は次第に傾いていった。（伝田功『近代日本の経済思想の研究』未来社、一九六二年／小倉倉一『近代日本農政の指導者たち』他参照）。

（五四）　大原總一郎「大原敬堂十話」、『十人百話　五』一一六頁。

（五五）　一九二三（大正十二）年に倉敷教会に赴任した田崎健作牧師は、その潔癖なまでの糾弾行為を「牧師は偽善者で面白くない。君もその一人だと」と孫三郎に批判された。後に親しく交際し、孫三郎の胸の内まで耳にするようになった田崎牧師は、「人間性は複雑で矛盾もあるのが当たり前なのだ、その奥底までつかまなければ本当の伝道者にはなれないことが大原さんのおかげでわかり、自分の信仰が深くなったような気がする」と回顧した。倉敷を離れた田崎牧師は、二年分の生活費に相当する金額と夫人を同伴しての一年間のドイツ留学費用を孫三郎と林源十郎から受けた。また、太平洋戦争中の苦難時にも孫三郎は、田崎牧師の生活資金を援助した。第五章の注（一一）で大原奨学会と孫三郎が与えた支援について詳述した際にもふれたが、孫三郎は、特に岡山孤児院の解散発表以降、浅薄や偽善的と感じた宗教家や社会事業家を疎みはしたが、このように、独自の直感と価値観で人物を見抜いた場合には、田崎牧師以外にでも、徹底的に信頼し、陰になり援助も行った。

　実は、岡山孤児院の解散について批判を行った社会事業家の中には倉敷講演会で話をした経験を有し、孫三郎を高く評価していた留岡幸助も含まれていた。幸助は、岡山孤児院と深い関係を持っていた徳富蘇峰でさえも新聞報道によって解散を知ったと『国民新聞』に書いているくらいであるから、他の関係諸氏も相談を受けなかったのだろうと嘆いていた。「社会問題研究所ヲ立テタ程ノ大原氏ガ、何故之ヲ廃止前その学《マ》者に《マ》諮問して、解散ノ可否ヲ研究シテ貰ハナンダカ。……大原孫三郎氏ノ言ヒ分ハ、事ノ実際ヲヤラヌ人ノ言ニテ、実際ニハ疎トイヤウデアル」と幸助は解散には堂々たる理由がないと主張し、石井十次の友人としては、永遠に存立させておきたかったと吐露していた（『留岡幸助日記』第五巻、同朋舎、一九八一年、三〇九―一一頁）。

（五六）　一九一四（大正三）年に大原奨農会農業研究所を財団法人とした理由について孫三郎は、「祖父の三十三回忌と父の五年の回忌に際し、父祖の努力の記念として父祖に対する報恩として」この事業を始めると発表していた（大原總一郎「大原敬堂十話」、『十人百話　五』一一二頁）。

（五七）　大原社会問題研究所を設立するに際して、河上肇を京都大学に訪問した孫三郎は、「研究所をつくるのなら、貴下の思想的立場をきめるのがさきだろう」と河上に言われた。これに対し孫三郎は、「自分の思想がきまっておれば、研究所をつくって研究する必要はない。思想的立場が決まらないから研究所をつくるのだ」と語っていた（青地晨「大原三代――教養に武装された事業家」、『中央公論』一九六一年八月号、一三六頁）。

（五八）　孝四郎が、師事していた森田節斎の「満は損を招き、謙は益を受く」という謙受説をモットーとしていたことは第五章で述べたが、孝四郎はこの言葉に基づいて倉敷紡績の社章、二本の横棒の下に三角状の三つの丸（社内通称は二三のマーク）を作成した。これには、「いつも二番か三番にいるという謙虚な気持ちでいるべきである、自分が一番だと自惚れてしまっては進歩も何もなくなってしまう」という戒めが込められていた（大原總一郎『大原總一郎随想全集』一、福武書店、一九八一年、七一頁）。謙受説に因んで、一九四〇（昭和十五）年に誕生した孫に「謙一郎」と命名したなど、孝四郎や森田節斎の影響を受けていた孫三郎もまた、進歩や発見を重視していたことは、明らかである。孫三郎は、ロンドン留学中の總一郎夫妻に宛てた書簡の中で、「人に会うには白紙であることが必要である。ある意識をもって人の話を聞くことは……万物皆師の心得が必要である。……積極的に全てにブッツかって、而して発見、発明があるので、苦難苦労の内より幸福が生れ、光明が与えられるものである。いわゆる安全の道は進歩も工夫もないものである……」と忠告していたのであった（大原總一郎「おやじ　大原孫三郎――理想と敗北とのたたかい」、『朝日ジャーナル』一九六四年一月、六〇頁）。さらに、部下には結論から先に述べさせ、結論がつまらないとそのまま追い返したという孫三郎は、孫三郎が労働科学研究所に委嘱した人絹工業職業病防止のための研究結果を伝えるために東京から訪れた所員の報告を聞いて「ありきたりの方法で現状を調べたというだけで研究としての独創性、ひらめきがないではないか。もっと自分達の全く気付かなかったような点を指摘してほしかった」という意味の事柄を語ったということだが、これは独創性を重視する孫三郎の姿勢をまさにあらわしたエピソードである（『労働科学研究所六十年史話――創立六十周年記念』一一四頁）。

（五九）明治維新以降、近代化精神の鼓吹と啓蒙に貢献した人物の一人は福沢諭吉である。孫三郎は、早稲田の通信講義録で自得するかたわら、勤労者のために夜間の商業補習学校を設立した際に、『報徳記』『学問のすゝめ』『西洋事情』などを使って自らも教壇に立ったこともあった。また、倉敷講演会を通じて孫三郎は日本の代表的知識人達と交流する機会を得た。当時の知識人達は一般的に科学主義、合理主義であった。孫三郎を早稲田の校友とした大隈重信も例えば、「今日は何事も科学の世の中だから、……」、「更に進歩せる現代の科学的知識に依り、新に食物研究を初《マヽ》めたなら、まだ食膳に上り得る物は沢山に此世に残されて居らうと思ふ」というように、「科学的」を信奉していたと思われる（大隈重信著、相馬由也編『大隈侯論集』実業の日本社、一九二二年、六五三―四頁）。このような科学の時代とそれを吸収・利用しようとしていた人々の影響も孫三郎は受けていたと想像される。

尚、早稲田大学（東京専門学校）では、「講義録」を刊行して、学外にも専門的な講義を波及させようとする大学の民衆化が早くから図られていた。『日本人物史体系』第六巻、近代Ⅱ（大久保利謙編、朝倉書店、一九六〇年、四四頁）は、帝大系と私学の特徴を、前者は専門・官僚的で難しい理論、後者は経世済民・実用・国民的なわかりやすさをモットーとした、というように対比させた上で、「アカデミックな専門性では、私学はとうてい帝大には追従できない。翻訳でも何でも構わず、一応高遠な学理を開設してこれを大衆に普及することを使命とした」と描写している。

（六〇）オウエンに対するベンサム主義の影響や「性格形成原理」については、第四章三節で詳述した。さらに第五章四節（三）でも簡単にふれた。

（六一）孫三郎が直接、J・S・ミルの文献に触れる機会があったか否かは定かではない。日本の近代化初期には、ベンサムやJ・S・ミルの自由主義思想の影響が強かった。民衆の啓蒙に尽した中村正直はJ・S・ミルの『自由論』を訳出しているし、大隈重信のブレーン、小野梓の著作は明らかにベンサム主義の影響が色濃い。また、大内兵衛は、J・S・ミルの『経済学、それの社会哲学への応用について』（＝『経済学原理』）に関して、最も読まれ、学ばれた経済学書で、東京大学の図書館には何十冊もの蔵書があったし、浜口雄幸は学校卒業後もこの本を何回も読み、日本への応用について研究していたと言及している。さらに、河上肇は一九一九（大正八）年に「社会主義者としてのゼー・エス・ミル」と「ミルと労働問題」を発表している。そして、山川均夫人の山川菊栄は、『婦人問題』においてJ・S・ミルの女性解放観を論評している。加えて、社会問題研究を委託した早稲田大学からは主としてキリスト教的社会主義者の安部磯雄が一年に一題ずつ自筆原稿を孫三郎に送っていた。また、第六章二節（三）で示したとおり、一九二〇年から大原社会問題研究所で一般労働者を対象にして開始された社会問題の「読書研究会」ではJ・S・ミルの著作がテキストに選択されていた。これらのことを考慮すると、孫三郎がJ・S・ミルについて何らかの情報を、交流のあった人から聞いた可能性は高いのではないかと考えるのである（荻原隆『天賦人権論と功利主義――小野梓の政治思想』新評論、一九九六年／『大内兵衛著作集』第九巻、岩波書店、一九七五年、一七七―八・二〇七頁／関嘉彦編『世界の名著』38、中央公論社、六五頁）。

（六二）　竹中正夫『倉敷の文化とキリスト教』四八四頁。英国留学中にフェビアン協会の会員になった経験に基づいて一九四八年一月に日本フェビアン協会を設立して理事長に就任した總一郎も、自由、民主主義と両立する平等を目指していた。

（六三）　大原總一郎「おやじ　大原孫三郎――理想と敗北とのたたかい」、『朝日ジャーナル』一九六四年一月、六〇頁。

（六四）　同右、六一頁。この場合の不可思議な事実とは、孫三郎が幼少時代から悩んでいたうら声の痼疾が孫三郎の母の葬儀以降、夢のように消え去ったということを示す。

（六五）　孫三郎が心を許し、援助しつづけた田崎牧師への書簡に書いた文面の一部である（土屋喬雄『続　日本経営理念史』日本経済新聞社、一九六七年、三四六頁）。

（六六）　一九三六年末に解散が決まった倉敷労働科学研究所は、十月十二日に創立十五周年記念式と解散式を兼ねた式典を行い、一九三七年から財団法人労働科学研究所として東京で再出発した。孫三郎の手をはなれた理由は、紡績労働の研究は一段落したので社会一般での研究に専念したいと暉峻が希望したこと、重要分野ゆえにさらに充実した大規模な公的組織で経営されるべきだとの意見が起こってきたこと、及び孫三郎が亡くなった場合の財政が憂慮されていたこと、などであった。孫三郎という非凡な資本家に擁護され、自由に、かつ民衆の立場からの研究を行っていたこの研究所は、第二次世界大戦中は大日本産業報国会の傘下に入れられ、暉峻などは滅私奉公的に国家に仕える勤労観を鼓吹した。戦後、公職追放になった暉峻は再度転向し、民衆の立場を重視した労働科学観をとりもどしたが、戦時中のこのような状況は、研究所と研究者にとってリーダーシップをとる経営者がいかに重要な役割をもっているかを物語っていると感ぜずにはいられない。

（六七）　孫三郎と近くで接していた大内兵衛は、福沢諭吉が一八九三（明治二十六）年十一月十一日に慶應義塾で語った「夢」について説明している（『大内兵衛著作集』第十二巻、二二五頁）。衣食の心配があるから学者は十分な学問をしないのであるから、そのような心配は無用な待遇を提供し、成果不問の自由な研究を遂行させられるような学問研究所をつくってみたい、という壮年から抱き続けた福沢の夢は、その後、研究所に関して孫三郎がまさしく実践したことであったと言えよう。

福沢諭吉は、「一種の研究所を設けて、おおよそ五、六名乃至十名の学者を撰び、之に生涯安心の生計を授けて学事の外に顧慮する所なからしめ、且その学問上に研究する事柄も其方法も本人の思ふがまゝに一任して傍より喙《くちばし》を容れず、其成績の果して能く人を利するか利せざるかを問はざるのみか、寧ろ今の世に云ふ実利益に遠きものを択んで其理を究め、之を究めて之に達せざるも可なり、之が為めに金を費して全く無益に属するも可なり、其人の一生涯に成らざれば半途にして第二世に遺すも可なり、或は其人が病気の時に休息するは勿論、無病にても気分に進まざる時は中止す可し、勤るも怠るも都て勝手次第にして、俗に云へば学者を飼放し又飼殺しにすることなり。……所謂飼放しは其勉強を促すの方便にして、俗界に蝶々する規則取締等こそ真に学思を妨るの害物なりと知る可し。……或は右の如く計画しても、十名中に死する者もあらん、又は中途にして研究所を脱する者もあらん、又は不徳義にして怠る者もあらんなれど、十名共に全壁ならんことを望むは有情の世界に無理なる注文にこそあれば、十名の五にても三にても、……確乎たる者あれば以て足る可し。一人の学力能く全世界を動かすの例あり。期する所は唯その学問の高尚深遠に在るのみ」と語っていたのであった（『福沢諭吉全集』第十四巻、岩波書店、一九六一年、一九五―八頁）。

第八章　大原孫三郎と温情主義の武藤山治

本章が取り上げる武藤山治《むとうさんじ》も大原孫三郎も、近代資本主義が発展する途上で日本産業を牽引した紡績会社のトップリーダーを務めた人物である。企業が環境や消費者に与える影響は莫大なため、企業倫理は、常に重要な問題である。また、企業の方向性は、経営者の理念に左右される。経営者は、大きなオピニオンリーダーになり得るのである。

武藤山治は、支配人を経て社長に就任した鐘ヶ淵紡績会社において、後藤新平が率いた官営の国鉄と同様に、経営家族主義に基づく経営を行った。新しい技術の導入と開発によって能率的・合理的に利潤を追求しようとする経営理念の下で武藤は、家族主義・温情主義を主張して、従業員を子供の如く保護する施策や心配りを進歩的に実行した。

大原孫三郎も武藤山治も共に、人道主義的改革を断行したことは有名であるが、果たして両者の理念や思考方法は、その外観どおりに同一のものだったのだろうか。両者のそれらをひとくくりにまとめることは可能なのだろうか、妥当なのだろうか。両者が積極的に果たした役割は有意義であり、特に企業倫理の重大性ということを考えると、現代に訴えかけるものは大きいと考えるため、本章は孫三郎と武藤山治の性質を詳細に検討していく。

一　孫三郎の信念と特徴

大原孫三郎が父、孝四郎の後を継いで倉敷紡績の社長となり社内改革を断行し始めたのは一九〇六（明治三十九）年九月以降のことであった。十三歳年長の武藤が鐘紡の兵庫店の支配人に就任したのが一八九九年一月のことであるから、武藤から遅れること七年ほどであった。社内人事の刷新と綱紀粛正、職工問題の改善に尽力した孫三郎も武藤と同様、従業員の生活物資購入、日用品の廉売を行う会社直営の分配所を一九一〇年に設けた。この分配所制度は、十四年後には消費組合、そして有限責任倉敷購買利用組合へと発展した。また、倉敷紡績も、人格向上と経済生活安定を企図する組合員相互扶助の倉紡共済組合を一九一五年十二月に設けた。孫三郎も武藤山治も共に、今現在の生活に対応することを心がけた実践者であったのである。孫三郎の信念と特徴は、第五章からまとめてきたが、温情主義の武藤山治と比較するに際して、その前にここで簡単に再確認しておこう。

人格向上主義の大原孫三郎は、鐘紡の武藤がベースにした家族主義や温情主義に共鳴していたわけではなかった。一九二一年頃から人格向上主義という言葉を用いて孫三郎が展開した内容には、「倉紡の人道主義が温情主義のやうに伝へられてゐるが、これは誤りである。人間には権利と義務があるのはいふまでもないことで、倉紡の人道主義は、個人の人格を尊重する反面、個人にあっては人間としての道徳的義務遂行の生活を意味してゐるのである」(一)と自ら語ったように、労働者の人格尊重がとりわけ強調されていたのであった。

また、孫三郎は絶えず進歩し、向上することの必要性も強調していた。前進のためには、計画も必要であるが、それ以上に実行が大切であって、実行が発見と発明を呼び起こすと孫三郎は考えていた。そして「新しい知識が今日をあらしめたのである。すべて過去の経験の延長ではなく、科学的、知識的・数学的であり、現在持ってゐない知識によらねば進歩はない」(二)と説いたように、新しい知識と科学があってこそ進歩ある実行ができるのだと孫三郎は主張していた。

しかし、こうした孫三郎も、主知主義一辺倒ではなく、道徳を基準として行動する面も強かった。平等、博愛の精神と石井十次に対して表明した「人は人のために生くべきものなり」(三)がキリスト教にふれて以降の孫三郎の胸中を一生支配していた。孫三郎は、富める者の罪や役割・義務を意識し、先祖より受け継いだ多くの財産をいかにして社会幸福増進のために使用すべきかを常に考え、そして実行しつづけた。

二　当時の紡績会社をめぐる状況

日本の近代産業は、明治政府の保護を受けながら出発し、日清戦争と前後してその基礎を確立した。経済的後進国として資本を蓄積することは富国強兵の前提であるため、産業構造の中心であった繊維輸出産業の増産と海外市場の確保は日本にとって死活問題であった。英国紡績業などに対抗するために、綿糸紡績、生糸、織物の繊維三部門は、低賃金と長い労働時間とで低い技術力をカバーしながら、可能な限りの低コストで最大生産を確保する必要があった。このため、過酷な罰則と拘束的諸制度に束縛されて、あたかも物のような扱いを受けた労働者達は、休憩時間や休日を切りつめられ、深夜業を含む長時間労働に低賃金で従事させられた。農村からの出稼ぎ型の女子労働者を多数採用していたことが当時の労働雇用の主な特徴であり、この雇用形態下で、家族制度と身分的な人間関係に残っていた伝統的な支配関係が、工場の労使関係の中にも容易にそのまま持ち込まれた。

このような「原生的労働関係」(四)はさまざまな弊害を生み出し、女子労働者の肉体的摩滅と結核工女、農村結核の蔓延が取り沙汰されるようになった。そして、大河内一男氏が「日本の陸軍が工場法の実現に対して陰の圧力になったのは、農村における頑健なる壮丁の確保こそ帝国陸軍の基礎だと思われていたのが、その前提が工女の出稼ぎ―結核―帰郷、によって掘り崩されつつあることに気づいたためであったといわれている」と指摘したように(五)、「原生的労働関係」はもはや放置できないと考えられるに至ったのであった。

このような懸念に基づき、労働者保護制度の制定を企図して農商務省から出されたのが一九〇三年の『職工事情』であった。工場法制定を目的として臨時工場調査掛が足で調査して、明治中期における日本の労働事情をまとめ上げたこの官庁報告書は、世論の非難を巻き起こし、やがて八年後に漸く工場法が成立することとなった(六)。

三　武藤山治の先駆的実践——孫三郎との接点

この時代の労務管理上最大の問題は、労働力の絶対的不足であり、それを前提とした激しい労働移動、労働募集難であった。このような中で、明治三十年代後半に入ると、労務管理についても新しい傾向が生まれてきた。即ち、労働募集よりも労働者の保護・育成に力点を置き、労働者の企業への定着と技能向上を図ろうとする動きであった。いずれの企業でも女工の勤続を長期化させ熟練女工を確保するために、寄宿舎の諸設備の整備、食事の改善などに力を注いだ。このような動きに先鞭をつけたのは武藤山治率いる鐘紡であった。武藤山治は、一家族内にあるべき親切を基とした家族主義的労務管理を先駆的に打ち出し、さまざまな職工優遇策を展開していった。ここでは、大原孫三郎の信念・実践と同じラインに立つと思われる武藤山治の先駆的な実践例(七)を概観してみよう。

(一)　意思疎通制度——注意函・社内報(八)

武藤は鐘紡兵庫店の支配人時代の一九〇三年に、同社の朝吹英二専務取締役から送られてきた『レビュウ・オブ・レビュウ』という雑誌に掲載されていた米国オハイオ州現金計上器製造所の注意箱制度を鐘紡にも設けることにした。工場の仕事や機械に最も精通している現場の職工と会社上層部との意思の疎通を図るために、作業方法や機械などについて、会社の発展・利益につながると思われる事項を記名にて——ただし、経費節約に関するものは匿名でも構わないとされた——、設置された小さな鍵付きの箱に投じるようにと武藤は指示した。この注意箱は毎月一回、開けられて、全ての投書が武藤に送付される——下意上達——と同時に、最高で五十円、最低で一円の報酬が投書者に与えられるということになっていた。

米国の組織を模倣したこの制度の導入に際して武藤は、当時の人々の気質を考慮し、日本的に改良する工夫を忘れなかった。控え目を良しとし、また外聞を気にする日本的伝統が、注意箱の効果・目的を阻害することを武藤は懸念したのであった。このため、部下の投書に対して上役が嫌な顔つきをしたただけでも懲罰解雇の対象になると書面においても公示し、下の者が遠慮なく、安心して投書をするように奨励した。

武藤はまた、社内報を発行するというアイディアも獲得し、注意箱制度を採用した翌月の一九〇三年七月からは『鐘紡の汽笛』を、そして翌年の一月からは『女子の友』を発行して、上意下達を図ると共に、従業員の企業への帰属意識を高めていった。

昭和 6（1931）年頃の**武藤山治**
（『武藤山治全集』第 1 巻、新樹社より引用）

(二) 購買組合と共済組合[九]

鐘紡家族主義を掲げていた武藤は一九〇三年に購買組合を設置した。そのため、職工達は自治によって必需品を廉価にて入手し、その利益を分配できるようになった。また、この時点で職工優遇策をさらに発展させる可能性を構想していた武藤は、ドイツのクルップ製鋼会社を模倣した共済組合の定款草案を一九〇四年に各店に回覧し、その翌年五月に日本の民間会社初の相互扶助制度である鐘紡共済組合を創設した。この制度下では、従業員が毎月の給料の百分の三を保険料として拠出し、その拠出総金額の二分の一以上の金額を会社が補助することによって基金が構成され、詳細を把握した委員が各支店に置かれた。そして、疾病・負傷・妊娠・高齢化・死亡時などには救済や扶助、一定の給与保証、及び勤続年金などが与えられた。定款に「安心して業務に従事することが出来ますから此上の幸福はありません」とうたわれたこの鐘紡共済組合は、一九二二年制定の政府の健康保険法に大きな影響を与え、四年後の健康保険法実施以降は、規模は縮小されたものの、一九四五年八月まで存続した。

四　武藤山治の温情主義

倉敷紡績の『回顧六十五年』中に「最も優れていた鐘淵紡績と三重紡績の制度を参考にして」倉敷紡績の機構改革が行われたという記述[一〇]があることからも、家族主義・温情主義を掲げる武藤の鐘紡の施策が孫三郎などの同業者に何らかの影響を与えたことは確かと思われる。では、その温情主義とはどのようなものだったのだろうか。

「家族式管理法を我社に採用する事に決せり。……従来日本の家族制度の善良なる部分に則《のっと》り会社の管理組織を一家族の如く協和的のものたらしめんとするにあり(一一)」と家族的企業とする方針を打ち出した武藤の温情主義とは、日本古来から家族内に存する「春風のような温かい」情を家族主義の下で労働者に適応するという施策であった。それは、「親は不断に子供の事を考へてゐる故、……それと同じく重役が……親が子供に対する如く周到に施設する(一二)」というように、親子の関係を擬制したものであった。武藤は、主として温情主義という表現を――時には家族主義という言葉を並列的・互換可能的に――用いた。いずれにしても武藤は、親子の愛情に基づいた保護関係という家族的意味合いを包括した温情主義をモットーとして一企業、鐘紡において、経営意思の普及と組織的施策を展開していったのであった。

さらに、武藤は「この家族制度の思想を押広げて行けば、恐らく平和な、幸福な社会が営まれると信じている(一三)」とも語ったように、一企業の枠内を超えても温情主義を積極的に説いた。不況となり、労働運動が深刻になりつつあった当時、労働問題は将来益々発展すると予測した(一四)武藤は、温情主義で労働問題にどのように対処しようとしたのだろうか。

武藤は、成金的資本家の傍若無人な物質・享楽主義的態度が知識階級や労働運動家の反発をかい、これらの人々が労働争議を煽動しているだけだと主張した。「唯権利義務の一点張りでなく、愛で行きたい(一五)」をモットーとした武藤は、義務思想を伴わないで権利思想のみを取り入れるというような単純な思想の輸入や西洋の模倣を否定し、「日本特有の美風」である温情主義による解決を強調した。

そして、資本家に反省を求めると共に、労働者に対しても利己主義に陥らないように、と自省を求めた。さらに、「労働時間や賃金のみで真の幸福は図れない」や「貧乏人の方が気楽である」という論調（一六）で武藤は、資本家の感情を害さないためにも、労働時間の短縮や賃金アップは要求するべきではないと労働者に訴えかけた。それらは、労働者にとっては真の幸福ではないと武藤は主張したのであった。このような武藤の主観的で資本家偏重的論調は、武藤の資本家観にも見られる。西洋の資本家とは違って、日本の資本家は、悪意のない単純な存在であり、従って、温情主義的施策を受けることが労働者にとって真の幸福であり、「労資の融和は温情に拠る外なし」と武藤は主張したのであった。

しかし、武藤も、「温情主義の声のみを以て現下の労働問題を解決せんとするが如きは、其主張に著しく欠陥あると認むるものなり、何となれば温情主義は全ての雇主が皆之を行ふて始めて其目的を達するものにして、之を強制する法律の制定なき以上之を求める手段方法として、労働組合の設立を望み……」といったように、温情主義的施策の補完必要性を認めていた。具体的には、温情主義で結ばれた労資が一致協力して政府を動かし、慈善税たる重税を資産家階級に課すこと、そして政府による実業教育を徹底すること、及び労働者や学者の感情を逆なでしないためにも、資本家団結を認めていることと同様に、労働組合をも認めることという付加的方策を武藤は提示した。（一七）

労資の階級的対立を根本的に否定した武藤は、このように、温情主義を中心とした日本独自の解決策によって、西洋思想の直接輸入とそれによる労働運動を阻止できると考えたのであった。

五　孫三郎と武藤の相違点――温情主義

温情主義によって労働問題を解決していくという武藤の考えは、吉野作造[一八]や荒畑寒村、河上肇などの学者やジャーナリスト達から批判を受けた。[一九]吉野は、道徳的視点からみた温情主義には何ら問題はないため、反対するつもりはないとしながらも、「武藤氏は現代労働問題の意味を理解していない」と武藤の温情主義の限界を批判した。[二〇]ここでは、批判の対象となった社会的人物としての武藤の特徴・「限界」[二一]――それらは、孫三郎の人格向上主義には見られないもの――を温情主義の中に見ていくことにする。

（一）非対等的境遇の容認

吉野は、労働問題を常に権利問題とするわけではなく、権利問題が争えるような対等の立場を労資に要求するのだと強調した。吉野によると、問題は、労働者達が封建時代さながらの奴隷的境遇に置かれていること、及び勤勉であっても資本家とあまりにも格差ある生活に甘んじなければならないことにあると指摘したのであった。

武藤には、「下級者」である労働者の自尊心重視への配慮は確かに見受けられるものの、「下級者の自尊心は雇主より温情を受くる事に依りて決して傷つけらるゝものならざるのみならず、下級者は之に対し心から感謝するものなれども、温情を与ふる雇主の態度如何に依っては、下級者の自尊心を傷つくる場合、甚だ多し」や「我邦の職工就中紡績工女は未だ幼稚にして、工女が資本主に要求する所ありと云ふよりは、寧ろ資本主が工女に万事に就て、誘掖扶導する状態にありと云はざるを得ざるなり」という武藤の文面(二二)には上下関係の肯定が克明に出ている。

（二）主観性・非普遍性・前近代性

また、「個々の労働者の……」や「各種の労働者に対して各別の意見を要する」といった武藤の個別対応的な考え方についても、「産業組織上の資本と労働の一般関係」という論点からずれていると吉野は批判した。つまり、武藤の主張に欠落している普遍性が指摘されたのであった。武藤個人の温かい情は評価できるし、鐘紡の労働者も満足しているのかもしれないが、その他全ての資本家に同じような温情を望めるわけもなく、その場合、鐘紡以外のその他一般の労働者達の満足はいかにして確保されるのかという疑問を吉野は投じた。そして、資本家個人の誠意や慈善という限界のあるレベルではなく、一般的原則や制度を打ち立てる必要性を吉野は指摘したのであった。

全ての資本家が温情主義を採用することの必要性を認識しつつも、自分自身も含めた資本家一般を「悪意のない、誠意ある者」と短絡・好意的に描き出した武藤は、自分の善意を客観化し過ぎた面があることは否定できない。経営者の自主・自発性に基づく温情主義は、その適用規模が大きくなるほど、その恩恵の保証は困難になってくる。資本の論理に従って利潤追求する経営者や監督者が極大利潤しか考えなければ、温情を受けられない労働者も出てくるはずである。労使のお互いの顔が見える小規模経営の前近代とは異なるのである。このような「限界」を武藤は真剣に捉えていなかったと言える。契約という概念が入り込んだ資本制的人間関係によってもたらされた資本対労働という組織的な問題に、武藤は、前近代的な家的人間関係の策で対抗しようとした「限界」があったのである。

（三）功利主義・経済合理主義・企業第一主義――温情主義採用の理由

武藤は、「使用人を善遇すれば、彼らはその使用者を尊敬し、信頼し、その忠実と能率とを加へる。使用者が慰安、福祉のために苦心して色々施設致せば、自然と仕事に身が入り、我が物のように思う。……心から満足を感じる従業者と不満を抱いている従業者とは到底くらべものにならない。ある会社は過去十年間に使用人の福祉事業のために約一億弗の支出をいたした実例あり。しかし支出は充分算盤にあっていた」と語ったアメリカの実業家、エー・イッチ・ゲーリーの『実業と道徳』（三三）を訳すにあたり、「産業界の教訓となるように」と紹介していた。武藤のそのような捉え方、及び「今日の鐘紡は職工待遇の設備に就ては、世間から模範的だと云ふ溢美の評を受けて居る。更に鐘紡の職工待遇の設備は人道に合した理想的設備なりとまで評されて居る。併し最初余が天下に率先して職工の待遇を改良したのは、其動機は、決して人道上からでも何でもなかった。矢張り算盤珠からである。如何に外観の美のみ具備ったにしろ、職工に誠意がなければ会社は予期の発展が出来ぬ。而して此誠意を買ふには誠意でなければ不可ぬ。即ち誠意を以て職工を待遇せねば不可ぬ。……会社の永遠の利を博するには、初めから職工社員の誠意を養って置かねばいけぬ。さう思ったから改良をしたのである」[一一四]という回顧談からもわかるように、武藤は功利的発想によって温情主義を採用したのであった。キリスト教的平等観・使命感に基づいた孫三郎のスタートラインとは明らかに異なる理由であった。鐘紡をはじめ、出稼ぎ工女を労働力とした当時の紡績業者の悩みは、労働者募集の困難と頻繁な労働移動に伴う不利益であった。また、強制力を用いても、能率向上と良品生産は望めないことを身をもって体験したため、武藤は、親身な家族的関係を築いて、労働者の確保・維持、及び従業員達の自発的なよりよい働きにつながる優遇策を算盤に合う程度に採用したのであった。[一一五]経営者としては当然のことではあるものの、「(株主)配当と賃金の率が異なっても仕方があるまい」や「会社の事故使用人及び職工の幸福増進なりとて会社の経済を両立せざる意見は採用せざるは申迄もなき事にて……」、あるいは「職工の幸福を増進し会社の為になる設備は思ひ切って実行せんとす」と言って[一一六]憚らなかった武藤の優遇措置は、あくまで営利・経営効率のための損失にならない程度の優遇であって、孫三郎のように事業の短期的な経済的存立を多少度外視してまでも遂行しようという意志は全くない、功利主義的側面が孫三郎よりもかなり色濃く前面に出たものであったのである。

　このような武藤の特徴は、工女の徹夜作業に関する言動にも窺うことができる。武藤は、「工女をして夜間作業せしむるの残酷なるを唱ふる者ありと雖も、我邦今日の工業状態にて之を廃止せしむるは稍々酷に失すと思惟《しい》さらるゝなり。……工女が立睡りを為し、織物に損傷を生ぜしうるが如きことあらば、寧ろ夜業は之を廃止するに若かざるなり。……其勤続時間は平均一箇年半なるを以て、工場主は勢ひ其夜業を廃止すること能はず。……工女にして専門に之を従事するに至らば勢ひ中止するに至らん。……世人往々我労賃金の低廉なるを唱道すれども、余輩を以て見れば、我邦の労賃金は案外に高きものなりと思惟せらるゝなり(二七)」と経営者側一辺倒の視点で夜業廃止の不当性を展開していた。また、一九一九年にワシントンで開催された第一回国際労働会議の国際条約加盟には敢えて異議は唱えないとしながらも、「いま急に女子の夜業を禁止すれば、日本の重要産業たる紡績業に痛烈なる打撃をあたへるばかりでなく、その結果は、生産品の価格騰貴を招き、その消費者およびこれを原料とする工業家を苦しめることになる。……もし早急に女子の夜業を禁止すれば、その間、供給の不足を来し、一般大衆は大なる打撃を蒙るであらう」と夜業禁止には準備期間が必要であると武藤は主張した。資本蓄積が乏しく、生産力の低い日本の企業にとって、低賃金と長時間労働による最大生産が国際的武器であり、日本資本主義を欧米列強に伍していけるまで発展させなければならないという経済ナショナリズムの立場を武藤は強調したのであった。国家、紡績業、消費者のためには、労働者の耐乏や犠牲はやむを得ないという論調であった(二八)。

六　武藤山治の思想基盤――孫三郎との相違点――とそれら形成の背景

あくまでも温情主義を柱にしていこうとする武藤にみられて孫三郎には見受けられない特徴・「限界」は以上の通りである。では、このような特徴の原因・背景には何があるのだろうか。武藤の有していた特徴的な思想毎に、その形成原因や感化因を、鐘紡で辣腕を振るうまでの過程の中から探ってみることにする。

（一）封建的思想基盤

武藤が唱えた家族主義は、家的・共同体的論理から構成されていた。経営家族主義は、元来、従業員を家の論理構造に取り込むことによって家業への帰属意識を高めるといった封建時代の商家の経営にみられたもので、土着の思想の上にたった主従的温情主義であった。外来思想の影響も受けていた武藤は、階級観念を否定する民主的側面をも加えながら、集団への献身を含む家の論理を近代資本主義発展の過程で再編成し、封建時代さながらの心理的効果を狙ったのであった。君臣の関係を親子の関係に擬し、君主を民の父母、あるいは権力や家長を慈恵的な「保護ノ力」とする情誼的な考え方は儒教に基づいて古くから存在した。善意の資本家による名君善政的な上下の人間関係、法律よりも徳や愛による支配、主知的、人間による自然の克服などの武藤の考え方（二九）が儒教的な価値観の延長線上にあることは確かと思われる。「孔子は克己、忍耐して徳を積み、仁に近づくことが人生の道である、と説いた。仁は道徳の基本であって、釈迦の慈悲、キリストの愛に結びついてゐる」という武藤の文面からは儒教の仁の意識が明確に見て取れる。しかし、ここからは同時に、武藤は伝統思想である儒教の上に立ってそれを新しい思想に結び付けて発展させていることもわかる。そのような武藤の姿勢は「文明国民たらんとせば、我々は己れや又はそれに近いもののみを愛するに止まらずして、遠きものにも愛の精神を捧ぐる様に、博愛心を強めねばならぬ」[三〇]という主張にもうかがえる。家族内の親しみ・愛情が最も深く、それが藩、国へと拡大されていくというような同心円的組織の倫理観であった儒教では、中心からの距離が遠くなるほど愛は薄くなっていくのであって――孔子は積極的な他人への愛をも説いたが――、武藤はキリスト教のような人類愛・博愛という観念が日本では薄かった点を考慮しているものと思われる。このように見てくると、武藤には儒教的な思考方法が根底にあり、それが近代思想との架け橋的役割を果していたことは確かと考えるのである。

武藤山治（一八六七〔慶応三〕―一九三四〔昭和九〕年）も、岐阜の地主の家に長男として生まれた。日蓮宗の信仰に篤かった祖父の勘六は、部屋の襖をはずすと数百人収容可能な広間を自宅に設け、近隣者を集めては仏教談話を行った。また、この祖父は、農村改良、耕地整理、水害防御、村内の困窮者の救済に尽力し、一八六七年に、長良川堤防に関する紛議解決のために村民を代表して江戸へ行き、幕府当局者と交渉していた際に持病の脚気で亡くなってしまった。武藤山治は、このような祖父から、熱情と正義感、人道主義、そして性急な性格に端を発する即断実行力を受け継いだということである。[三一]

また、「父は常に新しい智識を求めました為、早くから自由民権の思想を抱き、明治初年全国を風靡した国会開設運動などにも加はり……演説会には持ってこいの家ですから時々政談演説会が私の家で開設されました。私も子供ながら此演説を聞き、何となく演説が上手になって見たいと言ふ気になり……福沢先生の塾には演説館があり……私の東都遊学は演説が動機でありました」と武藤が振り返った父、国三郎は、論語をもとに「山治」と命名した儒教の素養高い人物で、武藤に対する教育方針も峻厳であったようである。『西洋事情』を読んで感激し、山治を慶應義塾で学ばせようと決心した国三郎は博学・学究的な読書家であり、蔵書を保管する小図書館を母屋の隣に設けた。武藤はこのような父の「一度郷関を出たら学成らずんば死すとも帰らしめない」という儒教的な方針に従って、慶應義塾時代には二ヶ月間の夏休み中にも帰郷せずに寄宿舎に残った。また、後年に、政治の世界へ踏み出した武藤の政治活動は、政治への関心が厚かった国三郎と幼少期の家庭環境が潜在的に影響したものではなかろうか。自由主義を尊んだ開明的な地主であった国三郎は、岐阜県会議員、県会議長を務めた後に、一八九八年の第六回国会議員選挙では岐阜第三区から立候補して当選し、衆議院議員になった(二二)。

このように、正義・熱血漢の地主であった祖父からはその性格を、伝統思想の教育を受けた開明的な父親からは学問・教育的な影響を、旧家の長男として受けた武藤には、儒教的・家的思考基盤が幼少期に形成されていたと考える。

(二) 自由主義・経済的合理主義

福沢諭吉の著作に感激して慶應義塾に息子を入学させた父親が自由主義を尊んだように、武藤も自由を重視した。「自由主義は放任主義と異なる……。自由主義は独立と抑制とを適当にバランスして行くところにある」と考えた(二三)武藤は、「若し強ひて絶対的平等を行はんとすれば、極端に個人の自由を束縛せねばなりませぬ。……人は果して経済的自由なくして満足なる生活を送り得るであらうか。平等の為に自由を犠牲とすることを得るでありませうか」というように、自由を抑圧する「結果の平等」

を空想的であると否定しつつ、それとは異なるラインにあると主張した公平については重視した。[三四] そして、「英国が資本主義の下に長足の進歩発達を遂げたのは、……自由主義がもっとも旺盛に行はれた時代である」[三五] との認識に立って武藤は、政府の介入、及び社会主義を否定した。労働意欲、生産性、そして経済的繁栄という点から下並び傾向を助長する社会主義を否定し、人間の利欲・利己心に基づく資本主義経済こそ理にかなったものと主張して競争と結果の不平等を武藤は肯定しているのであった。[三六] 武藤のこのような自由主義、経済合理主義は、伝統的思想を否定して、私的営利の追求に価値を認めた福沢諭吉の姿勢につながるものである。

また武藤は、民主主義を重視し、個性のないところには自主性もないとして、自主性の確立と自主自治の人物をつくる教育を主張した。武藤は、自治精神の反対である依頼心が日本では封建社会の名残りとなっていることを嘆き、政府の介入を、自由・自主自治精神という点からも否定した。[三七] 「政府万能主義の打破と政治の経済化に努力せねばならぬ」というような武藤の論調も、[三八] 官尊民卑打破や独立自営を叫んだ福沢諭吉にやはり通じるものである。武藤に及んだ福沢の感化の大きさは、「親しく先生の言行に拠って強く心の中に鋳込まれたのであります。当時の学生は、福沢先生といふ一大司令官の号令に拠って動く軍隊のやうでありました。右に行くも左に奔るも一に皆先生より下さるゝ号令に拠って動いたのです」という回顧談や貴族院勅選議員への推薦の話が一九三二年に犬養首相から持ち込まれた際に、「そのような議員になるくらいなら、衆議院議員になる。私は福沢の弟子で、貴族院議員などというものはきらいです」ときっぱりと断ったというエピソードからもうかがえる。[三九]

武藤は、英国流の人格教育に基づいた慶應義塾の本塾において、政治・経済・文学の英書訳読を中心に、また、英語や簿記などの実学も学び、自由主義と経済合理主義を身につけた。そして、優秀な人材のビジネス界参入の重要性を説いた福沢のそれらの主義を実業界で実際に体現していったのであった。

(三) 近代企業家

「私利は公益の基」とする福沢の私利の鼓吹もあずかって、「国のため」から「利潤のため」の実業へと意識変化が明治時代には起こっていった。所有と経営の分離型経営が進行し、科学的思考と学問を身につけた合理主義的なタイプの専門資本家が登場してきた。また、会社に給料で雇われ、そこで学識を発揮することに重点が置かれるようになった。このような実業界では、慶應出身者が勢力を伸ばしていった。それは、実業界と経済的価値の重視を主張した福沢の影響を幼少時から大きく受けて育った福沢の甥、中上川彦次郎《なかみがわひこじろう》が慶應出身者を意欲的に三井系企業に採用していったことにも大きく由来する。武藤も中上川に見出された人物の一人であった。武藤は、米国から帰国後、横浜で英字新聞記者などをしていたが、一八九三（明治二十六）年一月に三井銀行へ入社した。当時の三井では中上川が、既存の価値観や伝統、権威、友誼を排除した合理主義的思考によって、有効と考えた手段で工業重視路線による大改革を自由大胆に断行していた。(四〇) また、自主独立の精神に基づいた実学によって得られるビジネスの業績と成功こそ、ビジネスマンの自尊心の基礎となるべきものであるといった福沢の考えと一致して、中上川は「東洋一の高給取り」と言われた金額を給与として得ていた。

武藤は、三井銀行へ入社した翌年四月に系列の鐘紡の兵庫店支配人に転じて以降、このような中上川の指導と感化を直接・間接的に多分に受けながら、株主の信用を得、与えられた資本を運用することによって良質の商品を生産供給する合理的・現実主義的な近代企業家として成長していった。「経営当局者は娼妓の如きもので、株主は嫖客の如きものである。絶えず変る株主と云ふお客の機嫌気褄を取って、会社の隆盛を謀らねばならぬ」という見解を示した武藤は、無配当時代の経験もあって、株主重視の姿勢を強め、(四一)中上川が切り開いた資本主義時代の近代企業家像をさらに発展・体系化させていったのであった。

七　微妙に異なる二人の人道主義者

武藤山治は、経営史上に意義ある役割を果した。大原孫三郎は、武藤のことが話題にのぼっても黙して思考に耽っていたといわれるが、孫三郎や倉紡が武藤や鐘紡の影響を受けた可能性を否定することはできない。企業の利益追求性を考えれば、その活動内において積極的に労働者優遇策を採用した武藤は大きく評価されるべき人物である。第二次世界大戦後の日本は、企業と経済が大きく発展したが、一九九〇年代のいわゆる「失われた十年」以降、企業倫理の低下という社会問題に我々は改めて直面している。このような状況下では特に、倫理的企業人の範として信念をもった武藤と孫三郎のリーダーシップを思い起こすことは有意義なはずである。

しかし、本章でこれまで考察してきたように、武藤と孫三郎は全く同質な改革者ではなかった。一個人としての武藤は、「女工さん」という呼び方を使い、エレベーターのボーイにも降りるときに「ありがとう」と言い、そして、お茶を運んできた相手にも必ず「ありがとう」と丁寧に会釈した[四二]というように、平等な対人関係に終始一貫した。また、自分の子供達にもそのような個人的に平等な対人関係を徹底させていた。しかし、個人的立場とは対照的に、社会的発言を行った経営者としての武藤には、日本の伝統的なタテの封建思想が根強く見られた。伝統的家族のタテの関係を個人的には否定しておきながら社会的にはその封建性・日本の伝統を引きずっていた。「我国に於て、昔より、積善の家に余慶あり、といふ諺がある」という武藤の言葉[四三]は二宮尊徳の影響を思い起こさせる。孫三郎も既述したように、儒家出身の父親から伝統的思想を受け継いでいたし、尊徳の著作も繰り返し読んで報徳思想の影響を強く受けていた。しかし、孫三郎の伝統的基盤は、武藤とは異なり、上下関係の承認とは結びつかなかった。孫三郎の場合、伝統的思想がキリスト教的ヒューマニズムと結びついたためかもしれない。武藤の場合は、十歳代から接した福沢精神によって骨肉化した経済合理主義が第一義となり、その第一義が絶対的であったために、幼少からの封建的基盤と経済合理主義が結合して、近代精神の下で上下関係を容認する主張を展開したのだろう。明治時代に成長した人物で、伝統的な家的・儒教的エートスを完全に払拭できた人物はほとんど存在しなかったと想像するが、欧米の諸事情に詳しく、個人的自由主義や経済合理主義思想を信奉した武藤もその一人で、何の矛盾を感じることなく、家制度を模倣して企業経営を行おうとしたのであった。

ただ、武藤自身は、「平等であり、善意・誠意である」と強く信じたあまり、その矛盾には気がつかなかった。そのため、「労働者の事情に精通した私は良いことを率先して実行している。株式や経済に対する理解がないから私を批判をするのだ」という主観的な主張で、批判する学者やジャーナリスト達に執拗に立ち向かった。武藤にとっては、生涯を通じて最優先事項とした正義を行っているという意識が強かったのだと思われる。間宏氏が「時代感覚に鋭敏であったと同時に、多分に自己宣伝や、スタンドプレーの多い人物でもあった」と描出した情緒・感情面の強い武藤のこのような面も、孫三郎にはないと感じられる。孫三郎は、批判されても武藤のような反論や自己弁護を行わなかった。

武藤の視点は、あくまでも、経済合理主義、近代企業家の立場からのものであった。実際、武藤は、自ら「営利会社の番頭」という限界を設け、その限界を認めていた。西欧型の個人主義・功利主義・合理主義・効率主義を優先して発言・行動する武藤は、孫三郎よりもずっと近代企業家色が強かった。武藤は、進歩性、実行力、そして慈愛も備え、さまざまな改革を孫三郎と同様に積極的に行ったが、武藤への評価は産業資本家として、という域を出ないものである。武藤は、まず企業・利潤ありきの改革実践者であった。この点、孫三郎も決して空想的ヒューマニストではなかった。常に現実と算盤を考え、研究し、資本家の役割も全うした人物であった。武藤は、慶應出身という学歴を武器に就職し、登用された人物であり、孫三郎の場合は自然の成り行きによって父親の後継者として経営のトップに就いたということも孫三郎と武藤の差異の一因とも考えられるが、孫三郎が改革を決意した目的・

使命感は武藤とは全く異なる。また、孫三郎は評価されるべき別の面を有していた。素封家という地位も幸いして、企業経営者としての立場を超え、個人的利益とは無関係な社会的事業――科学研究や社会事業、青少年教育、地域住民の啓蒙――に積極的・体系的に貢献した。孫三郎は武藤が労働者に対して持っていた温情主義とは異なるキリスト教的ヒューマニズムや人格的平等観に基づいて労働者の待遇を人間として改革しようとしたのであった。企業を含めた社会を普遍的に改良しようと試みた孫三郎の、「まず人間・使命あり」の道義的合理性と武藤の経済的合理性とは明らかに別のラインに立つもので、武藤の人間性と実践は、魅力に富んでおり、現代の範とすべきものを多々含んでいるものと高く評価はするものの、孫三郎と武藤を同一の人道主義的改革者とひとくくりにすることは妥当ではないと私は考えるのである。

注

(一) 大原孫三郎伝刊行会編『大原孫三郎伝』中央公論事業出版、一九八三年、三一八頁。孫三郎の人格重視の姿勢は新渡戸稲造と共通していた。新渡戸は、日本人に最も欠けている観念は「人格」の観念であり、それがなければ、「責任」という観念も生じないという憂慮を示し、人格の確立を重視していた(久山康編『近代日本とキリスト教』大正・昭和編、創文社、一九五六年、一三六頁)。

(二) 大原孫三郎伝刊行会編『大原孫三郎伝』三一八頁。

(三)　同右、四九頁。

(四)　大河内一男氏は、原生的労働関係を「近代的産業が急速に登場し、農村家内工業の没落と農家世帯員の賃労働者化に対応しつつ、多数の賃労働者が新しい工場工業の中に吸収され、工場の規模、労使関係の規模が大きくなりながら、而もこれに対して、労使関係を規律する何らの法的措置が講ぜられず、雇入れや解雇、各種の雇用条件の決定がまったく雇主の一方的な恣意によって決定され、国家が公権力を発動させて労使関係を調整し、労働者を保護することを敢てしようとはしなかった時期を指している」と定義している（『生活古典叢書第四巻　職工事情』光生館、一九七一年、四頁）。

(五)　同右、三〇頁。

(六)　一八八二（明治十五）年前後から工場法（職工条例などとも呼ばれていた）の必要性が一部に認識されていた。工場法立案をめざして、一八八七年には「職工条例及び職工徒弟条例」法案が農商務省工務局によって作成されたが、廃案となった。その四年後には内務省が「職工の取締及び保護に関する件」を全国商業会議所に諮問したところ、ほとんどの商業会議所が時期尚早であると不賛成であった。一九〇三年には、政府から出された『職工事情』によって繊維産業の女工の結核問題をはじめとする労働者の悪環境が明らかにされ、大衆の一般的な同情や資本家間の意見の相違などが生じた。しかしそれでも、明治時代に工場法案が通過することはなかった。やがて、これらの動きから三十年の年月を経た後に工場法は公布されるに至ったのであるが、それは、工場法案に反対していた渋沢栄一が容認を公言するようになったことが大きな原因ともみられている。しかし、施行は五年後の一九一六年まで、女子の徹夜業廃止は一九二九年六月まで引き延ばされた。

(七)　武藤は本文で示した以外にも多くの対策を鐘紡内で実行した。鐘紡女学校と鐘紡職工学校を明治三十年代、四十年代に創設したし、次のような各種世話係も配置した。それらは職工幸福のために最も経済的に栄養と美味とを兼ねた食事を提供するための料理方法研究員、人事係所属の寄宿舎世話係と通勤世話係、工女の苦情不平を聞き取り、調停保護・円満解決などの諸般の世話を行う工場主任直属の工場付世話係などであった。また、武藤は、間接的に労働能率をアップさせるために、工場内に緑あふれる休憩室を設けたり、労働能率増進のための冷やしタオルを従業員に配ったりもした(『武藤山治全集』増補、新樹社、一九六六年、四三〇・四四五・四七八・四九五頁)。

(八) 注意函と社内報については、『武藤山治全集』第一巻、一五八―六〇・一六四頁/増補、四三九・四四一頁/『鐘紡百年史』鐘紡株式会社、一九八八年、一二〇頁他を参照した。

(九) 購買組合と共済組合については、『武藤山治全集』第一巻、一五三―六頁/増補、四一〇・四二一頁/『鐘紡百年史』一二二―六頁他を参照した。

(一〇) 倉敷紡績株式会社社史編纂委員編輯『回顧六十五年』倉敷紡績、一九五三年、一一八頁。

(一一) 『武藤山治全集』増補、三八四―五頁。

(一二) 同右、第一巻、五七七頁。

(一三) 同右、第六巻、一七五頁。

(一四) 同右、第四巻、二八頁。

(一五) 同右、第六巻、一七六頁。

(一六) 同右、第一巻、七一八頁/第四巻、三〇頁。マルクスが資本家の貪欲さをあまりにも過大に主張したことは重大な誤りであったと今日では考えられるようになったが、反対に武藤は、資本家の善良さを楽観的に主張し続けた。

(一七) 同右、第四巻、一四・三二―三頁。

(一八) 当時、平等・博愛精神に基づいた社会事業実践者としては、同志社関係者が多かった。また、社会的な指導者となったキリスト教関係者は、海老名弾正《えびなだんじょう》の本郷教会に属する東京帝国大学法学部出身者が多く、吉野作造も本郷教会に属したキリスト者であった。友愛会のリーダー、鈴木文治は、吉野の後輩であり、同様に本郷教会のキリスト者でもあった(久山康編『近代日本とキリスト教』明治編、一九五六年、二四八頁/大正・昭和編、一〇七頁)。

（一九）　武藤は、温情主義に基づく自己の考えに絶対的な自信を有していた側面を持つため、批判される度に反論した。武藤は、河上肇が『社会問題研究』で武藤とロバート・オウエンを比較したことにも強く抗議した。河上は、オウエンが四ヶ月間の休業を強いられたときにも給与全額を従業員達に支払い続けたことを引き合いに出し、温情主義をうたってきた武藤は恐慌となるや直ちに操業短縮と給与削減を行ったことから考えても、温情主義は日本独特の美風でも何でもないと批判したのであった。河上がその後、何の対応もしなかったこともあって、武藤は執拗に書簡を送って主観的に自己の正当性を繰り返した。武藤は、晩年に無一文化したオウエンと比較されたことは心外であるとも表明していた。また、教育を重視したオウエンが幼年工の雇用を工場法運動などで反対したことに対し、経営者面を強く出す武藤はそのような態度を示したわけではなかった。夜業廃止に反対した武藤の姿勢については、この後の本文五節（三）で示した。

武藤を中心とした当時のビジネス界と学界との論争については、「西欧の急進思想を論ずる学問に対しては、明瞭に拒否の姿勢を示した。技術的な学問を別として、ビジネスにとって敵対的と考えられるイデオロギー的な学問に対しては、はっきりこれを拒否し、こうしてビジネスと学問との離反が、この時期にはじまったのである。このことは、ビジネスマンが個人的に、このような学問に興味を示さなかったということではない。彼らの責任があくまでも企業の発展にあったかぎり、企業の組織を現実に維持している日本的な価値と相反する理念の移入には断固として反対せねばならず、また防衛的な意味からも、現存の企業を維持するに有利と考える価値観を、教育を通じて鼓吹しなければならぬと考えたのである」という説明がまさに適切であると思われる（ダイヤモンド社編『財界人思想全集』第七巻、一九七〇年、二五頁）。

（二〇）　「労働者はごく少数である上、その少数の労働者も労働問題を取り上げて騒いでいるわけではない。学者が煽動しているのだ」という武藤の主張に対し、吉野は、労働者と資本家が対等の地位でないということは労働者のみの問題ではない、それを見過ごしたままにすることは社会健全上から考えても問題である、つまり、国民共通の問題であるから、学者が労働問題について発言することは、その本分を超えて介入しているということにはならないと反論した。その他、本文でふれた吉野の武藤批判の内容は全て以下を参照した（吉野作造「代表的資本家の労働問題観」、『吉野作造博士　民主主義論集』第五巻、新元社、一九四七年、九五・二四〇―六七頁）。

（二二）一九三〇（昭和五）年の鐘紡争議を情誼的な温情主義の限界とする見方がある。この争議は労働者の懐柔策であることを悟った労働者が反抗に及んだ典型例だというのである（安井二郎『繊維労使関係の史的分析』御茶の水書房、一九六七年、二四五頁）。武藤の社長引退から三ヶ月で発生したこの争議の原因は、従業員の給与削減の一方で株主への高配当が実施されたこと、及び武藤の三百万円の退職金受領が知れたことなどであった。

（二三）『武藤山治全集』第一巻、四九三頁／第四巻、三五頁。

（二四）エー・イッチ・ゲーリー『実業と道徳』武藤山治訳、実業同志会、一九二四年、二四頁。ゲーリーは、彼自身も含めたアメリカの実業家達の間に起こっている意識変革について説明し、実業家にとっては法律遵守と同様に徳義を守ることも必要で、この二つを尊重してはじめて成功があると主張した。

（二五）『武藤山治全集』第一巻、五一〇頁。

（二六）官営の国鉄では、初代総裁となった後藤新平が大家族主義を基本的な経営方針としたが、鐘紡をはじめとする紡績会社や国鉄が経営家族主義を採用した一因を間《はざま》宏氏は、買収・合併を繰り返したために、組織や社風を統合する必要性があった、と指摘している（間宏『日本的経営の系譜』文真堂、一九六三年、一二五・一三六頁）。

（二七）『武藤山治全集』第一巻、六八九頁／増補、四一九・四二三頁。

（二八）同右、第一巻、四九二頁。

（二九）また、幼年工の使役や徹夜操業については、職工の家計を助けているのだという主張も武藤など資本家側からは多く展開された。即ち、年齢制限や徹夜の制限がないこと、及び長時間労働は、全て、職工の家計の必要から出たものであり、また、幼少年工を使用することは企業にとっては決して経済的ではないにも拘らずこれを使用するのは、工場主の慈善心の発露であるという主張であった。

（三〇）武藤の名君善政的価値観は、テーラー・システムに着目し、能率主義に走った後に精神重視を訴えた精神的操業法に関する次のような言葉にも窺える。「精神的操業法とは各員の精神を自己の仕事に集中せしむる事によりて操業上好成績を……。各人の行為を出来る丈け精神的ならしめんとするにあり……上に立つものが先づ自己の行為を常に精神的にして配下を感化するを以て……」（『武藤山治全集』増補、三六七頁）というように武藤は、上に立つ者の心がけを説いていた。また、何事も法律や規則による政府の取締りのみに一任するのではなく、愛の精神を備えてこそ、という武藤の考え方は法律を「末」と考え、法治よりも徳治を優先させる儒教の姿勢に通じている（同右、第三巻、二七頁）。さらに、人間の力と研究による自然の科学的征服に自信を持つべきだとする考え方は（同右、第七巻、八六八・八八三頁）、野卑や自然のままということを嫌い、知の体得や人工改良を善とした孔子の主知的な姿勢と通じるように感じられる。

(三〇)　同右、第三巻、二六頁。
(三一)　武藤の祖父については、同右、第一巻、一二頁／武藤絲治『糸ぐるま随筆』四季社、一九五三年／有竹修二『武藤山治』時事通信社、一九六二年／筒井芳太郎『武藤山治伝　武藤絲治伝』東洋書館、一九五七年他を参照した。
(三二)　武藤の父については、『武藤山治全集』第一巻、一三―四・一二九頁／武藤絲治『糸ぐるま随筆』／有竹修二『武藤山治』／筒井芳太郎『武藤山治伝　武藤絲治伝』／植松忠博『国民館叢書　八　武藤山治の思想と実践』国民会館、一九九四年他を参照した。
(三三)　『武藤山治全集』増補、二〇二頁。
(三四)　「即ち公平といふことは重んぜねばならぬが、一部の社会主義者の言ふ『平等の社会』といふことゝは同一のものではない」と武藤は考えた（同右、第三巻、二八九―九一・六二〇―一頁）。
(三五)　同右、増補、二〇一頁。
(三六)　同右、第三巻、六一六・七〇七頁。
(三七)　同右、第一巻、四九一頁／第三巻、一八頁。

（三八）　同右、第六巻、三〇〇頁。

（三九）　同右、第一巻、一七頁／有竹修二『武藤山治』一六八頁。

（四〇）　中上川は、母の弟である福沢諭吉の援助で英国に留学していた際に懇意になった井上馨に依頼されて三井に入社した。あまりにも徹底した冷静な現実・合理主義路線で旧習を改革していったために中上川は、井上とも対立するようになり、三井内で孤立していった。中上川が「工業立国」重視政策の志半ばで一九〇一年に死去すると、三井は物産の益田孝などによる商業路線へと回帰していった。この際、中上川に率いられた武藤など「三田系」人材は、不利な人事断行も覚悟したが、中上川の妹婿で慶應出身の朝吹英二の調和の人となりもあって、事無きを得た。この朝吹の情味と中上川の理性について武藤は、「私に取り故朝吹氏は親以上である。……故中上川氏は厳父の如く故朝吹氏は慈母のようであった。中上川氏の前に出るとなんだか威圧されるやうな窮屈な感じがして、引退がった時はホット息をついたものであるが、朝吹氏の前では最初に取って居た慎ましい姿勢はだんだん崩れて知らぬ間に、あぐらをかいて居ると言ふような始末で、思はず時間を過ごし後から非礼を侮ることも度々であった」（大西理平編『朝吹英二君伝』大空社、二〇〇〇年、四六頁）というように描写している。しかし、中上川には、厳格謹厳のみならず、「温情春風の如き人」という人情に厚い面もあったようで、そのために多くの人がなついたのだということである。中上川は、礼儀正しく、言葉づかいも丁寧で、使用人を臣下視することなく、目下の者を呼ぶときにも必ず、「君・さん」をつけて対等に遇した（白柳秀湖『中上川彦次郎先生伝』中朝舎、一九三九年、五四六―七頁）。職工優遇も中上川、及び朝吹の基本方針であり、そこから教えを得た武藤がグッド・インベストメントとして発展させたのであった。また、朝吹英二は、『東洋経済新報』の創刊者、町田忠治が『報知新聞』記者時代の一八九三―四年に欧米を漫遊した際に援助を与えていた（石橋湛山『湛山回想』岩波文庫、一九八五年、二三二頁）。尚、渋沢栄一の中上川彦次郎観を第九章の注（四五）に記した。

（四一）　『武藤山治全集』第一巻、五九頁／増補、一一〇頁。

（四二）　武藤のこのような姿勢は、両親の篤いキリスト教信仰も潜在的基盤としてあったかもしれないが、煙草工場の工員や大学の用務員をしながら苦学した一八八五年から二年間の米国生活が大きく影響していた。しかし、武藤が平等的人間関係を美点と明確に意識した起源は、慶應幼稚舎時代にあったと思われる。武藤が一八八〇年に十四歳で入った慶應義塾付属の幼稚舎は、家庭的な雰囲気の中で高人格の先生が人格修養を導くという英国式塾舎を福沢諭吉が模倣したものであった。和田義郎夫妻と妹夫妻の四人に委託され、寄宿通学生合わせて当時二十人ほどが学んでいた通称、和田塾では、先生と生徒間、及び上下級生間に階級的な差別観念が全くなく、平等的人間関係の実践が試みられていた。出席をとる際に先生は生徒を「さん」付けで、また、生徒も先生を「和田さん」と呼んでいた（同右、第一巻、一五頁）。幼稚舎のこのような特徴を記した武藤の文面からは、平等的雰囲気を高く評価している感じがうかがえる。

両親のキリスト教について言えば、父、国三郎は、キリスト教を信仰し、自宅前に村人のためのキリスト教会の礼拝堂を建設した。そして、国文学系の風雅な家庭出身の母親も、キリスト信者であった。武藤自身は、宗教は帰一であるとの信念で、形式にはあまりこだわらなかった。また、「自分は基督教徒でも何でもないが……」（同右、第六巻、一七八頁）という発言もしていたが、死の直前に武藤はカトリックの洗礼を受けていた。これにも両親の影響があったのではないかと想像する。

（四三）　同右、第三巻、八頁。

第九章　大原孫三郎と儒教的人道主義の渋沢栄一

近代国家づくりにとりかかった明治時代には福沢諭吉や中村正直などの啓蒙思想家達が大きな役割を果たし、価値観の転換が行われた。渋沢栄一（一八四〇〔天保十一〕―一九三一〔昭和六〕年）は「論語と算盤」を唱えて新価値・倫理観を同様に鼓吹した人物である。渋沢はさまざまな支援を行った実践家であった。経済活動のみならず、社会事業や社会福祉の領域でも積極的に支援活動を行った。本章は、「経済界の大物」といわれた渋沢の社会事業面、特にその活動の中で最も代表的なものと目される養育院との関わりを事例にとって渋沢の特徴を考察し、経済と社会事業の両面で活躍した大原孫三郎と比較する。本章は、経済万能主義と弱者のあり方が再考され、共生・人情・人間性の問題が問われる現代に対して先駆者の実践が有していると思われる現代的可能性を検討するものである。渋沢栄一と大原孫三郎は、二人とも、経済面と社会事業面で率先して活躍した。しかし、両者の土台となっている思想は同様のものではなかった。そのため、両者を比較して考え方の共通点と相違点を踏まえることは有意義だと考えるのである。

一　渋沢栄一と養育院

（一）養育院とは（一）

東京の養育院は、一八七二（明治五）年十月十六日にロシアのアレクセイ皇太子が東京を訪問する前日の十五日に創立された。体裁が悪い「帝都の恥」を覆い隠すようにとの府庁の達しにより、応急的に浮浪・徘徊者達二百四十人が本郷の空き家に仮収容されたのであった。翌年には、この臨時収容所は、恒久的なものとして上野に移され救貧施設、養育院として発展していった。

営繕会議所の付属機関として、このような経緯で出発した養育院の費用は当初、共有金の七分積金によって賄われていた。共有金制度とは、徳川十一代将軍、家斉に登用されて寛政の改革を行った老中松平定信（一七五八―一八二九年）が、江戸の町政を改善させ、節約した額の七割を江戸町会所に積み立てて窮民救済に役立てたものであった。備荒制度として継続された七分積金の残高は、明治維新後にはかなりの額になっており、その使途は東京府などに託された。東京府などは廃止された町会所の代わりに営繕会議所を設立し、道路・橋梁・ガス燈などの造営物、共同墓地、商法講習所、養育院の設置・運営などに投資をした。

この営繕会議所は一八七五年十二月には東京会議所と改められた。養育院は、翌年に会議所付属から府直轄となり、東京府養育院と称することになった。しかし、養育院の運営費は、それから二年後まで、七分積金の残金によって賄われていた。一八七八年になると地方税規則・府県会規則が施行され、翌年開設された地方議会の議決によって地方税が養育院に支弁されることになった。そして、その後の養育院の収容者数は、一八九〇年度で四百三十四人、一九〇八年にはその十年前の約三倍に当たる千五百四十人、そして、一九一四度末には二千七百八十八人のピークを記録した。しかし、それ以降は、東京府出身者以外の入院を極力抑制するなど、収容該当者を制限する方針が採用されたために収容人数は次第に減少していった。

(二) 養育院での渋沢の活動

渋沢栄一は、日本の資本主義発展の初期段階において、実業家として会社の設立や出資などに活躍し、多くの役職についたと同時に、さまざまな公共・社会事業にも携わった。渋沢は約六百もの社会福祉、保健・医療、労使協調、国際親善及び世界平和促進、教育、災害救護、などの社会・公共事業に関与した(二)。この数は、約五百という純粋な経済方面の事業数を上回る。渋沢は、一九〇九年の七十歳のときに、尽力した約五百の企業のうちの五十九企業の役職を辞任した。また、喜寿を迎えた年には、第一銀行の頭取も辞任し、実業界から完全に引退した。しかし、「入ったのは偶然のことからである」と語った(三)社会事業についてはは終生関与しつづけた。渋沢が社会福祉事業に携わった原点は、「その中で一番力をそそいだのは、東京の養育院だった(四)」といわれた養育院の共有金取締方扱いを一八七四年に引き受けたことであった。そして、役職名こそ、養育院業務の管轄機関変更などによって、共有金取締方扱いから養育院事務長、そして初代院長へと変わったが、渋沢は昭和六年までの五十七年間、養育院に関わり続けたのであった。

渋沢は、毎月二回の訪問によって院事業の点検を行い、平常事務は幹事へ分任したいと府知事に上申した[五]。そして、養育院に出向いた際には、幹事をはじめ現場の人達と話し合いを持ち、経営面のみならず、処遇・実践面にも意欲的に渋沢は関わったようである。養育院に関与し始めた当初、厳罰主義で子供達に対応していた職員を渋沢は更迭し、自らが適切であるとみなした人材を新たに発掘して採用したりもした。渋沢は、キリスト教社会事業家の山室軍平や原胤昭、石井十次、留岡幸助、三好退蔵などの意見に耳を傾け[六]、そして、そのような交流によるところも大きいと思われるが、海外の近代的社会事業に関する文献にも目を通していたのであった。

明治42（1909）年、古稀を迎えた**渋沢栄一**（渋沢研究会編『公益の追求者・渋沢栄一』山川出版社より引用）

やがて、収容者が増加する一方だった養育院では、「一畳につき平均二名近くも収容するという有り様で、そのため呼吸器系統の疾患に罹るものが続出していた。また、児童に勤勉努力を教えながら、日常、徒食している老廃疾者などと接触せざるを得ないことは、その教育効果を半減させることともなっていた[七]」というような状況が見受けられるようになったため、健康な女子、健康な男子、肺結核患者、虚弱者、というように分類して処遇する方針が採用された。渋沢は、社会にとって将来的な存在である——渋沢曰く「前途に多くの望ある」——子供の処遇を特に重視していた。(八)一八九三年には渋沢は調査を実施し、それに基づいて三年後には「窮児悪化の状況」と題する意見書を市参事会へ提出した。(九)そして、留岡幸助と協力しての感化院設立計画を実現できなかった三好退蔵(一〇)を顧問に迎えて、養育院内に感化部が設置されることになったのであった。

三新法に基づいた自治組織となった東京の地方議会決議によって養育院は一八七九年から地方税で運営されていたことは前述したが、その二年後には、自由主義者、田口卯吉《うきち》の主張に同調する「養育院への地方税支弁廃止」決議案が東京府議会にかけられた。(一一)渋沢は、これに反対し、この地方税支弁廃止は、一八八二年は見送られた。しかし、翌年には再び廃止案が提出され、一八八四年の養育院廃止が決定された。養育院廃止にはあくまでも反対であった渋沢は、段階的廃止論を建前的に主張し、地方税の支弁は翌年六月まで、一八八四年からは新規入院者を受け入れず、在留入院者全員が出院や死亡したときに養育院は全廃するということが認められた。次に渋沢は、養育院の私設受け入れを申し出た。地所・家屋の売却代金と蓄積金をもらい受け、その利子を得ながら養育院を運営していこうと渋沢は考えたのであった。渋沢のこの建議は東京府に認められ、養育院は、渋沢を院長としたままの形で府知事直轄の民営となった。しかし、財産を東京府からもらい受けたために、制約が課され、選任委員が事務を担当することとされた。やがて一八八九年五月に市制が施行されると、市が管理すべきものがあれば申し出るようにとの内務省令が出され、その手続きを踏んだ養育院は、東京府会と市会の決議を経て翌年一月から東京市営となった。渋沢はそれまでの委任経営時代の約四年間を積極的な寄付金集めで乗り切ったのである。

「父は渋沢同族の会合を毎月開いた。そしてよく社会福祉その他の公共事業へ、応分の寄付をする旨を議題に出した。……ここにいう道楽の場合、父は自分が率先して寄付する以外に、世の富豪達を説いて相当の金額をださせもした。そのため関西へ寄付集めに出かけることがある[一二]」との証言通り、渋沢は自らも「道楽」である寄付をしたが、寄付金を財界人達から堂々と積極的に集めて廻った。「会合が終わったあと、必ず出口に机を置いて頑張っていて、奉加帳のまっさきに『渋沢』と書いてあるので、みんな素通りするわけにはいかない[一三]」という心理的作戦を用いて渋沢は集めたようであった。一八八六年には養育院慈善会[一四]が創設された。渋沢栄一夫人（兼子）が会長を務めたこの慈善会は、「実質的には院長渋沢栄一自らの指導によって……婦人慈善会の財源の主要なものは、いわゆる慈善興業において合同演劇などから得られた。しかし実質的な活動、いわゆる下働きは市の吏員によった。明治四十三年を以て休会となった[一五]」のであるが、「特別経費を必要とするときも、市の普通経済の助力を仰がず、自給で院の経済を保持した[一六]」というように、慈善会と渋沢は養育院存続のために大きな役割を果たしたのであった。

（三）当時の社会事業観・養老観

前述したように、財源的に常に逼迫していた養育院にとって大きな意味を持った慈善会や寄付金収集は、幕末に渡欧した際の渋沢の見聞に基づいていたとされる。

家族制度下の日本では伝統的に血縁及び地縁による隣保相扶主義が貫かれており、近代的な社会・公共事業という類の考え方は存在しなかった。一九二九年に救護法が制定されるまでの間の救貧法に該当した恤救規則（太政官達第一六二号）が一八七四（明治七）年十二月に制定されたが、これも、「憐れむべき者」を対象にした徳川幕藩体制下の慈恵的な救貧政策の延長線上にあった。住民の相互扶助を念頭に置き、家族の扶養や隣保的救済も望めない無告の窮民に限って救済を行うというように、恤救規則もやはり最小限度の公的扶助を想定していたのであった。この恤救規則が養育院の処遇にも反映され、親族扶養や地縁的共同体から離脱した極貧者、廃疾・重病・老衰・疾病のために労働不可能な者のみが貧民院とも呼ばれた養育院の収容対象者となっていた。

住民相互の情誼、即ち隣保相扶の伝統を強化した恤救規則的考え方は、養育院への地方税支弁廃止を主張した、自由主義者、田口卯吉の論調にも見てとれる。貧民を救助することは社会の義務であるという内容の論説を『朝野新聞』が一八八一年六月二十五日から七月七日にかけて掲載したことを受けて、田口は「施療院並に養育院を廃止するの意見」を『東京経済雑誌』に発表した。この中で田口が展開した見解は以下のとおりである。田口はまずはじめに、結果の平等までは重視しないが、現出しているような極度の貧富の格差については憂慮を示し、そのような悲惨な状態が起こっているのは天意ではなく、人為であり、悪政に原因があると主張した。田口は、即時解決は無理としながらも、欧州のように社会党が台頭する前に貧富の格差を漸次是正する必要性を説いた。そして、貧者をなくすには減税しかない、養育院に当てている地方税、二万円分を減税して社会に投資すれば諸産業が進み、数十年後には富裕度は高まるだろうという主張を展開し、地方税を得ていた養育院の廃止論を訴えかけた。ただ、田口個人としては、惨忍無情の悪人と指弾されかねないことは本意ではないし、貧民を救助したい気持ちも持っていた。しかし、社会の性質を熟察した上で誤りであるならば、そのことを指摘して真理を告げる役割を自らが担わなくてはならないと田口は考えたのであった。田口は、鰥寡《かんか》孤独廃疾の者を憐れみ、貧民を救助することが仁政・善良の政治なりというのは道徳上の論議であり、政治上は誤りだと主張した。つまり、「東京府下貧民の飢餓に陥るもの此の如く多きは、他の種類の人民も亦た困難に苦むの多きを証するものにあらずや。其飢餓に瀕せるものゝみ特別に貧困なるものにして、其他の人民は皆な人を救ふほどの富を有せりとは云ふべからざるなり。然らば則ち地方税を以て貧民を救ふは実に一貧民に租税を課して他の貧民に与ふるものにあらずや。……夫れ租税を払ふものゝ多数は実に貧民なり」と指摘して、貧民から得た税金を他の貧民に与えるということは惨澹たることで、他に貧民をつくり続けるだけだと田口は主張したのであった。また、田口は、東京府下の貧窮者数は、養育院の収容限定人数――五百人――の十倍にも上っているが、それらの人達は近隣富裕者の慈善にあずかって餓死せずにいると指摘した。従って、敢えて惨虐無道の政治で貧民の一部を救うことはなく、養育院は廃止して、余財と仁愛心に富む慈善事業家に託すことの方が真理であると田口は主張した。この田口の養育院廃止論が前述したように東京府議会で取り上げられるに至ったのであった。

創立時には青壮年、未成年者が多く収容され、老年者は極めて少なかったが、このような論争が巻き起こった一八八一年には、養育院への収容対象が「手足運動の自由を有する者は必ず其入院を拒むべき」と制限されたため、一転して収容者内の老人率が上昇するようになった。(一九) 一九一七年から一九三一年までに窮民として入所した者の中で六十一歳以上の割合は三〇・六%にも達していた。しかし、渋沢の考えが反映されたためか、養育院では、老衰貧民の処遇は幼童部と感化部の児童ほどには重視されなかった。このような状況は、日本のそれまでの養老観に通じるもののように感じられる。明治初期には、老人についてもやはり親族扶養が徹底して鼓吹されており、国や村当局による積極的な扶養褒賞策も採られていた。「老人の社会に於ける地位は文化の発達に伴うて上進するものなり」と指摘した穂積陳重は、日本でも古代には棄老・殺老・食老の慣習があり、そこから退隠・隠居の慣習が発展し、そして優老習俗へとつながりつつあると説明していた。(二〇) 穂積陳重は、救貧法と養老期金とは、根底にある主義が異なると指摘した上で、日本の老衰者は家の隠居者、養老金制度を享受する西洋の老衰者は国の隠居者であるとし、「自然の生理的経過に因る心身衰弱の為めに自治の能力を失ひたる場合に於ては、……家若くは国は、之を扶養して其生を完うせしむべき道義的法律的義務あるものとすべきなり」との見解を示して、加齢者援助の必要性を認め、老人権承認の時代の到来を主張した。しかし、このような、社会としての当然の援助という穂積陳重の論調は、加齢以外の理由による貧窮化には及ばず、救貧法による援助については、恩恵として与えられるものであると穂積は示唆していた。

老人の保護と権利という考え方については実際、一九一二年に衆議院議員福本誠が百三十九人の賛成を得た上で養老法案を第二十八議会に提出していた。しかし成立には至らなかった。(二一) 福本が提出した参考資料によると、七十歳以上の年間自殺者数は一九〇五（明治三十八）年から三年間続けて毎年、千人前後を記録しており、その大多数の原因が困窮であった。大正十年代には、この内容を改めて掲げた生江孝之《なまえたかゆき》が、適切に老人が処遇されていない結果であるから、今後は養老院を増設したり、養老保険制度を施行するなど、老人救護の方途を講ずる必要があると主張したような動きも出てきた。

（四）渋沢の養育院観

住民相扶の原則から漏れた貧窮者のみを対象としていた当時の福祉は否定的な意味合いしか持たなく、また、福祉観も大きく分裂していた時代にあって養育院院長の渋沢は、養育院や福祉をどのように考えていたのだろうか。

渋沢は、資本主義制度下の生存競争とその落伍者の発生、及び社会構造的な貧困原因が登場してきたことを認めていた。「塵埃」が溜まるのと同様、世の中が進歩すれば社会には「貧乏人」が溜まると表現した(二二)渋沢の根底にはネガティブな考え方があった。「養育院に収容せらるる老廃者は、申さば東京市人口のボロである。……ボロが出れば之を拾って歩く『ボロ』拾ひといふものが無ければならぬ」(二三)や「貧民の身分に相応せる待遇を以て甘んじ」るべきと考えた(二四)渋沢からは惰民観を明確にみてとることができるし、また実際、渋沢は、養育院の地方税支弁廃止論が浮上したときには、惰民養成の弊害について認めていた。

しかし、渋沢は、「私は矢張り社会政策の上から云うても、貧窮の為めに漸く不良の心を助長して社会に害悪を及ぼす様な人々を、慈善事業に依って之れを未然に防止する時は、他日斧を用ゐなければならぬ者も嫩葉《わかば》のうちに摘み取ってしまふ事が出来ると思ふ。……慈善事業を起こして罪人を未発に救済し、不良民を多く出さぬやうに努めたならば、啻《ただ》に道徳上から見て当然であるばかりでなく、社会政策の上からも効果がある事であるから、私は此の意味に於いて慈善事業の盛んに起る事を希望して居る一人である」(二五)というような社会防衛的見地でもって慈善事業を正当化した。そして、養育院は博愛済衆の主義からできたものであると同時に、社会の害悪を未発・未然に防止するものでもあるのだから、社会経済上の問題として研究する必要があると渋沢は認識し(二六)、恤救に終始するのではなく、生産的人物へ復帰させる努力を取り入れながら養育院を運営していこうとした。養育院が子供の処遇を最優先としたことは、このような渋沢の認識と方針に基づいていたのであった。

さらに渋沢は、前述したような社会防衛的見地よりも、人道的見地を強調して養育院事業の重要性を説いた。「どんな賢い人でも、社会があればこそ成功できたのだ。だからその社会に恩返ししなくては申し訳ない」(二七)と考え、「社会の一方に富裕で余財を持つ人がいるのに、惰民養成の弊害があるからといって社会の窮民を捨て置いたまま救わなくても善いのか」と訴えかけた渋沢が帰結するのは、惻隠・人情・人道、そして共生・協同・社会への御礼という考え方であり、このような観点で、社会は養育院事業の推進に関与すべきだと渋沢は主張したのであった。

二　渋沢の根本的主義――儒教的人道主義

渋沢は惰民養成の弊害を憂うよりも、人間としての惻隠・共同・協調を重視・優先すべきと考えたのだが、惻隠などを重視するこのような姿勢は、社会事業観のみならず、実業面にも貫かれた渋沢の根本主義だったのである。渋沢秀雄が「父は事の大小軽重に拘らず、論語を人生行路の標識としていた」と語ったように[二八]、渋沢は論語を拠り所として、常に仁義道徳を重んじた。では、渋沢の儒教的人道主義とはどのようなものだったのか、その特徴を見てみることにしよう。

(一) 社会・国家・公利優先

明治国家は、西南雄藩の下級武士達が家や藩の概念の延長線上に「上」からつくった国家であり、江戸時代に士族のみならずその他の民にまで浸透した儒教の影響を受け継いでいた。「私」よりも家や国家といった「公」を優先させる儒教的教えは明治の人を強く規定しており、富農の家に生まれ、攘夷の志士、そして幕臣となった渋沢も例外ではなかった。渋沢は、人道は思想のごとく時代と共に動き変化するものではなく、根本においては決して動かぬものと考え[二九]、孔孟の教えに基づいた道徳重視の姿勢で、先進国に追いつくための国づくりを使命とした。

渋沢は、東洋の伝統的倫理体系に西洋的経済観念を結合させて仁義富貴両道を説き[三〇]、士魂で、即ち正義・誠実・礼節といった武士道を構成する概念と矛盾せずに行う真の商業――実業――での利益追求を奨励した。「如何なる事業でも、国家という観念の下に、画策された事業でなければ真に事業としての価値もなければ……亦存在も許すべからざるものである……」[二一]と主張した渋沢の言葉からは、国益となる事業が大前提とされていたことがわかる。つまり、実業家の利益獲得は自己の利益となるばかりでなく、同時に国家社会をも益するような仕事でなければならないと渋沢は考えていたのであった。

このように、私利私欲ではなく公利公益のための真の商業を奨励した渋沢は、「私の利益と謂ふものは即ち公の利益にもなり、又公に利益になることを行へば、それが一家の私利にもなるといふことが真の商業の本体である」[二二]、あるいは「社会の公益と自分一個の私利とは、多くの場合齟齬せぬものである。……大体の場合、私利と公益とは相反するものでなく、一会社の利益は一国の利益である」と説いた。[二三] 渋沢は公利と私利とは一致するものと思考したのであった。社会や国家という「公」は「私」の総合、公利は私利の総合と考えた渋沢は、公利を優先しても私利には全く支障はなく、公利と私利を区別すること自体が無意味なのだと論じた。このように、一八七三年に大蔵省を退官して以降、「論語と算盤」という表現で道徳経済合一説を盛んに鼓吹した渋沢には「公」を尊重する姿勢が明確に現われていたのであった。

（二）共同・人道重視

渋沢の国家・公利重視の姿勢は、「世の中は相持ちのもので一方ばかり善くても他方に害があってはいかぬ。資本家もよければ労働者も満足する。我もよし人もよし、全体が完かれとあるのが国家社会の成立する所以である」[三四]や「人が社会の一員として立つ以上共同生存といふことも亦人類自然の性情であらねばならぬ、……一面に於て自己の富貴栄達を欲すると共に、他の一面に於ては何処までも国家又は社会の為に尽すべき義務がある。即ち国民各自が共同戮力《りくりょく》して、其の国運又は文明を進めていくことは、これ共同生存の上から観て、人生の一重要件になって居る筈である」[三五]といったような、人道的な共同重視の姿勢へもつながっていた。渋沢は、同様に価値転換の役割を担った福沢諭吉が強調した独立自尊に理解を示し、重視はしたものの、福沢の影響もあってか、当時、顕著になりつつあった私利偏重や利己主義、及び理性万能主義を否定した。儒教的道義で日本らしい近代化の途を模索した[三六]渋沢は、人間らしい深い情愛に基づく共同というものが社会には必要であると考えた。つまり、人間は自己のためにのみ立つべきではなく、人道・共同・協調的精神に立ち、分に応じて国家社会の為につくすべきだということを渋沢はより強く主張したのであった。

三　孫三郎と渋沢栄一の共通点

孫三郎も家系的に儒教の教えを受け継いでいた[三七]など、孫三郎と渋沢栄一は共通する面を有していた。ここでは孫三郎が一九〇一年頃から書き出した日記などを基にして、渋沢と共通する孫三郎の思考や行動の特徴を概観してみることにする。

(一) 人道・道徳・実践

「総ての行為は道徳を標準として実行し……」と日記に書いた(三八)孫三郎は、渋沢と同様に道徳を重視した。また、人間性を忘れた合理主義には孫三郎も賛成はしなかったし、金銭は人間のためになることに用いるべきだと考えていた。そのような姿勢と聖書中の「よきサマリヤ人の喩え(三九)」を引用して示されるような心で、孫三郎は救済・支援事業を実際に展開していったのであった。

岡山地方へのキリスト教伝道はアメリカン・ボードの宣教師と同志社の関係者達によってなされたため、岡山から同志社に学びに行った者は多かった。このため、「日本をよくするために奉仕する」という新島襄の精神に影響をうけた実践的なキリスト教が孫三郎の社会での実践に何らかの影響を及ぼした可能性も充分あるのだが(四〇)、孫三郎は信念と先見性、それにリーダーシップをもって倉敷日曜講演会などの社会教育、科学的研究を意図した三つの研究所の設立、それに倉敷紡績内の労働者待遇改革などの実践を行っていった。このことは、西洋の観念を借用するだけではなく、日本的思想地盤の上に自らの理論体系を築いて現実に働きかけ、単なる利害調整だけではなく、新しいものを創り出し、進むべき道を積極的に提言した渋沢栄一と正に共通する。

(二) 使命感・私心のなさ

「実業界の開拓は余が天命(四一)」と決意した渋沢は、私利を求めようとしない人柄、指導力などが信頼され、資本主義発展の起動力となった。私利を求めよう、自分を売り込もうという側面がなかった渋沢の最大関心事は、事業それ自体の発展であったため、たとえ依頼されたものが難事業であったとしても、社会・国家という「公」のために引き受けた。

渋沢のこのような使命感は孫三郎にもみられた。「余は全く神の御心に依って生れ、生きるものである」、そして「この資産を与へられたのは、余の為にあらず、世界の為である。余は其の世界に与へられた金を以て、神の御心に依り働くものである」と考えた孫三郎は、「神からお預かりしている財産を、最も有効に社会に奉仕する」という使命感でさまざまな活動を行ったのであった。(四二)そして私心を持たなかった渋沢と同様、孫三郎は、「偉くなるとか、社会的に認められようなどのことに迷はされぬやう心懸けて頂きたい」と語ったように、「絶対に自己の利害問題にあらず」、「私の仕事が社会的意義を持ち、多少社会のお役に立ち得るならば、それで私は満足であります」という気持ちで実践に臨んだに過ぎなかった。(四三)大原社会問題研究所がマルクス主義の研究に傾注し過ぎたために、孫三郎は、度重なる警察の干渉や世間の批判を受けたが、同研究所の高野岩三郎所長には一言の文句も苦言も漏らさなかった。一度学者を信頼して任せた以上、その責任を孫三郎は自ら全うしようとしたのであって、孫三郎の支援姿勢や責任感は、労働科学研究所所長を務めた斉藤一が「何らかの見返りを期待してできる性質のものではなかった」と語ったように(四四)私心にとらわれない徹底したものだったのである。

(三) 儒教的・国家尊重・共同と協調

渋沢が独立自尊偏重を戒めるために用いた「満は損を招く」(四五)は、第五章、及び第七章の注(五八)でも指摘した通り、孫三郎の祖父・父から伝わる教訓であった。孫三郎は、息子、總一郎に「義理を欠くことのないやう……人間に生まれて来た以上、真の人間たるやう」と注意を書き送ったり、還暦の年の元旦恒例の書き初めでは「忠孝」と書いたりした。このように、日本土着的な二宮尊徳の教えにも深い感銘を受け、石井十次などその他明治時代のキリスト者の多くと同様、キリスト教と報徳思想を同一ラインで考えたと思われる孫三郎にも儒教的側面が存在した。(四六)「富豪といはれる私の身代も、実は先祖からの財産であつて、自分の独力で造つたものはいくらもない。それ故に祖先に対して報恩の実を尽したい」と考えた孫三郎は、家督相続後に子供のないのは祖先に対して申し訳ないことと思うようになったということである。(四七)そして、總一郎が誕生した後には「全財産を世のため投出す考へであつたが、子供が生まれて少しその考へを変へねばならぬやうになつた」というように、子孫への責任をうかがわせる言葉を発していた。(四八)このような、祖先から子孫という循環の中で自分自身を捉える面も孫三郎の儒教的特徴の現われと感じられる。

しかし、社会へ奉仕するという壮大な使命感を青年期から抱いた孫三郎には、「ただ自分の家とか、子孫の為とかいふ考へは毛頭持ちたくないと思つてゐます」という思考もあって、孫三郎は一個人や一家の私心に留まっていたわけではなかった。「私」を超えて「公」に尽すという渋沢と共通する孫三郎の意識は、「私が今日、かうしてお国のため、社会のために、多少でも働くことのできるのは、全く林さんから受けた感化の賜物であるといっても良いのであります」[四九]といったように、国レベルにまで及んでいたことがわかる。日露戦争時の軍国主義的教育に反発を覚え、「乱世時代の忠君愛国は、大いに改革せねばならぬ」と考えた面も孫三郎にはあったが、「現在日本人の緊張味がどうも足りない感がある。……これは日本国民の精神教育に欠けてゐるものがあるのではないか。日本国民全体に武士道教育が欠如したため真剣味がなくなり、国家観念が薄らいだのではなからうか」と懸念した孫三郎の文言は、まるで渋沢の弁と思えるほどそれに似通っている[五〇]。

また、孫三郎は、渋沢と同様に、共存共栄を重視する姿勢をも備えていた。「一致協力」は孫三郎の信条の一つであり、倉敷紡績の社長に就任した際にはその言葉を各工場に掲げた[五一]。地主の家に生れた孫三郎が小作人やその子弟達の生活を考えて行った小作人支援や教育、農業研究、倉敷紡績内の労働者処遇改革、労働科学研究、社会問題研究の事業は全て、小作人と地主、労働者と資本家、貧困者と富裕者の利害の一致を信じ、人間としての共存共栄の実現のために根本的な問題解決を図ろうとした結果だったのである。

四　孫三郎と渋沢栄一の相違点

渋沢栄一と孫三郎には上述したような共通点が見受けられたが、生年が多少ずれる両者には異なる側面も存在した。ここでは、両者のその点に目を向けてみることにしよう。

（一）渋沢の非市民社会性

渋沢の特徴である儒教的倫理に基づいた「公」や共同重視の人道主義は、福沢諭吉の功利主義や西洋的な思考とは明らかに異なる。

渋沢は、公利と私利をバランスしようとした形跡はあるものの、明治人らしく、国家主義に偏重していた感は否めない。時代の要請から、渋沢は多くの企業や社会事業に関係した。月に二回程度の割合で訪問した東京の養育院で渋沢は、経営と処遇面など全般面に関わったということであるが、前面に出る渋沢の一方で、現場の人達の働きや助力がかなりあったと想像できる。(五二) 渋沢は、名前を単に貸すだけというような関わり方はしなかったと言われるが、徹底的に平等的改革や実践に臨んだとも言い難いのではなかろうか。さらに、江戸時代からの官尊民卑の風潮が残っている中で、常に在野性を保ち、(五三) 民力を重視しつづけた渋沢は、政商と呼ばれることは少ないと指摘されるものの、政府とのつながりや官製的な活動の多さを否定することはできないように思われる。これらは孫三郎と異なる点である。

また、市民社会やデモクラシーについて多くの発信を行っている千葉真氏は、「市民社会の捉えどころのない錯雑とした実態を浮き彫りにする限りで重要」であるとしながら、M・ウォルツァーの「国家からは独立した人々の非強制的なアソシエーションの空間」という市民社会概念を引き合いに出している。千葉氏は、「市民社会の両義性に関しては、階級対立、支配と従属、指導と同意をめぐるヘゲモニー闘争の戦略的な場でありつつ、同時に将来『自律的社会』において果実化されるべき『自己統治』の種子をも内に宿す場でもあるというグラムシ的な複眼的視点が重要であろう」と説いている。(五四)そこでここでは、国家から自主独立、自律・主体性ある個人、コミュニティなどに関連する概念を市民社会の要素として着目してみると、渋沢には市民社会的視点が弱かったと思われる。国家、共生を強調するあまりに渋沢には、中央集権的、「上からの」という特徴が強いと言えそうである。

（二）孫三郎の市民社会的要素(五五)

渋沢に対して、孫三郎は、市民社会的な要素を持っていた。孫三郎は、これまで示してきたように、社長を務めた倉敷紡績内では労働者の、そしてその他の教育事業では受講者達の、個人の人格を尊重して、自覚ある自主独立的な人間になるための支援を心がけた。万人平等、自得自省、独立自尊、進取不退などの概念を尊重していた(五六)孫三郎は、教育や正しい知識を授けることによって、支配されるだけの受動的な存在ではなく、一個人として自律的意志を持つ人格になるように、ということを重視したのであった。

孫三郎は、大原社会問題研究所の設立を申請する際に、「社会問題の研究というよりも、政府や渋沢達による労使協調運動に協力して欲しい」と内務大臣、床次竹次郎から勧誘されたが、申し出には応じなかった。(五七)自由な研究には政府よりも民間の研究所がよいと孫三郎は考えていたのであった。また孫三郎は、国家などの「上」からの支配も含蓄する温情的視点を排し、民主・平等的な視点を重視して民間から指導力を発揮しようとしたのであった。

さらに、孫三郎は地主の家に生れたために、名望家的・村落共同体的要素を備え、倉敷というコミュニティを重視する視点を有していた。孫三郎はコミュニティのために、教育や医療などの充実を図ったのみならず、インフラの整理や町の活性化、県下の産業・文化・民芸振興の勧奨など、郷土の繁栄に尽力した。地域社会との関わりを常に念頭に入れながら孫三郎は社会的事業を遂行したのであった。

このような、渋沢には欠落しがちであった市民社会的特徴が孫三郎に見受けられるのは、孫三郎の生年が渋沢よりも四十年も遅かったということも大きな一因であっただろうし、先祖から引き継いだ財力を有していたことや倉敷という一地方の出身者であったことによる影響も強いと思われる。孫三郎の市民社会的特徴の原因を一つに絞ることには無理があるだろう。しかしそれでも、キリスト教的平等主義にふれ、一時は強く信仰したということが、渋沢との相違を最もうまく説明してくれるのではないかと感じられるのである。いずれにしても、孫三郎の方が市民社会的な側面を渋沢よりもずっと多く持っていたことは確かである。

五　孫三郎と渋沢栄一から学ぶこと

上述したように儒教的人道主義の渋沢栄一とキリスト教的人道主義の大原孫三郎には共通点が多かった。渋沢も孫三郎も世界という視点を備えていたし、(五八) 物質的・科学的には発展を遂げた今日には改めて大きな意味を持つと思われる人間愛・共生・道徳・倫理・使命感・義務・無私という点を強く持っていた。渋沢は道徳・心と経済、孫三郎は心・人間性と科学尊重を車の両輪のように備えていた。この二人にとって心と物は切り離して存在するものではなかったのであった。

日本資本主義の黎明期から発展期において民間経済を牽引した渋沢の偉業を否定する人はいないはずである。渋沢の「人物」性は高く評価できる。器が大きく柔軟性に富んでいたと感じられる渋沢は、儒教・仏教・キリスト教をはじめ、あらゆる宗教の長所を折衷総合した統一的大宗教の創造可能性を模索し、王陽明の「万徳帰一」を基に命名した帰一協会を姉崎正治《あねざきまさはる》、井上哲次郎、浮田和民などと共に一九一二年六月に設立した。渋沢は儒教道徳以外を排除するのではなく、思想的にも寛容であったのである。(五九) そのような、「人物」を失った国家・公利重視主義は、偏重の度を増し、自由を失い、閉塞・独善的につながりかねないことは渋沢亡き後の日本の歩んだ道が物語っていると言えそうである。渋沢は、商業道徳の確立、資本と労働、貧富の調和をめざし、独立自尊よりも共存共栄、共同調和を説いた。独立自尊を視野に含めながらも、共同と公利に重きを置いた渋沢の姿勢は長所でもあり、短所でもあった。明治時代の多くの人達は、「国家危ふし」という危機意識と江戸時代から引き継がれてきた儒教的精神に立って、私利よりも公利優先の考えを持った。その一人であった渋沢には、国家への奉仕を「上」から押しつけ、人々の独立心を阻害した面があることは否めない。渋沢は、慈善バザーなど、西洋で見聞した市民社会性に感銘を受け、同じようなものを「上」から鋳型で創り出そうとした。人々の意識はそこまで追いついておらず、発言・参加できるような市民はまだ介在していなかった、ということにはそれほどの考慮が払われなかったのであり、それは民主的な衣を着た非民主的作業であった。渋沢の鼓吹した儒教一面的なモットーは、近代化・資本主義発展の過程で発達するはずの個人の人格・自覚・自主独立・自己決定などから成る市民社会性を欠落させたままとしてしまったのであった。

一方、孫三郎の活動や思想は、個人・民力・平等など、「下」からの度合が強かった。そして、孫三郎の社会事業は人間の不幸を処理するだけに留まらず、福祉・幸福を高めていこうとしたポジティブなものであった。渋沢にとっての社会事業は、養育院を「東京市人口のボロ拾ひ」と必要悪視したことにもうかがえるように、ネガティブなものであった。これも両者の相違点であった。また孫三郎は、財力、地方人、時代という特徴も大きく与って個人や人格・人間尊重・社会的責任・コミュニティなどを重視したのだが、この姿勢は、人間の尊厳を促進する経済政策を主張した息子の總一郎にも引き継がれていた。(六〇) それは、家や国家というまとまりよりも、個や人格を重視・育成した孫三郎の姿勢の結果ではなかろうか。人間を手段として見るのではなく、人間自体をあくまでも目的と見た孫三郎とその信念を引き継いだ總一郎の正義に富んだ民主・平等的な市民社会性も高く評価されるべきものである。

経済万能主義、弱者保護のあり方、科学技術と心のアンバランスが再考され、人間性・自律・民主・平等・共生の問題が問われる現在、新しい価値観・倫理観の確立が問われている。渋沢栄一と大原孫三郎は共通して共生的・人情的・倫理道徳的側面に富んでいた。さらに孫三郎には自律・自主独立・

大原總一郎（倉敷紡績提供）

民主・平等・コミュニティを重視する面も備わっていた。このような孫三郎に目を向けると、市民社会が発達しなかったといわれる日本の過去に、共生・公益的側面と市民社会的側面とを両立して重視する姿勢が全くなかったわけではないことがわかる。近代化・資本主義発展の初期段階には確かにそのような息吹きはあったのである。現在、政府や官僚と同様、あるいはそれ以上にＮＰＯなどの民力の重要性が再認識されている。従って、帝国主義化の中で育成されなかった市民社会に必要な民間活力・民主主義発展の起動力の役割を大胆に果たした大原孫三郎の倫理観・価値観、そして実践は現代的可能性を多々含んでおり、我々に実行可能の勇気を与えてくれると考える。人間の心や道徳と科学技術や経済のバランスが崩れている今日、将来的に有意義なことは、渋沢と孫三郎に見受けられた側面の総合だと考える。即ち共生的側面[六一]プラス市民社会的側面での働きかけ・活動である。孫三郎のみにみられた市民社会性にもっと目を向けていき、それらを真に根づかせなければならないときである。将来に向かって新しく創造していくということはもちろん重要なことではあるが、我々は、過去を見つめて、先駆者のあり方から学び、価値観・倫理観を再構築しなおすことも同時に可能であり有効だと考えるのである。

注

（一）養育院に関する数値などの詳細は、『養育院百二十年史』東京都養育院編集発行、一九九五年／東京都養育院編『養育院百年史』東京都、一九七四年、二八・一六九・一七九頁／『養育院八十年史』東京都養育院発行、一九五三年、一一頁／大谷まこと・一番ヶ瀬康子編『シリーズ福祉に生きる11　渋沢栄一』大空社、一九九八年、三二頁／渋沢栄一・中里日勝編述者『日本〈子供の歴史〉叢書27　回顧五十年（東京市養育院）・福田会沿革略史』久山社、一九九八年、他を参照。ちなみに、この最後の参考文献が養育院と共に取り扱っている福田会育児院は、岡山孤児院と同様の孤児救済養育施設であり、渋沢の支援を得ていた。岡山孤児院がキリスト教に基づいていたことに対し、この福田会は仏教に立脚していた。この会の名称は、福徳を生み出す人間の心には三つの田畠――敬田、恩田、悲田――があるという仏教の三福田思想に因んでいた。敬田とは、釈迦や僧侶を敬うこと、恩田は父母や師の恩に報いること、悲田は、苦しみ、悩む人を救い助けることである。

（二）渋沢の関係した事業数などは全て、渋沢華子『徳川慶喜最後の寵臣　渋沢栄一――そしてその一族の人びと』国書刊行会、一九九七年、二七八―九頁／ダイヤモンド社編『財界人思想全集』第一巻、一九六九年、二三六頁を参照。

（三）小野健知『渋沢栄一と人倫思想』大明堂、一九九七年、二五〇頁。

（四）渋沢華子『徳川慶喜最後の寵臣　渋沢栄一――そしてその一族の人びと』二七九頁。

（五）東京都養育院編『養育院百年史』五二頁。

（六）渋沢は、全国各地の社会福祉事業家が接触を持ち合うネットワークを社会福祉分野に築こうと考え、留岡幸助などと共に中央慈善協会（全国社会福祉協議会の前身）を一九〇八（明治四十一）年に創立して会長に就任した（渋

沢研究会編『公益の追求者・渋沢栄一』山川出版社、一九九九年、二七八頁他）。

また、留岡幸助の日記には、渋沢との交流を物語る渋沢の回顧談や信念が記されている（『留岡幸助日記』第四巻、矯正協会、一九七九年、四〇二頁）。さらに、幸助は、一九〇五年当時の東京市養育院の詳細状況についても記しており、その中では、入院者数とその内訳、入院者の定義付け、予算と支出、入院者の従事する事業の種類、職員の資格とその数、及び内訳、死亡率、食事量などが詳細にまとめられている（『留岡幸助日記』第二巻、六一一―四頁）。

（七）　東京都養育院編『養育院百年史』一六八・一七九頁。第四章の注（二三）でも述べたが、岡山孤児院の主宰者、石井十次は、養育院を見学し、非人間的・非生産的な収容者の生活ぶりを反面教師的にとらえたことがあったが、児童の処遇に関するこのような『養育院史』内の記述と金澤貴之氏の「渋沢院長のもとで児童教育についてはさまざまな試みが実現されていった。それは、監獄のようだとも称された成人処遇の状態とは実に対照的であったといえよう」という指摘（渋沢研究会編『公益の追求者・渋沢栄一』三〇〇頁）から判断すると、石井の感想は主として壮年者達の処遇を見学してのことだったのではないかと想像される。

（八）　小貫修一郎編著『青淵回顧録』上巻、青淵回顧録刊行会、一九二七年、四七〇頁。また、「晩年の父は毎月十四日という松平楽翁の命日に大きな菓子折りなどを携えて、院児の喜ぶ顔を見にゆくのを、わが楽しみとしていた」という証言からも渋沢が子供に目をかけていたことが窺える（渋沢秀雄『明治を耕した話』青蛙房、一九七七年、二二七頁）。

（九）　感化部設置についても含め、『養育院百年史』九一―四頁／『渋沢栄一伝記資料』別巻第五、渋沢青淵記念財団龍門社、一九六八年、四二―三頁／大谷まこと・一番ヶ瀬康子編『シリーズ福祉に生きる11　渋沢栄一』五九―六〇頁を参照。

（一〇）　三好退蔵については第二章の注（四）で詳述した。

（一一）　地方税支弁廃止案が登場して以降、東京市営の養育院になるまでの経緯は、全て以下を参照。『養育院八十年

史』一二〇―一頁／『養育院百年史』六〇・七七頁／小貫修一郎編著『青淵回顧録』上巻、四五四―八頁他。
（一三）渋沢秀雄『明治を耕した話』一三一頁。
（一三）城山三郎『雄気堂々』講談社、一九八六年、四九四頁。
（一四）第一回バザーを鹿鳴館で開催した慈善会は虚飾であるとの批判も受けたが、恤救を訴えかけるキャンペーンの役割は果たした。養育院の慈善活動に陰ながら尽力していた渋沢の先妻、ちよが一八八二年に病死した後は、渋沢と翌年再婚した兼子が設立された慈善会でその役割を引き継いだ。また、渋沢の長女、穂積歌子も次女、阪谷琴子も、尊敬する父のために協力を惜しまなかったようである。
（一五）『養育院百年史』一四八頁。
（一六）同右、七七頁。
（一七）一九三〇（昭和五）年末、九十歳を迎えて病床に臥せていた渋沢は、全国の方面委員（現在の民生委員の前身）の代表、二十人の訪問を受けた。予てから来るものは拒まずという姿勢を貫いていた渋沢は、このときも周囲の反対を押しきって応対に出た。貧困に喘いでいる全国二十万の民を救うために、一九二九年に制定されながら経済不況と財政困難を理由に実施が見送られていた救護法の施行への尽力を要請された渋沢は、政治関係者などへ働きかけるために病身をおして出かけた。この無理が死期を早めた可能性も指摘されているが、渋沢は一九三一年十一月に死亡し、救護法はその後一九三二年一月に施行された。
（一八）『養育院百年史』五九頁／東京大学法学部明治新聞雑誌文庫編『朝野新聞縮刷版』十三、ぺりかん社、一九八二年。本文でふれた田口の見解は全て、田口卯吉「東京府会常置委員四大意見」、『鼎軒田口卯吉全集』第五巻、吉川弘文館、一九二八年、一一三―二七頁を参照。
（一九）この後にふれた老人の割合も含めて、社会福祉調査研究会編『戦前日本社会事業調査資料集成』第七巻、勁草書房、一九九二年、五頁／『養育院百年史』二九頁を参照。
（二〇）本文でふれた穂積の見解は全て、穂積陳重『隠居論』有斐閣、一九一五年、五〇一・六三〇・六九〇・七一八頁を参照。

(二一) この後にふれた福本が提出した資料と生江の動きも含めて、一番ヶ瀬康子編『社会福祉古典叢書　四　生江孝之集』鳳書院、一九八三年、九二―四頁／『戦前日本社会事業調査資料集成』第七巻、五―六、二〇頁を参照。

(二二) 小野健知『渋沢栄一と人倫思想』二七六頁。

(二三) 山本勇夫編『渋沢栄一全集』第三巻、平凡社、一九三〇年、一六八頁。

(二四) 『渋沢栄一伝記資料』第三十一巻、一九七〇年、六三頁。明治時代には一般的であったと考えられる惰民観は渋沢に限られたことではなかった。第二章一節（四）で示したように、留岡幸助にも同様に見受けられた考え方であった。

(二五) 小貫修一郎編著『青淵回顧録』上巻、四六七―八頁。

(二六) 同右、四七一頁。

(二七) 渋沢秀雄『明治を耕した話』一三二頁。

(二八) 同右。

(二九) 『青淵回顧録』下巻、四三五頁。

(三〇) このような渋沢の説は、「論語と算盤」、あるいは道徳経済合一説と呼ばれた。渋沢は、幕末に渡欧した際に、商人の地位が高く、そのことが国富につながっていることを発見したことから、「論語と算盤」による意識改革を図るようになった。富国の前提として、実業界に人材を集めるためには、儒教的精神に基づいた官尊民卑、及び「利」を求める行為は卑しい、という江戸時代の賤商意識を払拭する必要があった。渋沢は、仁義王道と貨殖富貴が両立されないなどという文言は論語のどこにもないと主張して、殖利が義に背かないことを力説した。さらに渋沢は、孔子の教えは広汎であり、解釈の仕方によっては誤解されかねないとの見解を示した。渋沢によると、仁義と富貴は相容れないものだと最初に誤り伝えた人物は、南宋の朱子である可能性が高く、階級意識の維持と合致した朱子学が権威を有していたために誤解がそのまま受け継がれてきたというのであった。孔子は実際、堂々たる経世家であったことを渋沢は強調した。

山路愛山は、このような渋沢の論語解釈を「思想家としては何等の価値あるものに非ず」と批判した。経験に基づいた安心立命のための渋沢の論語であり、報徳思想と同様、そのような前提に立って聞いた場合にのみ真価があるものに過ぎないとの見解を山路は示した（「現代史、近世史に於ける渋沢翁の位置」、『山路愛山選集』第一巻、萬里閣書房、一九二八年、四九二―四頁）。

それでも、渋沢栄一は、生涯、徹底して「論語と算盤」を唱えた。渋沢とはやや対照的に、啓蒙に尽力した福沢諭吉は、社会情勢を高い次元から洞察した上で現実対応的な主張をすることを第一義的に重視したためとも指摘されるが、その主張は時代によって変節したと取られることもあった。

(三一)『渋沢栄一全集』第四巻、二七六頁。

(三二) 同右、二二二頁。また、渋沢は派閥などは作らず、事業本意に専心し、会社や天下の私物化を常に戒めていた。私利を追求しなかった渋沢のこのような姿勢は、「儂《わし》がもし一身一家の富むことばかり考えていたら、三井や岩崎にも負けなかったろうよ」や「金は溜まるべきもので、溜めるべきものじゃない」という言葉にもよくあらわれている（渋沢秀雄『明治を耕した話』一三〇・一四五頁／渋沢秀雄「渋沢栄一」、犬養健他『父の映像』筑摩書房、一九八八年、二一〇頁）。

(三三)『渋沢栄一全集』第三巻、二三三二頁。

(三四) 同右、第六巻、三三四頁。

(三五) 同右、第四巻、四一四頁。

(三六) 渋沢栄一は、日本人には日本的伝統に基づいた倫理観が受け入れやすいと考え、「論語と算盤」で実業家の品性と知性のアップを図った。一方、渋沢と同様に明治時代の実業家輩出に貢献した福沢諭吉は伝統的思想から実業家を解き放ち、私利追求そのものに価値を見出すように啓蒙したのであった。福沢は、渋沢のように、倫理規範を持ちこむことはしなかった。福沢は、文明化のためには、日本が劣る科学的精神を身につけること、及び依頼心の強さを払拭することが必須だと考えた。徳義よりも知育を、共存共栄よりも独立自尊を重視してそれらを福沢は鼓吹したのであった。福沢にとっての文明の富国とは、快楽を享受する人の多い国であり、その考えに従って福沢は、功利主義的に私利追求を目的化することを力説した。私利優先の福沢は、公利を優先する渋沢とは異なり、あくまでも私利を追求すべきであり、そうすれば、公利にもつながる、とアダム・スミス的に考えたのであった。

(三七)　第五章で既述したが、孫三郎の父は儒者の家系出身であったし、孫三郎は、陽明学者の熊沢蕃山を迎え入れた岡山藩主、池田光政が創設した元藩校の閑谷黌《しずたにこう》で学んだ経験を有していた。ちなみに横井小楠は幕末に閑谷黌を感銘を受けながら詳細に視察していた（松浦玲『横井小楠——儒学的正義とは何か』朝日新聞社、二〇〇〇年、七五—六頁）。

また、孫三郎とは縁続きで、常に孫三郎を助けた原澄治《すみじ》は、論語をモットーとし、中江藤樹と吉田松陰の思想の伝習を目的とした読書会、「藤陰塾」を毎週開催していた。第二次世界大戦後に原は、この読書会の名称を「三省会」に変更したのだが（犬飼亀三郎『大原孫三郎父子と原澄治』倉敷新聞社、一九七三年、三二一頁）、渋沢は、この「一日に三度我が身をふりかえる」という論語中の「三省」を、記憶力保持のために毎日眠る前に実行していた。ちなみに、石橋湛山の幼名は、この「三省」からとった「省三（セイゾウ）」だった（石橋湛山『湛山回想』岩波文庫、一九八五年、一三頁）。

(三八)　労務管理史料編纂会編『日本労務管理年誌』第一編（下）、日本労務管理年誌刊行会、一九六四年、二一七頁。

(三九)　「ルカによる福音書」第十章二十九—三十七、『新約聖書』。

(四〇)　竹中正夫『倉敷の文化とキリスト教』日本基督教団出版局、一九七九年、一一〇頁。岡山では明治初期に県令の高崎五六《ごろく》がキリスト教伝道を許可することと引き換えに、宣教師達からの西洋文明の摂取と殖産興業を積極的に図ったため、岡山は医学とキリスト教の全国的先進地となった（赤松力『近代日本における社会事業の展開過程——岡山県の事例を中心に』御茶の水書房、一九九〇年、四一頁）。

そのような岡山と同志社は相互的関係にあり、同志社関係者による岡山でのキリスト教的活動も盛んであった。第三章三節（二）ｉに述べた通り、孫三郎と同じ岡山出身の留岡幸助も、新島襄や金森通倫の影響を受けていた。岡山キリスト教会の二代目牧師、安部磯雄は、一八八九（明治二十二）年頃に倉敷を度々訪れており、少年時代の孫三郎とも面識があったと言われている。また、孫三郎に影響を与えた石井十次は、医師を志望して岡山県甲種医学校に学んでいた際に岡山キリスト教会の金森通倫に導かれて一八八四年に受洗した。ちなみに、この石井十次の岡山孤児院に対しては、渋沢も自宅に孤児達を招いて寄付を行ったようで、渋沢の長女、穂積歌子が日記に「明治三十二年五月、兜町邸にて岡山孤児院の音楽幻燈会あり。阪谷君帽子を廻し、皆々若干金を寄付したり。金十円寄付す」と記述している（穂積重行編『穂積歌子日記』みすず書房、一九八九年、四六四頁）。

（四一）ダイヤモンド社編『財界人思想全集』第一巻、一九六九年、一二五三頁。

（四二）『大原孫三郎伝』中央公論事業出版、一九八三年、四九・四三・七三頁。

（四三）同右、一八一・四八・一八〇頁。

（四四）『労働科学の生い立ち——労働科学研究所創立五十周年記念』同研究所、一九七一年、一二四頁。

（四五）福沢諭吉は、注（三六）でもふれたが、儒教的価値観を排撃し、公利よりも私利優先、そして西洋社会的な独立自尊を強く鼓吹した。そのことについて渋沢は、「福沢諭吉先生は常に独立自尊といふ事を説かれたが、私は必ずしも強い意味での独立自尊を勧めようとは思はぬ。併しながら決して依頼心があってはならぬ。之れ私が人間の力を磁石に譬ふる所以である。人間が社会の一員として此の世の中に生活してゐる以上は、一切他人の世話にならぬと云っても、それは事実に於いて出来得べき事柄ではないが、常に相手を尊重して自ら守るべき処は守り、自分の利益ばかりを考へて他人に迷惑を及ぼす様な事をしてはならぬ。言ふまでもなくお互ひ共同生活を営んで居るのであるから、共存共営の精神が根本であり、協和の心がもっとも大切……」と利己主義の台頭を憂慮し、「慢は損を招く」と心して、良い意味での独立自尊を心がけて欲しいと願った。また、渋沢は「独りよがり風が慶応義塾出身者中の独立自尊を穿き違ひた人の中にはないとは限らぬ」と語り、福沢の甥、中上川彦次郎についてはその業績を評価しながらも、功利主義で温情にとぼしく、人に徳を感じさせる力が少なかったとの見解を示した（『青淵回顧録』下巻、三二四頁／『渋沢栄一全集』第三巻、二八〇―一頁）。

（四六）『大原孫三郎伝』三三四・三三六頁／犬飼亀三郎『大原孫三郎父子と原澄治』一三五頁。

（四七）『大原孫三郎伝』一四〇・六四頁。

（四八）同右、八二頁。

（四九）孫三郎と石井十次との親交の橋渡しをしたキリスト者の薬種店主、林源十郎（第五章で詳述）の告別式で孫三郎が故人を偲んだ言葉の一部である（同右、二九八頁）。

（五〇）犬飼亀三郎『大原孫三郎父子と原澄治』二四頁／同右、三三一頁。

（五一）犬飼亀三郎『大原孫三郎父子と原澄治』一三五頁。

（五二）穂積重行は、「栄一が院長として長年月にわたり努力をかたむけたとしても、もちろんこれにかかりきるわけにはいかない。専従者として試行錯誤をくりかえしながら苦闘をつづけた人々をこそ記憶すべきである」と指摘している（穂積重行編『穂積歌子日記』一四〇頁）。

（五三）大蔵省退官後は、民間にあって経済の発達に貢献することを使命とした渋沢は、国家への依頼心を排除するためにも商業道徳の進歩が必至と考え、商業教育機関を強力に支援した。早稲田大学や同志社大学などその他私立の教育機関を支援したことも官尊民卑打破が一因だったと想像される。
また、「官」の側の発想から抜け落ちた分野を公益に基づいて補完しようとした渋沢は、日本女子大学など女子教育にも支援を行ったが、明治という時代から想像できる通り、平等的教育については明確に否定していた。渋沢は、教育は身分地位に相当したものであるべきと考え、女子教育については中流以上の家庭の子女を想定していた（渋沢研究会編『公益の追求者・渋沢栄一』二四〇―一頁）。

（五四）千葉真「市民社会論の現在」、『思想』二〇〇一年第五号 No.924, 岩波書店、三頁。

（五五）孫三郎の市民社会的要素については、第七章三節（三）の中で、オウエンと比較した際にもふれた。

（五六）犬飼亀三郎『大原孫三郎父子と原澄治』一四・二六―七頁。
（五七）『大原孫三郎伝』一三三頁。
（五八）世界平和の基礎作りは日本の使命と考えていた孫三郎は、メディア統制下にあった日本から海外留学中の總一郎に書簡を出し、世界という視点で日本を捉えることの将来的な重要性を強調していた（『大原孫三郎伝』三四二・三三九頁）。国益重視だった渋沢栄一は、人類が共存共栄する世界主義を唱え、世界の一員として、世界本意で考えることの重要性を説いていた。渋沢は、帝国主義や軍国主義は誤った国家観念であり、国家観念と世界主義とは抵触するものではないと主張していた（『青淵回顧録』下巻、四三三―四・四三六・四四〇頁）。
（五九）キリスト教の説教や聖書講義にも耳を傾けた渋沢の心中には、明治初期にキリスト教の「God」が訳される際の橋渡しとなった「天」や「天命」といった概念が深く根づいていた。渋沢は儒教を根本主義としたが、儒教主義者によくみられるようなキリスト教排斥をしなかったし、神社や寺院にも支援を行うなど思想的にも柔軟・寛容であった。その社会事業自体が組織的になされるべきだと感じた場合には、仏教系、キリスト系を問わずに渋沢は支援した。知育偏重に基づく功利主義的風潮を批判した渋沢は、徳義を重視する新島襄の精神にも同調し友好的に支援を行っていた。

また、帰一協会をつくった渋沢は、道理を説くもの「東洋哲学でも西洋哲学でも其の論ずるところは、……自然些細な事柄の差はあるけれども、その帰趣は一途のやうに思はれる」と考えたのであった（『渋沢栄一全集』第三巻、九〇頁）。この帰一協会は、道徳・教育・文学・宗教などの精神的統一を図ることを目的としていたが、意見交換をする相談会に過ぎないものとなった。

元来、帰一協会設立の動きは、幸徳秋水事件の後に活発化したもので、動揺している人心を教化するためには宗教の力を借りる必要があると考えた政府が神仏基の代表七十一名を集めて一九一二年二月に「三教会同」を開催したことが発端であった。これが帰一協会へとつながっていったのであるが、それまでは実質的に非公認で排斥され気味だった日本のキリスト教界は、三教会同を契機に、政治権力や社会体制と徐々に妥協していった（久山康編『近代日本とキリスト教』明治編、創文社、一九五六年、三三六―七頁)。

(六〇)　渋沢家には娘婿の穂積陳重が草案作成したと思われる仰々しい家訓が定められていた。渋沢の孫、渋沢華子の「背伸びさせられている親類たちが、成り上がりの気取りに見え、素直に同調できなくなった」という証言からは一般的な渋沢一族にあった華族志向がうかがえる。また、華子によると、使用人を呼び捨てにすることなど、身分差を心得た礼儀作法が使用人共々、子供時代から厳しく教え込まれたということである(渋沢華子『徳川慶喜最後の寵臣　渋沢栄一――そしてその一族の人びと』二四四―六頁)。

一方、大原家の方は、孫三郎の平等や正義、社会的責任など諸々の「個」をも尊重する精神は、一個人、總一郎にまさに引継がれていたと言える。孫三郎の息子、總一郎は、経済は経済のためにあるのではなく、人間のためにあるのだと主張し、一九六五年の国民生活審議会会長着任後は「国民生活に奉仕する経済」として、国民生活優先の原則を打ち出した。總一郎は、恒常的な極大利潤の追求という概念から企業は解放されて、代わりに適正利潤の追求を検討するべきだと提唱した。また、営利行為は人に迷惑をかけないことが前提であると自由経済・自由主義の下での社会的責任を強調した總一郎は、公害問題の警戒と回避、さらには公害物質の有用資源への転換可能性を呼びかけた。このように責任を重視した總一郎は、「戦争中のアジア諸国に対する非道行為に対して日本は本心からの謝罪をしていない」と批判と疑問を投じ、一九六三年には「罪つぐない」と言いながら周囲の反対を押しきってビニロン・プラントを中国へ輸出した。總一郎は、父親の孫三郎と同様に「右にも左にも偏しない公平な人、人間として襟度の広い、おのれのためにしない、ケチさのない人」と評されるような人物であった(犬飼亀三郎『大原孫三郎父子と原澄治』一八三―七頁／ダイヤモンド社編『財界人思想全集』第十巻、ダイヤモンド社、一九七一年、二九一・二九五・三一八頁)。

(六一)　加地伸行氏は、共同体と運命を共にするというのが儒教文化圏の人々の心情なのであり、祖先から子孫にかけての時間という儒教風の永遠を求める意識、そのような儒教の宗教性をこそ今後の指標としてみるべきだと提言している。倫理・礼教性のような上部の規範を、封建主義の復古だと反対するのではなく、今後は、儒教の生命の連続を重視する宗教性に着目していくことが重要だというのである。加地氏によると、老子は自然・無為を重視し、嬰児の無邪気さ・自然そのものを最高の善としたが、儒教では反対に、自然のままの動物的状態から脱して社会性ある状態に変えるということを意味する教育が子供にとって重要だと考えられてきたということである。そう説明すると共に加地氏は、「一般的に指摘される東洋的な自然との一体感は、老荘感覚であって儒教ではない。儒教流の人工・人為世界の単純な賛美は環境破壊につながりかねない。それを抑え得るのは、『子孫のため』という儒教の孝、生命論である」との見解を示して、儒教の道徳面ではなく、宗教面に現代的可能性を見出している（加地伸行『儒教とは何か』中公新書、一九九〇年、二二五—七・二二九・二三二—三・二四六—七頁）。

参考文献

（著者姓及び文献名五十音順に配列）

留岡幸助の著作

同志社大学人文科学研究所編『留岡幸助著作集』第一—五巻、同朋舎、一九七八—一九八一年

留岡幸助『家庭学校・家庭学校第二編』日本図書センター、一九八三年

同『感化事業之発達』警醒社、一八九七年

同『自然と児童の教養』警醒社、一九二四年

同『慈善問題』日本図書センター、一九九五年

同『留岡幸助　自叙／家庭学校　人間の記録』日本図書センター、一九九九年

留岡幸助日記編集委員会『留岡幸助日記』第一—五巻、矯正協会、一九七九年

留岡幸助に関連する文献・論文

井上勝也「留岡幸助の教育思想」、『キリスト教社会問題研究』二八号、留岡幸助研究特集、同志社大学人文科学研究所、一九八〇年

今井新太郎編著『少年の父留岡幸助先生』教文館、一九四三年

梅根悟『教育の歴史』新評論、一九八八年

岡田典夫『日本の伝統思想とキリスト教』教文館、一九九五年
同「明治末期の教化思想における『勧学』と『自助』――留岡幸助の教育論をめぐって」、『茨城キリスト教大学紀要』二五号、茨城キリスト教大学、一九九一年
嶋田啓一郎「ラスキンと留岡幸助――経済と倫理の接点を求めて」、『キリスト教社会問題研究』二八号、留岡幸助研究特集、同志社大学人文科学研究所、一九八〇年
住谷馨「留岡幸助と非行問題」、『キリスト教社会問題研究』二八号、留岡幸助研究特集、同志社大学人文科学研究所、一九八〇年
瀬岡誠『財閥経営者とキリスト教社会事業家――小倉正恒と留岡幸助の連帯性の形成過程を中心として』国際連合大学、一九八二年
高瀬善夫『一路白頭ニ到ル』岩波新書、一九八二年
滝内大三「留岡幸助の教育観――巣鴨家庭学校の実践を中心に」、『大阪経大論集』一四五・一四六、大阪経済大学、一九八二年
田澤薫『留岡幸助と感化教育　思想と実践』勁草書房、一九九九年
田中和男『近代日本の福祉実践と国民統合――留岡幸助と石井十次の思想と行動』法律文化社、二〇〇〇年
同「『地方改良』と留岡幸助――その思想と行動をめぐって」、『キリスト教社会問題研究』二八号、留岡幸助研究特集、同志社大学人文科学研究所、一九八〇年
谷昌恒『いま教育に欠けているもの――私の道徳教育論』岩波書店、一九八五年
同『教育の心を問い続けて――北海道家庭学校の実践』岩波書店、一九九一年
恒益俊雄『内村鑑三と留岡幸助』近代文芸社、一九九五年
土井洋一『家庭学校の同行者たち』青空社、一九九三年
留岡清男『教育農場五十年』岩波書店、一九六四年

同『生活教育論』日本図書センター、一九九〇年
同「我邦の感化事業」、『教育』第六号、岩波書店、一九三二年
花井信『近代日本地域教育の展開』梓出版、一九八六年
藤井常文『福祉の国を創った男――留岡幸助の生涯』法政出版、一九九二年
牧野虎次編『留岡幸助君古稀記念集』大空社、一九八七年
村山幸輝「留岡幸助と家庭学校」、『四国学院大学論集』六三、四国学院大学文化学会、一九八三年
同「留岡幸助と慈善問題」、『キリスト教社会問題研究』二八号、留岡幸助研究特集、同志社大学人文科学研究所、一九八〇年
同「留岡幸助の社会道徳論《上》」、『四国学院大学論集』四九、四国学院大学文化学会、一九八一年
同「留岡幸助の社会道徳論《下》」、『四国学院大学論集』五〇、四国学院大学文化学会、一九八一年
室田保夫『キリスト教社会福祉思想史の研究――「一国の良心」に生きた人々』不二出版、一九九四年
同「空知集治監時代の留岡幸助」、『キリスト教社会問題研究』二八号、留岡幸助研究特集、同志社大学人文科学研究所、一九八〇年
同『留岡幸助の研究』不二出版、一九九八年
同「留岡幸助と家庭学校の創設」、『キリスト教社会問題研究』四二、同志社大学人文科学研究所、一九九三年
守屋克彦『少年の非行と教育』勁草書房、一九七七年
H・ロート『ペスタロッチの人間像』川村覚昭、下田裕彦訳、玉川大学出版部、一九九一年

二宮尊徳・報徳思想に関する文献

井上哲次郎「学説上に於ける二宮翁の位地」、留岡幸助編『二宮翁と諸家』人道社、一九〇六年
井上友一「二宮翁と国民の風化」、留岡幸助編『二宮翁と諸家』人道社、一九〇六年

浮田和民「模範人物たる尊徳翁」、留岡幸助編『二宮翁と諸家』人道社、一九〇六年
内村鑑三「愛士心と尊徳翁」、留岡幸助編『二宮翁と諸家』人道社、一九〇六年
同『代表的日本人』岩波文庫、一九九五年
奥谷松治『二宮尊徳と報徳社運動』高陽書院、一九三六年
小林仁美「キリスト者留岡幸助の二宮尊徳観――推譲の理念と『新慈善』」、『人間文化研究科年報』第四号、奈良女子大学大学院人間文化研究科、一九八九年
斎藤高行『二宮先生語録』上下、佐々井典比古訳注、一円融合会、一九五五年
下程勇吉『天道と人道』岩波書店、一九四二年
同『二宮尊徳の人間学的研究』広池学園出版部、一九六五年
徳富蘇峰「市民の福音」、留岡幸助編『二宮翁と諸家』人道社、一九〇六年
富田高広『報徳記　現代語版』文理書院、一九四八年
留岡幸助「時代の進軍と報徳社の態度」、『斯民』第六編、第十二号、三月号、報徳会、一九一二年
同『留岡幸助報徳論集　二宮尊徳研究叢書』中央尊徳会、一九三六年
同編『二宮尊徳と剣持広吉』警醒社書店、一九〇七年
同編『二宮尊徳と其風化』警醒社書店、一九〇八年
福住正兄筆記、佐々井信太郎校訂『二宮翁夜話』岩波書店、一九四一年
船越石治編『報徳要典』船越石治、一九三四年
村山幸輝「留岡幸助の二宮尊徳論」、『キリスト教社会問題研究』三三号、同志社大学人文科学研究所、一九八五年
守田志郎『二宮尊徳』朝日新聞社、一九八九年
守屋茂「留岡幸助と報徳思想」、『キリスト教社会問題研究』二八号、留岡幸助研究特集、同志社大学人文科学研究所、一九八〇年

山路愛山「遠くから見たる二宮翁」、留岡幸助編『二宮翁と諸家』人道社、一九〇六年
山路金次郎「報徳新論」、『山路愛山選集』第一巻奥附、萬里閣書房、一九二八年

ロバート・オウエンの著作・及びオウエンに関する文献

R・オウエン『オウエン自叙伝』五島茂訳、岩波文庫、一九六一年
同「社会に就ての新見解」、加藤一夫訳『社会思想全集』第三巻、平凡社、一九三二年
同『人類に与ふ』青野季吉訳、人文会出版部、一九二六年
同「ラナーク州への報告」、『世界大思想全集』訳者代表・高木暢哉、河出書房新社、一九五九年
北野大吉『ロバート・オーウェン――彼の生涯・思想並事業』同文舘、一九二七年
芝野庄太郎『ロバート・オーエンの教育思想』御茶の水書房、一九六一年
城塚登『近代社会思想史』東京大学出版会、一九六〇年
都築忠七編『イギリス初期社会主義――オーエンとチャーティズム』平凡社、一九七五年
永井義雄『自由と調和を求めて――ベンサム時代の政治・経済思想』ミネルヴァ書房、二〇〇〇年
同『ロバート・オーエン試論集』ミネルヴァ書房、一九七四年
同『ロバート・オウエンと近代社会主義』ミネルヴァ書房、一九九三年
波多野鼎『人道主義者ロバアト・オウエン』惇信堂、一九四六年
藤沢光治「二宮尊徳とロバート・オウエン」、神谷慶治監修『二宮尊徳と現代日本人――二宮尊徳生誕二百年記念
東京報徳学友会論集』信山社、一九八七年
S・ポラード、J・ソルト編『ロバート・オウエン――貧民の預言者　生誕二百年祭記念論文集』根本久雄、畠山次
郎訳、青弓社、一九八五年
丸山武志『オウエンのユートピアと共生社会』ミネルヴァ書房、一九九九年

ロバアト・オウエン協会編『ロバアト・オウエン論集』家の光協会、一九七一年

J・S・ミル他の功利主義思想関連の文献

今中次麿他編『政治思想』下、理論社、一九五五年
岡澤一夫編『人間選書5　近代精神』鎌倉文庫、一九四九年
金子武蔵、大塚久雄編『講座　近代思想史Ⅴ　機械の時代』弘文堂、一九五九年
塩尻公明『イギリスの功利主義』弘文堂、一九五〇年
四野宮三郎『J・S・ミル思想の展開Ⅰ』御茶の水書房、一九九七年
関嘉彦編『世界の名著38』中央公論社、一九六七年
高橋穣『ミル――功利主義』岩波書店、一九三五年
W・L・デイヴッドストン『イギリス政治思想Ⅲ――ベンサムからミルにいたる功利主義者』堀豊彦、牛田輝雄訳、岩波書店、一九五三年
J・M・ロブソン、M・レーン編『ミル記念論集』杉原四郎他訳、木鐸社、一九七九年

ユートピアに関する文献

田村秀夫『イギリス・ユートウピアの原形――トマス・モアとウィンスタンリ』中央大学出版部、一九七八年
同『ユートウピアと千年王国――思想史的研究』中央大学出版部、一九九八年
同『ユートピアの成立――トマス・モアの時代』中央大学出版部、一九七八年
同『ユートピアへの接近』中央大学出版部、一九八五年
縫田清二『ユートピアの思想――個と共同の構想力』世界書院、二〇〇〇年
T・モア『ユートピア』沢田昭夫訳、中央公論社、一九九三年

行刑・北海道に関する文献

刑務協会編『日本近世行刑史稿』下、刑務協会、一九四三年
小池喜孝『鎖塚』現代史出版会、一九七三年
重松一義『少年懲戒教育史』信山社出版、二〇〇〇年
同『北海道行刑史』図譜出版、一九七〇年
田中彰、桑原真人『北海道開拓と移民』吉川弘文館、一九九六年
徳岡秀雄『少年司法政策の社会学――アメリカ少年保護変遷史』東京大学出版会、一九九三年
富田四郎『会社組織に依る北海道開拓の研究――日高国、赤心株式会社を中心として』沢幸夫、一九五二年
A・M・プラット『児童救済運動』藤本哲也・河合清子訳、中央大学出版部、一九八九年
北海道総務部文書課編『開拓につくした人々３　ひらけゆく大地』上、一九六五年
同編『開拓につくした人々４　ひらけゆく大地』下、一九六六年
同編『開拓につくした人々６　のびゆく北海道』下、一九六七年
同編『開拓につくした人々８　文化の黎明』下、一九六七年
正木亮「行刑教育学の梗概」、『教育』第六号、岩波書店、一九三二年

法学者の著作、及び刑法・法律に関する文献

石橋信『現代法律の現実と理想』良書普及会、一九四九年
潮見俊隆、利谷信義編著『日本の法学者』日本評論社、一九七四年
岡田朝太郎『日本刑法論《総則之部》』有斐閣、一八九四年、一九九五年の復刻版
川島武宜『イデオロギーとしての家族制度』岩波書店、一九五七年

菊田幸一「死刑廃止を考える」、『岩波ブックレット』No.166, 岩波書店、一九九〇年
『現代の生存権――法理と制度　荒木誠之先生還暦祝賀論文集』法律文化社、一九八六年
団藤重光『死刑廃止論』有斐閣、一九九七年
同『「改正」少年法を批判する』日本評論社、二〇〇〇年
同『わが心の旅路』有斐閣、一九八六年
同・村井敏邦・斉藤豊治ほか『ちょっと待って　少年法「改正」』日本評論社、一九九九年
津田真道「死刑論」、大久保利謙・桑原伸介・川崎勝編『津田真道全集』上、みすず書房、二〇〇一年
日本評論社編『日本の法学　回顧と展望』日本評論社、一九五〇年
牧野英一「家族共同体の解放と統合」、『中央公論』九月号、中央公論社、一九五〇年
同『刑事学の新思潮と新刑法』有斐閣、一九三五年
同『刑事司法と刑事政策』有斐閣、一九五〇年
同『刑法研究』第二巻、有斐閣、一九二一年
同『刑法研究』第三巻、有斐閣、一九二七年
同『刑法研究』第五巻、有斐閣、一九三五年
同『刑法研究』第六巻、有斐閣、一九三六年
同『刑法研究』第十巻、有斐閣、一九四二年
同『刑法研究』第二十巻、有斐閣、一九六七年
同『刑法内外の動き』有斐閣、一九六〇年
同『刑法二十世紀の五十年』有斐閣、一九五二年
同『刑法の在り方』有斐閣、一九五八年
同『刑法の国際化』有斐閣、一九五六年

同『最後の一人の生存権』人道社、一九二四年
同『人たちの言葉その折々』有斐閣、一九八〇年
同『法学的教養』春秋社、一九四九年
同『法律学の課題としての神』有斐閣、一九三八年
同『法律における倫理と技術』有斐閣、一九三四年
同『理屈物語』日本評論社、一九四〇年
我妻栄『民法と五十年　その二』有斐閣、一九七六年

キリスト教・キリスト教社会事業・キリスト教関係者に関する文献

大濱徹也『明治キリスト教会史の研究』吉川弘文館、一九七九年
木原活信『J・アダムズの社会福祉実践思想の研究』川島書店、一九九八年
久山康編『近代日本とキリスト教』大正・昭和編、創文社、一九五六年
同編『近代日本とキリスト教』明治編、創文社、一九五六年
小西四郎「山路愛山」、朝日ジャーナル編『日本の思想家』朝日新聞社、一九六二年
佐治孝典『土着と挫折――近代日本キリスト教史の一断面』新教出版、一九九一年
杉井六郎『徳富蘇峰の研究』法政大学出版局、一九七七年
住谷悦治『ラーネッド博士伝――人と思想』未来社、一九七三年
隅谷三喜男『近代日本の形成とキリスト教――明治初期プロテスタント教会史編』新教出版社、一九五〇年
武田清子『土着と背教』新教出版社、一九六七年
同『人間観の相克』弘文堂、一九五九年
同志社大学人文科学研究所編『熊本バンド研究』みすず書房、一九六五年

徳富猪一郎『蘇峰自伝』中央公論社、一九三五年
生江孝之『日本基督教社会事業史』日本図書センター、一九九六年
三吉明『キリスト者社会福祉事業家の足跡』金子書房、一九八四年
矢島浩『明治期日本キリスト教社会事業施設史研究』雄山閣出版、一九八二年
山路愛山『基督教評論・日本人民史』岩波書店、一九六六年
山室軍平『社会事業家の要性』中央社会事業協会地方改善部、一九二五年
山室軍平選集刊行会編『山室軍平選集』第九巻・別巻、一九五四年
若木雅夫『更生保護の父原胤昭――伝記・原胤昭』大空社、一九九六年

地方改良運動・地域行政などに関する文献

板垣守正編『板垣退助全集』春秋社、一九三一年
井上会編『井上博士と地方自治』全国町村会、一九四〇年
井上哲次郎『我が国体と国民道徳』広文堂、一九二五年
同・大島義脩『中学修身教科書』文学社、一九〇三年
江守五夫『日本村落社会の構造』弘文堂、一九七六年
大島美津子『明治国家と地域社会』岩波書店、一九九四年
加藤房蔵編『伯爵平田東助伝』産業組合中央会内・平田伯伝記編纂事務所、一九二七年
佐賀郁朗『君臣　平田東助論』日本経済評論社、一九八七年
関皐作編『井上博士と基督教徒収結編』みすず書房、一九八八年
大霞会編『内務省外史』地方財務協会、一九七七年
同編『内務省史』第一巻・二巻、原書房、一九八〇年

林茂・辻清明編『日本内閣史録』二、第一法規出版、一九八一年
山住正己『教育勅語』朝日新聞社、一九八〇年
論集日本歴史刊行会・宇野俊一編『立憲政治　論集日本歴史』十一、有精堂出版、一九七五年
渡辺隆喜『明治国家形勢と地方自治』吉川弘文館、二〇〇一年

明治時代の思想・福祉に関する文献

石田雄『明治思想史研究』未来社、一九五四年
鹿野政直『資本主義形成期の秩序意識』筑摩書房、一九六九年
同『日本近代化の思想』講談社、一九八六年
工藤英一『近代日本社会思想史研究』教文館、一九八九年
久野収・鶴見俊輔『思想の折り返し点で』朝日新聞社、一九九八年
古賀勝次郎『近代日本の社会科学者たち』行人社、二〇〇一年
同『東西思想の比較――融合の可能性を求めて』成文堂、一九八九年
柴田善守『社会福祉の史的発展――その思想を中心として』光生館、一九八五年
司馬遼太郎『明治という国家』上巻・下巻、日本放送出版協会、一九九四年
高島進『社会福祉の歴史――慈善事業・救貧法から現代まで』ミネルヴァ書房、一九九五年
高島善哉・水田洋・平田清明『社会思想史概論』岩波書店、一九六二年
田村貞雄編『幕末維新論集　八　形成期の明治国家』吉川弘文館、二〇〇一年
日本社会事業大学社会救貧制度研究会編『日本の救貧制度』勁草書房、一九六〇年
橋川文三『昭和維新試論』朝日新聞社、一九九三年
堀江保蔵『日本経営史における「家」の研究』臨川書店、一九八四年

同『明治維新と経済近代化』至文堂、一九六三年
松本三之介『明治思想における伝統と近代』東京大学出版、一九九六年
三戸公『家の論理　二　日本的経営の成立』文眞堂、一九九一年
守屋茂『日本社会福祉思想史の研究』同朋舎、一九八五年
安丸良夫『日本の近代化と民衆思想』平凡社、一九九九年
山野光雄『社会保障の先駆者たち』時事通信社、一九七四年
同『福祉社会の開拓者たち』社会保険広報社、一九七八年
吉田久一『現代社会事業史研究』勁草書房、一九七九年
同『社会事業の研究』勁草書房、一九六〇年
同『社会福祉の日本的特質』川島書店、一九八六年
同『吉田久一著作集　一　日本社会福祉思想史』川島書店、一九八九年
同『吉田久一著作集　二　改訂版　日本貧困史』川島書店、一九九三年

儒教に関する文献

宇野精一『儒教思想』講談社学術文庫、一九八四年
加地伸行『儒教とは何か』中公新書、一九九〇年
同『中国思想からみた日本思想史研究』吉川弘文館、一九八五年
黒住真「公共形成の倫理学　東アジア思想を視野に」、佐々木毅・金泰昌『二一世紀公共哲学の地平』東京大学出版会、二〇〇二年
張鍾元『老子の思想』上野浩道訳、講談社学術文庫、一九八七年
松浦玲『横井小楠――儒学的正義とは何か』朝日新聞社、二〇〇〇年

茂手木元蔵編著『東西よもやま話』北樹出版、一九八八年
山田琢『山田方谷』明徳出版社、二〇〇一年

大原孫三郎に関する文献

青地晨「大原三代——教養に武装された事業家」、『中央公論』一九六一年八月号、中央公論社
同「大原三代——美術とアカデミズムの都」、『中央公論』一九六一年五月号、中央公論社
同「倉敷王国——大原三代」、『中央公論』一九六一年四月、中央公論社
青地晨他『人物昭和史　二　実業の覇者』筑摩書房、一九七八年
赤松力『近代日本における社会事業の展開過程——岡山県の事例を中心に』御茶の水書房、一九九〇年
犬飼亀三郎『大原孫三郎父子と原澄治』倉敷新聞社、一九七三年
今村新三『大原美術館ロマン紀行』野村出版、一九九三年
江草安彦監修『岡山福祉の群像』山陽新聞社、一九九二年
大原謙一郎「近代経営の旗手・大原孫三郎」廣池幹堂『世界に誇る日本人』モラロジー研究所、二〇〇一年
同『倉敷からはこう見える』山陽新聞社、二〇〇二年
大原奨農会編『大原農業研究所史』同会、一九六一年
大原總一郎「大原敬堂十話」、『十人百話　五』毎日新聞社、一九六四年
同『大原總一郎随想全集』一・三、福武書店、一九八一年
同「おやじ　大原孫三郎——理想と敗北とのたたかい」、『朝日ジャーナル』一九六四年一月、朝日新聞社
大原孫三郎伝刊行会編『大原孫三郎伝』中央公論事業出版、一九八三年
神谷次郎「大原孫三郎——近代経営の先駆者」、『財界革新の指導者』ティービーエス・ブリタニカ、一九八三年
倉敷紡績《株》編『倉敷紡績百年史』倉敷紡績《株》、一九八八年

倉敷紡績《株》社史編纂委員編輯『回顧六十五年』倉敷紡績、一九五三年
城山三郎『わしの眼は十年先が見える』新潮文庫、一九九七年
『西洋美術に魅せられた一五人のコレクターたち』石橋財団ブリヂストン美術館、一九九七年
竹内均『代表的日本人』同文書院、一九九〇年
竹中正夫『倉敷の文化とキリスト教』日本基督教団出版局、一九七九年
谷口澄夫『岡山県の歴史』山川出版社、一九七〇年
東京大学社会科学研究所編『東京大学社会科学研究所調査報告書第十一集　倉敷紡績の資本蓄積と大原家の土地所有』東京大学社会科学研究所、一九七〇年
永山卯三郎監修『近世岡山県先覚者列伝故人百聚』近世岡山県先覚者列伝故人百聚刊行所、一九五六年
同編著『倉敷市史』第十冊、名著出版、一九七四年
二村一夫「大原社会問題研究所を創った人びと」、『大原社会問題研究所雑誌』No.426, 法政大学大原社会問題研究所、一九九四年五月号
同「大原孫三郎が出した金」、『大原社会問題研究所雑誌』No.359, 法政大学大原社会問題研究所、一九八八年十月号
同「大原孫三郎と河上肇」、『大原社会問題研究所雑誌』No.360, 法政大学大原社会問題研究所、一九八八年十一月号
布施鉄治・西尾純子『倉敷市／倉敷、児島、玉島、水島　地域産業変動と住民諸階層の生産・労働――生活様式の変質、分析シリーズ3』北海道大学教育学部教育社会学研究室、一九八五年
法政大学大原社会問題研究所編『大原社会問題研究所五十年史〔復刻版〕』レビュージャパン、二〇〇一年
森戸辰男「敬堂の夢と現実――敬堂三三周忌記念講演」、講演の手稿、一九八二年
労働科学研究所編『労働科学の生い立ち――労働科学研究所創立五十周年記念』同研究所、一九七一年

啓蒙思想家・教育家・指導者に関連する文献

『荒畑寒村著作集』第二巻、平凡社、一九七六年
石橋湛山『湛山回想』岩波文庫、一九八五年
一番ヶ瀬康子編『社会福祉古典叢書　四　生江孝之集』鳳書院、一九八三年
『植村全集』第一巻・五巻・七巻、植村全集刊行会、一九三三年
『内村鑑三集』筑摩書房、一九七五年
『内村鑑三全集』第一巻、岩波書店、一九三二年
大内兵衛『経済学五十年』東京大学出版、一九六〇年
同『高い山――人物アルバム』岩波書店、一九六三年
『大内兵衛著作集』第九巻・第十二巻、岩波書店、一九七五年
大内兵衛・大島清編『河上肇より櫛田民蔵への手紙』法政大学出版、一九七四年
大隈重信著、相馬由也編『大隈侯論集』実業の日本社、一九二二年
大島清『高野岩三郎伝』岩波書店、一九六八年
小河滋次郎『小河滋次郎監獄学集成第三巻　未成年者ニ対スル刑事制度ノ改良ニ就テ』五山堂書店、一九八九年
同『日本監獄法講義――明治二十二年改正監獄則の復刻解説』日本行刑史研究会、一九七六年
荻原隆『天賦人権論と功利主義――小野梓の政治思想』新評論、一九九六年
片山潜『片山潜自伝』真理社、一九四九年
片山潜生誕百年記念会編『片山潜著作集』第二巻・第三巻、河出書房新社、一九六〇年
河上肇『社会組織と社会革命』弘文堂書房、一九二二年
同『貧乏物語』岩波文庫、一九四七年
金原左門『福沢諭吉と福住正兄』吉川弘文館、一九九七年

幸田露伴『努力論』岩波文庫、一九四〇年
後藤新平『国家衛生原理』創造出版、一九七八年
佐波亘、小澤三郎編『植村正久と其の時代』第一巻・第四巻・第五巻、教文館、一九三八年
柴田善守『小河滋次郎の社会事業思想』日本生命済生会、一九六四年
白井堯子『福沢諭吉と宣教師たち――知られざる明治期の日英関係』未来社、一九九九年
杉原四郎編『河上肇評論集』岩波書店、一九八七年
鈴木俊郎編『回想の内村鑑三』岩波書店、一九五六年
田口卯吉「東京府会常置委員四大意見」、『鼎軒田口卯吉全集』第五巻、吉川弘文館、一九二八年
武田清子『植村正久――その思考的考察』教文館、二〇〇一年
鶴見祐輔『後藤新平』第一巻―四巻、勁草書房、一九六五―一九六七年
土井洋一、遠藤興一編『社会福祉古典叢書　二　小河滋次郎集』鳳書院、一九八〇年
東京大学法学部明治新聞雑誌文庫編『朝野新聞縮刷版』十三・十四、ぺりかん社、一九八二年
外山茂『日本人の勤勉・貯蓄観』東洋経済新報社、一九八七年
中村正直「人民ノ性質ヲ改造スル説」、『明治文学全集　三　明治啓蒙思想集』筑摩書房、一九六七年
『新島襄全集』第三巻、同朋舎出版、一九八七年
西村茂樹『日本道徳論』岩波文庫、一九三五年
新渡戸稲造『武士道』岩波文庫、一九三八年
平川祐弘『進歩がまだ希望であった頃』新潮社、一九八四年
福沢諭吉『学問のすゝめ』岩波文庫、一九四二年
同『福翁自伝』岩波文庫、一九七八年
同『文明論之概略』岩波文庫、一九九五年

『福沢諭吉全集』第十四巻、岩波書店、一九六一年
福本武久『新島襄とその妻』新潮社、一九八三年
穂積重行編『穂積歌子日記』みすず書房、一九八九年
穂積陳重『隠居論』有斐閣、一九一五年
政池仁『内村鑑三伝』キリスト教図書出版、一九九六年
『丸山真男集』第二巻・第五巻・第十三巻・第十四巻、岩波書店、一九九五―一九九七年
森中章光編輯『同志社大学設立の旨意』同志社校友会、一九三六年
山住正己編『福沢諭吉教育論集』岩波文庫、一九九一年
吉田千代『評伝　鈴木文治』日本経済評論社、一九八八年
吉野作造「代表的資本家の労働問題観」、『吉野作造博士　民主主義論集』第五巻、新元社、一九四七年
渡辺実『新島襄』吉川弘文館、一九五九年

外国人関係の文献

M・ウェーバー『プロテスタンティズムの倫理と資本主義の精神』大塚久雄訳、岩波文庫、一九八九年
大森実『ザ・アメリカ　勝者の歴史④独占者の福音――鉄鋼王カーネギー』講談社、一九八六年
A・カーネギー『カーネギー自伝』創元社、一九五九年
S・スマイルズ『西国立志編』中村正直訳、講談社学術文庫、一九八一年
B・フランクリン『フランクリン自伝』松本慎一、西川正身訳、岩波書店、一九八二年
W・マンチェスター『クルップの歴史』上下、鈴木主悦訳、フジ出版社、一九八二年
ライン史学協会連名共同研究部第四次（一九三八）年報『クルップ研究』伊藤浩夫訳、北陸館、一九四四年
J・J・ルソー『エミール』永杉喜輔、宮本又好、押村襄訳、玉川大学出版、一九六五年

石井十次に関する文献

石井記念協会『石井十次伝』大空社、一九八七年

石井十次『石井十次日誌』明治十七年・明治二十年・明治三十六年・明治四十一年・明治四十三年・大正二年、石井記念友愛社、一九五六―一九八三年

柿原政一郎『石井十次』日向文庫刊行会、一九五三年

黒木晩石『石井十次』講談社、一九八三年

柴田善守『石井十次の生涯と思想』春秋社、一九六四年

同志社大学人文科学研究所編、室田保夫、田中真人編『石井十次の研究』同朋舎、一九九九年

西内天行『石井十次の生涯と精神――孤児の父』教文館、一九四四年

経営・財界思想に関する文献

伊丹敬之、加護野忠男、宮本又郎、米倉誠一郎編『企業家の群像と時代の息吹き』有斐閣、一九九八年

井上清編『日本人物史体系』第七巻、朝倉書店、一九六〇年

宇田川勝編『ケースブック　日本の企業家活動』有斐閣、一九九九年

大川次郎『経営者物語』日本能率協会、一九五八年

大久保利謙編『日本人物史体系』第六巻、近代Ⅱ、朝倉書店、一九六〇年

加藤寛『日本的経営は崩壊するか？』ＰＨＰ研究所、一九八五年

加藤寛孝編『自由経済と倫理』成文堂、一九九五年

川添登、山岡義典編著『日本の企業家と社会文化事業』東洋経済新報社、一九八七年

上林貞次郎、笹川儀三郎編著『企業・経営の史的展開』ミネルヴァ書房、一九八九年

工藤英一『近代日本社会思想史』教文館、一九八九年
H・E・クルース、C・ギルバート『アメリカ経営史』上下、鳥羽欽一郎、山口一臣、厚東偉介、川辺信雄共訳、東洋経済新報社、一九七四年
小林袈裟治『アメリカの企業経営史の研究』有斐閣、一九七九年
小林正彬『経営史　企業と環境』世界書院、一九九一年
塩田潮『昭和をつくった明治人』上、文藝春秋、一九九五年
鈴木辰治、角野信夫編著『企業倫理の経営学』ミネルヴァ書房、二〇〇〇年
鈴木良隆、安部悦生、米倉誠一郎『経営史』有斐閣、一九八七年
第二アートセンター編『資本主義の先駆者』ティービーエス・ブリタニカ、一九八三年
ダイヤモンド社編『財界人思想全集』第一巻・三巻・四巻・五巻・六巻・七巻・十巻、一九七〇―一九七一年
高橋亀吉『日本の企業・経営者発達史』東洋経済新報社、一九七七年
竹内常善、安部武司、沢井実編『近代日本における企業家の諸系譜』大阪大学出版、一九九六年
田代義範『企業と経営倫理』ミネルヴァ書房、二〇〇〇年
丹下博文『検証・社会貢献志向の潮流――フィランソロピーの新しい方向性を探る』同文舘出版、一九九四年
長幸男編『現代日本思想大系　十一　実業の思想』筑摩書房、一九六四年
同編『財界百年』筑摩書房、一九六九年
土屋喬雄『続　日本経営理念史』日本経済新聞社、一九六七年
同『日本資本主義史上の指導者たち』岩波書店、一九三九年
伝田功『近代日本の経済思想の研究』未来社、一九六二年
鳥羽欽一郎『産研シリーズ No.18　日本における企業家・経営者の研究』早稲田大学産業経営研究所、一九八八年
中川敬一郎編『企業経営の歴史的研究』岩波書店、一九九〇年

L・L・ナッシュ『アメリカの企業倫理――企業行動基準の再構築』小林俊治、山口善昭訳、日本生産性本部、一九九二年
日本経営史研究会編『近代日本人物経営史』東洋経済新報社、一九五五年
L・S・ペイン『ハーバードのケースで学ぶ企業倫理――組織の誠実さを求めて』梅津光弘、柴柳英二訳、慶應義塾大学出版会、一九九九年
C・A・ヴァン・ペールセン『ビジネスエシックスの基礎――経営管理の意思決定と文化の次元』吉田謙二、新茂之訳、晃洋書房、一九九八年
法政大学産業情報センター宇田川勝編『ケースブック日本の企業家活動』有斐閣、一九九九年
宮本又次『大阪経済人と文化』実教出版、一九八三年
同『日本の近代11　企業家たちの挑戦』中央公論新社、一九九九年
藻利重隆『ドラッカー経営学説の研究』森山書店、一九五九年
米川伸一『経営史』有斐閣、一九七七年
N・R・ロンドン『日本企業のフィランソロピー――アメリカ人が見た日本の社会貢献』平山真一訳、ティービーエスブリタニカ、一九九二年

労働科学に関する文献

Josefa Ioteyko, *The Science of Labour and Its Organization*, GEIRGE ROUTLEDGE & SONS, LIMITED, 1919
石井金之助『労働科学論』三笠書房、一九五二年
石川知福編『日本の労働科学』南山堂、一九五〇年
同『労働の衛生学』三省堂、一九三九年
石原修『労働衛生』杉山書店、一九二三年

梶原三郎『労働衛生』東洋書館、一九四七年
暉峻義等『勤労と文化』科学工業社、一九四一年
同『産業と人間』理想社、一九四〇年
暉峻義等博士追憶出版刊行会編『暉峻義等博士と労働科学』同会、一九六七年
暉峻義等他『労働科学辞典』河出書房、一九四九年
中川義次『工場の保健衛生』金原商店、一九四三年
西川好夫『労働科学の基本問題』御茶の水書房、一九六〇年
橋本重遠『労働者の健康を考えた人々』労働基準調査会、一九八〇年
藤林敬三『労働者政策と労働科学』有斐閣、一九四一年
裴富吉『労働科学の理論と実践——産業心理学者桐原葆見の学問と思想』批評社、二〇〇〇年
同『労働科学の歴史——暉峻義等の学問と思想』白桃書房、一九九七年
三浦豊彦『十五年戦争下の労働と健康』労働科学研究所、一九八一年
同『暉峻義等——労働科学を創った男』リブロポート、一九九一年
同『労働観のクロニクル——働くことは生活だった』労働科学研究所、一九九六年
同『労働と健康の歴史　第一巻——古代から幕末まで』労働科学研究所、一九七八年
同『労働と健康の歴史　第三巻——倉敷労働科学研究所の創立から昭和へ』労働科学研究所、一九八〇年
同『労働と健康の歴史　第六巻——労働衛生通史・他』労働科学研究所、一九九〇年
同『労働の歴史』紀伊國屋書店、一九六四年
南俊治『明治以降日本労働衛生史』日本産業衛生協会、一九六〇年
労働科学同攻会編『労働・生活・労働科学』長門屋書房、一九四三年

農業・地主・産業組合に関する文献

井上和衛編著『農業労働科学入門』筑波書房、一九八六年
奥谷松治『日本協同組合史』三笠書房、一九三八年
小倉倉一『近代日本農政の指導者たち』農林統計協会、一九五三年
河地清『福沢諭吉の農民観——春日井郡地租改正反対運動』日本経済評論社、一九九九年
菅野正『農民支配の社会学』恒星社厚生閣、一九九二年
金原左門編『歴史科学体系第二四巻　農民運動史』校倉書房、一九九一年
倉内宗一『地主・小作制の展開過程』農林統計協会、一九九九年
『小作人に対する福利施設に関する調査』愛知県社会課、一九二六年
佐藤正『農業生産力と農民運動』農山漁村文化協会、一九九二年
産業組合史編纂会『産業組合発達史』第一巻、産業組合史刊行会、一九六五年
『地主小作人組合規約事例』農林省農務局、一九二六年
『農村と産業組合』産業組合中央会、一九三八年
古島敏雄『資本制生産の発展と地主制』御茶の水書房、一九六三年
『明治後期産業発達史資料　第五〇三巻　農村社会問題　地主と小作人』龍渓書舎、一九九九年
明治資料研究連絡会編『地主制の研究』御茶の水書房、一九五七年
柳田国男「農業経済談」、内務省地方局編纂『地方改良事業講演集』上巻、博文館、一九〇九年
『柳田国男先生著作集　第四冊　時代ト農政』實業之日本社、一九四八年
柳田国男著、藤井隆至編『農政論集』法政大学出版局、一九七五年
山崎延吉『農村自治の研究』農山漁村文化協会、一九七七年

武藤山治に関する文献

有竹修二『武藤山治』時事通信社、一九六二年
入交好脩『武藤山治』吉川弘文館、一九六四年
植松忠博『国民館叢書　八　武藤山治の思想と実践』国民会館、一九九四年
植松忠博「武藤山治と日本的経営の原点」、『国民経済雑誌』神戸大学経済経営学会、第一六八巻、第二号、一九九三年
大西理平編『朝吹英二君伝』大空社、二〇〇〇年
『鐘紡百年史』鐘紡株式会社、一九八八年
金太仁作「軍事救護法と武藤山治」、『戦前期社会事業基本文献集』四〇、日本図書センター、一九九六年
菊池武徳『中上川彦次郎君』大空社、二〇〇〇年
北山米吉編『中上川彦次郎君伝記資料』北山米吉、一九二七年
桑原哲也『国民館叢書　九　武藤山治の経営革新――現場主義的経営の形成』国民会館、一九九四年
E・H・ゲーリー『実業と道徳』武藤山治訳、実業同志会、一九二四年
『公民講座　武藤山治追悼号』実業同志会市民講座部、一九三四年
小風秀雅他編『実業の系譜、和田豊治日記』日本経済評論社、一九九三年
財団法人・日本経営史研究所編『中上川彦次郎伝記資料』東洋経済新報社、一九六九年
白柳秀湖『中上川彦次郎先生伝』中朝舎、一九三九年
鈴木滋「武藤山治の温情主義思想と鐘紡の労務管理制度」、『両大戦間における企業経営の総合的研究』大阪経済大学経営研究所、一九八〇年
筒井芳太郎『武藤山治伝　武藤絲治伝』東洋書館、一九五七年
武藤絲治『糸ぐるま随筆』四季社、一九五三年
『武藤山治全集』第一巻―八巻・増補、新樹社、一九六三―一九六六年

武藤治太、谷沢永一、植松忠博共著『国民館叢書　三八　武藤山治の実像と業績』国民会館、二〇〇一年
山本長次「武藤山治の経営理念の形成と確立」、『経済論集』国学院大学大学院経済学研究科、第一九号、一九九〇年

紡績史・労働史に関する文献

飯島幡司『日本紡績史』創元社、一九四九年
猪木武徳『学校と工場――日本の人的資源』読売新聞社、一九九六年
桑田熊蔵『工場法と労働保険』隆文館、一九一〇年
隅谷三喜男『日本賃労働史論』東京大学出版会、一九五五年
同『日本労働運動史』有信堂、一九六六年
『生活古典叢書　第四巻　職工事情』光生館、一九七一年
全繊同盟史編集委員会編『全繊同盟史』第一巻、全国繊維産業労働組合同盟、一九六二年
間宏『日本的経営の系譜』文眞堂、一九六三年
同『日本における労使協調の底流』早稲田大学出版、一九七八年
同『日本労務管理史研究』御茶の水書房、一九七八年
林癸未夫『温情主義的施設』警醒社書店、一九一九年
原田實、安井恒則、黒田兼一編著『新・日本的経営と労務管理』ミネルヴァ書房、二〇〇〇年
細井和喜蔵『女工哀史』岩波文庫、一九五四年
安井二郎『織維労使関係の史的分析』御茶の水書房、一九六七年
労務管理史料編纂会編『日本労務管理年誌』第一編《下》、日本労務管理年誌刊行会、一九六四年

渋沢栄一・養育院に関する文献・論文

大谷まこと、一番ヶ瀬康子編『シリーズ福祉に生きる11　渋沢栄一』大空社、一九九八年
小野健知『渋沢栄一と人倫思想』大明堂、一九九七年
阪谷芳直『三代の系譜』みすず書房、一九七九年
渋沢栄一述、小貫修一郎編著『青淵回顧録』上巻・下巻、青淵回顧録刊行会、一九二七年
『渋沢栄一伝記資料』第二十一巻・二十三巻・三十一巻・別巻第五、渋沢青淵記念財団龍門社、一九六八年
渋沢栄一、中里日勝編述者『日本〈子供の歴史〉叢書二七　回顧五十年〔東京市養育院〕・福田会沿革略史』久山社、一九九八年
渋沢研究会編『公益の追求者・渋沢栄一』山川出版社、一九九九年
渋沢華子『徳川慶喜最後の寵臣　渋沢栄一――そしてその一族の人びと』国書刊行会、一九九七年
渋沢秀雄「渋沢栄一」、犬養健他『父の映像』筑摩書房、一九八八年
同『明治を耕した話』青蛙房、一九七七年
社会福祉調査研究会編『戦前日本社会事業調査資料集成』第七巻、勁草書房、一九九二年
白石喜太郎『渋沢栄一翁』刀江書院、一九三三年
城山三郎『雄気堂々』講談社、一九八六年
高澤貞三「経営史と企業者に関する一考察――渋沢栄一の思想と行動を中心に」、『現代社会の諸問題と提言――大学四十周年記念論文集』松山大学、一九九〇年
長幸男校注『雨夜譚』岩波文庫、一九八四年
東京都養育院編『養育院百年史』東京都、一九七四年
長沼友兄「東京市養育院感化部の成立と渋沢たち」、渋沢研究会編『渋沢研究』第七号、渋沢資料館、一九九四年十月
村山孚編『渋沢栄一翁、経済人を叱る』日本文芸社、一九九二年
山路愛山「現代史、近世史に於ける渋沢翁の位置」、『山路愛山選集』第一巻、萬里閣書房、一九二八年

山名敦子「社会福祉」、渋沢研究会編『渋沢研究』第三号、渋沢資料館、一九九一年三月
同「明治期の東京養育院――『公設』の原型をめぐる」、渋沢研究会編『渋沢研究』第四号、渋沢資料館、一九九一年十月
山本勇夫編『渋沢栄一全集』第二巻・三巻・四巻・六巻、平凡社、一九三〇年
『養育院八十年史』東京都養育院発行、一九五三年
『養育院百二十年史』東京都養育院編集発行、一九九五年
王家驊「渋沢栄一の『論語算盤説』と日本的な資本主義精神」、渋沢研究会編『渋沢研究』第七号、渋沢資料館、一九九四年十月

民主主義・市民社会・市場に関する文献

Edited by Bob Edwards, Michael W. Foley, and Mario Diani, *Beyond Tocqueville*, University Press of New England, 2001
A・ギデンズ『第三の道』佐和隆光訳、日本経済新聞社、一九九八年
猪木武徳『経済思想』岩波書店、一九八七年
同『自由と秩序――競争社会の二つの顔』中央公論新社、二〇〇一年
同『デモクラシーと市場の論理』東洋経済新報社、一九九七年
佐藤俊樹『不平等社会日本』中央公論新社、二〇〇〇年
佐和隆光『市場主義の終焉――日本経済をどうするのか』岩波書店、二〇〇〇年
橘木俊詔『セーフティ・ネットの経済学』日本経済新聞社、二〇〇〇年
田村貞雄・杉田肇『ヘルスエコノミックス――激動の経済変革に対して我々は何ができるか』成文堂、一九九五年
小林登・田村貞雄編著『社会人間学――社会を場として考える』成文堂、一九九七年
千葉真「市民社会論の現在」、『思想』二〇〇一年、第五号 No.924, 岩波書店

同『デモクラシー』岩波書店、二〇〇〇年
Keith Tester, *Civil Society*, Routledge, 1992
富沢賢治、川口清史編『非営利・協同セクターの理論と現実』日本経済評論社、一九九七年

あとがき

一九八〇年代のバブル経済以降の深刻な不況の影響もあって、構造改革と民間活力が重視され、自由、競争に基づく効率性・市場原理の重要性が再確認されている。市場原理の追求は、人間活動の効率化や活性化にとって不可欠なものである。しかし、我々が生活する社会のシステムに市場原理のみを適用することは果たして公正なのだろうか。自己責任や自助努力の重要性は勿論、強調されなければならないと私は考える。私の根本的な問題意識の概略は、経済効率性と同様に、非物質的な人間性をも認めていく方向性の模索である。市場原理と非市場原理、経済性と人間性の調和という、そのような問題意識に基づいて、国や地方自治体による社会政策も発達してきた現代の枠組みの中における民間人の公共福祉への貢献可能性について歴史に指針を求めたものが本書である。

私は、留岡幸助と大原孫三郎の人道・博愛主義に基づいた率先的な実践の研究を通じて、社会構造の変化に対しては、国や地方自治体のみが改革に当たるばかりではなく、民間人も意識改革や努力を行い、リーダーシップを発揮しながら対応していく必要があることを改めて強く感じた。後世にも残っている留岡幸助と大原孫三郎の活動や考え方が、現代に語るものは多いはずである。留岡幸助も大原孫三郎も、個人の人格の確立と独立自営の精神をことさら重視すると共に、人間愛、共存・公共・フィランソロピー精神に基づいて行動した。両者は、儒教精神を引き継ぎ、そしてキリスト教にも感化を受けた人物であった。幸助も孫三郎も、明治時代の武士階級出身者のキリスト者によく見受けられたように、言わば、東洋的側面と西洋的側面を融合させた特徴を有していたのであった。それらの特徴とは、東洋的な自然観、共生観、名君観、徳や公益重視、及び西洋的な市民社会性、人類愛、個をベースにした自助独立などであった。

本書は、それらの東洋的要素と西洋的要素を改めて融合することの可能性に光を当てて、フィランソロピー精神と人類愛に基づいた民間力を日本で鼓舞したいという意図をもって執筆したつもりである。そのため、社会事業の先駆者たる留岡幸助と実業家の大原孫三郎という一見かけはなれた人物を取り上げはしたが、両者の人類愛や使命感につながったと思われるキリスト教、伝統的な儒教的・報徳思想的考え方、オウエンとの対比などという共通の基軸――東洋・西洋的なもの――をもって一貫して考察することに注意を払った。その一方で、その基軸を念頭に置きながらも、考察するテーマや分野は、社会事業家と実業家という両者の相違を浮き立たせるものを選択したつもりである。

このような意図で執筆した本書は、私の研究のほんの始まりでしかない。学びたいと思う事柄の多さは膨大で、時間がどれだけあっても足りない、と思われるぐらいである。考察を進めるに従って、疑問や関心事も増えていった。その度に、次の段階へと進んだときには順序を踏んで研究してみたいと心に留めるようにした。上述したような問題意識を追求する中で、福祉思想を考察していく、という私の基本姿勢は変わらないが、今後は、さらに、市民社会性や人類愛、及びキリスト教などまでにつながり得る権威主義的でない公共性——江戸時代からの連続性の要素——について歴史的に考察したいと考えている。その際には、儒教や儒教の公共性についても研究課題としてみたい。現在、グローバル化が進んだ一方で、共存ということがより難しくなっている側面もある。儒教を批判した福沢諭吉は、個人道徳と政治道徳は区別するべきだと主張した。確かに仁や愛のみで政治問題を解決することはできない。しかし、政治問題を考える上で、仁や愛を完全に捨て去って良いものだろうか。儒教は、仏教とは異なり、現実対応的側面を有していたが、人類愛というレベルの愛は一般的ではなかったし、君主制と結びついていたことは確かである。それでも、より良く、住みやすい社会実現のためには、儒教や東洋の良い面にも眼を向けていっても良いのではなかろうか。

本書では、このような研究課題には到底着手することはできなかったが、今後、徐々に当たっていきたいと考えているところである。

尚、本書は、早稲田大学大学院社会科学研究科の紀要、『ソシオサイエンス』と『社会科学研究科紀要　別冊』に審査を経て発表（博士課程の三年間弱に執筆）したものに追加・修正を加えたものである。本書をまとめ、出版できるに至ったのは、留岡幸助や大原孫三郎と同様に私も色々な人達のお力にめぐりあえたためだとつくづく感じている。まず、早稲田大学の修士課程では医療福祉経済学の草分けであられる田村貞雄先生にお世話になった。田村先生のご静養中には、古賀勝次郎先生にお世話になり、早稲田大学の博士後期課程では、古賀先生の下、学部からの関心事であった政治・社会思想分野の研究に従事することができた。古賀先生には、共通の基軸を持って、本の章立てのごとく論文を書き続けるようにと厳しく指導された。突然電話をして、研究指導を仰ぎにうかがっても古賀先生は熱心に指導をしてくださった。そしてまとめることができたものがこれらの内容である。

また、私のこの研究は、藤原書店の藤原良雄社長のご厚意と同社の清藤洋さんのご尽力によって本という形にする機会を得ることができた。また、東京家庭学校さん、大原美術館さん、倉敷紡績㈱さん、法政大学大原社会問題研究所さんからは本書に掲載するお写真を拝借することができた。これらはみな、自分独りの力ではできなかったことであることを決して忘れずにいたいと思うと同時に、私を鼓舞、ご指導、ご助力くださった全ての方々に心から感謝の言葉を申し上げたい。そして、最後に、私を支えてくれた私の両親にも感謝の念を表明させてもらうことをお許しいただきたいと思っている。

二〇〇三年八月

兼田麗子

社会福祉関係略年譜（一六〇一―一九四五年）

西暦年	元号	留岡・大原関連事項	本書・社会福祉関連事項	国内情勢	国際情勢
一六〇一	慶長六				エリザベス救貧法。
一七一二	正徳二				ルソー誕生。
一七二六					ジョン・ハワード誕生。
一七四六					ペスタロッチ誕生。
一七四八					ベンサム誕生。
一七五九					A・スミス、『道徳感情の理論』を発表。
一七六二					ルソー『社会契約論』を発表。
一七六六	明和三				マルサス誕生。
一七七一					R・オウエン誕生。
一七七二	安永元				リカード誕生。
一七七八					ルソー死去。
一七八七	天明七		二宮尊徳誕生。		
一七九〇	寛政二				J・ハワード死去。
一七九一	寛政三		「七分積金」の制定。		
一七九九	寛政一一				オウエン、ニュー・ラナーク工場を購入。
一八〇一	享和元				オウエン、『新社会観』発表。ペスタロッチ、スイスのブルグドル

			フ城内に新学校を創立。
一八〇六	文化三	二宮尊徳、生家へ戻る。	J・S・ミル誕生。
一八一六	文化一三		オウエン、「性格形成学院」を開設。
一八一七	文化一四		オウエン、キリスト教を攻撃する演説会をロンドンで開催、『救貧委員会報告』を提出。
一八一八	文政元	二宮尊徳、服部家建直しに着手。	マルクス誕生。
一八二〇	文政三		オウエン、『ニュー・ラナーク州への報告』を提出。エンゲルス、スペンサー誕生。
一八二三	文政六	二宮尊徳、桜町へ移る。	リカード死去。
一八二四	文政七		オウエン、米国のハーモニー村を購入。
一八二七	文政一〇		オウエン、米国から帰国。ペスタロッチ死去。
一八三二	天保三	中村正直誕生。	英国、救貧法改訂のための救貧法調査(チャドウィック)委員会設置。ベンサム死去。
一八三四	天保五	福沢諭吉誕生。	英国、救貧法調査委員会報告書提出、救貧法改正。マルサス

				死去。
一八三六	天保七			C・ロンブローゾ誕生。
一八三八	天保九	大隈重信誕生。		
一八四〇	天保一一	渋沢栄一誕生。		
一八四一	天保一二	江原素六誕生。	天保の改革開始。	
一八四三	天保一四	新島襄誕生。		
一八四九	嘉永二	大井上輝前、朝吹英二誕生。		
一八五一	嘉永四			F・リスト誕生。
一八五三	嘉永六	原胤昭誕生。	ペリー浦賀に来航。	クリミア戦争勃発。
一八五四	安政元	中上川彦次郎誕生。	日米和親条約調印。	
一八五五	安政二	犬養毅、田口卯吉誕生。		
一八五六	安政三	二宮尊徳死去。海老名弾正、小崎弘道誕生。	米総領事、ハリス来日。	F・W・テイラー誕生。
一八五七	安政四	後藤新平、植村正久、横井時雄誕生。		
一八五八	安政五	福沢諭吉、江戸に私塾開塾。	日米修好通商条約調印。安政の大獄。	オウエン死去。
一八五九	安政六	浮田和民誕生。	吉田松陰刑死。	J・S・ミル、『自由論』、ダーウィン、『種の起源』、マルクス、『経済学批判』を発表。
一八六〇	万延元		桜田門外の変。	
一八六一	文久元	内村鑑三誕生。		米国南北戦争勃発。
一八六二	文久二	新渡戸稲造、森鴎外誕生。	生麦事件。ヘボン、横浜に治療所開設。	ビスマルク、プロシア宰相に就任。
一八六三	文久三	徳富蘇峰、小河滋次郎誕生。	下関事件、薩英戦争。渋沢栄一、高崎城乗っ取り・横浜居留地焼き討ちを計画。	H・フォード誕生。リンカーン、奴隷解放宣言（本宣言）。

一八六四	元治元	**留岡幸助誕生。**	山路愛山、有馬四郎助、津田梅子誕生。新島襄、函館から渡米。	渋沢栄一、一橋慶喜に仕官。	トルストイ、『戦争と平和』を発表。
一八六五	慶応元		石井十次、安部磯雄誕生。		米国南北戦争終結。リンカーン暗殺。
一八六六	慶応二		福沢諭吉『西洋事情』を発表。渋沢栄一、幕臣となる、渡欧。		ドストエフスキー、『罪と罰』を発表。
一八六七	慶応三		武藤山治、夏目漱石、生江孝之誕生。	大政奉還、王政復古。	マルクス、『資本論』第一巻完成。パリ万国博覧会。
一八六八 一八六九	明治元 明治二		横井小楠暗殺。	戊辰戦争、江戸開城。版籍奉還。東京—横浜間に電信開通。	英国、公衆衛生行政のための調査を行うグラッドストン王立委員会設置。
一八七〇 一八七一	明治三 明治四		井上友一誕生。中村敬宇『西国立志編』訳出。	フェリス和英女学校設立。廃藩置県、戸籍法制定。文部省設置、郵便制度開始。岩倉具視使節団欧米派遣。慶應義塾、三田へ移転。	普仏戦争。
一八七二	明治五	幸助、寺子屋へ通い始める。	養育院創立（営繕会議所付属として）。福沢諭吉『学問のすゝめ』を発表。中村敬宇『自由之理』訳出。山室軍平誕生。ベリー博士来日。	学制頒布。壬申戸籍。太陽暦採用。地所永代売買の禁解禁。新橋—横浜間鉄道開通。官営富岡製糸場開業。ロシア皇太子来日。第一回宣教師会議開催。	エンゲルス、『弁証法と自然』を発表。
一八七三	明治六	幸助、高梁小学校入学。	渋沢栄一、退官・実業界へ。内務省設置。キリスト教禁教高札撤廃。中村敬	地租改正条例公布、徴兵令施行。仇討ち禁止。明六社創立。津田左右吉誕生。	J・S・ミル死去。

一八七四	明治七		宇、同人社設立。植村正久、受洗。恤救規則制定。官役人夫死傷手当規則。渋沢栄一、府知事から共有金取締方を嘱託。新島襄帰国。	文部省内に医務局設置、医制制定。板垣退助達、民撰議院設立を建白、土佐に立志社創立。佐賀の乱、台湾出兵。加藤弘之『国体新論』を発表。	
一八七五	明治八		営繕会議所、東京会議所へ改称（東京府の諮問機関）。福沢諭吉『文明論之概略』を発表。新島襄、同志社英学校創立。中村敬宇、受洗。柳田国男誕生。	板垣退助、愛国社創立。	
一八七六	明治九		養育院業務、府直轄になり東京府養育院へ改称。渋沢、養育院事務長に就任。津田仙、学農社創立。学農社、農学校開校、「農学雑誌」発行開始。「熊本バンド」花岡山で盟約。	地租改正一揆の大暴動勃発。廃刀令。札幌農学校開校。	エジソン、蓄音機を発明。
一八七七	明治一〇		足尾銅山、古河市兵衛に払い下げられる。内村鑑三、札幌農学校入学。同志社女学校設立。	減租の詔（一〇〇分の三から一〇〇分の二・五へ）。西南戦争。立志社、国会開設を建白。	
一八七八	明治一一	夏子（幸助の後の妻）、留岡家の養女になる。	後藤新平、意見書（幼年者雇用に関する法規制定要求を含む）を内務省衛生局長へ提出。牧野英一、吉野作造、与謝野晶子誕生。	東京・大阪商法会議所設立。三新法制定（郡区町村編成法・府県会規則・地方税規則）。農事通信制度制定。日本基督教伝道会社設立。	英国でブース、救世軍を設立。エジソン、白熱電球を発明。

			内村鑑三、受洗。	立（新島襄他が委員）。大久保利通暗殺。	
一八七九	明治一二		養育院に地方税支弁開始。渋沢、養育院長に就任（事務長から改称）。金森通倫、同志社を卒業、岡山に赴任。自由民権運動昂揚。田口卯吉、『東京経済雑誌』創刊。内務卿、伊藤博文、北海道への罪囚送致を上申。河上肇誕生。	地方議会開設（三新法下で自治組織〃東京〃が誕生）。教育令（学制を改正、義務教育、一六ヶ月化）。	スターリン誕生。
一八八〇	明治一三	幸助、肺ジストマを罹病、キリスト教にふれる。**大原孫三郎誕生。**	新島襄、倉敷訪問、有志と面談。後藤新平、愛衆社（私立衛生会の原型）を設立。山川均誕生。	東京基督教青年会、『六合雑誌』創刊。	英国、雇用主責任法制定。
一八八一	明治一四		武藤山治、慶應幼稚舎（和田塾）入学。田口卯吉達による養育院廃止論起こる。農商務省設置。農商工諮問会設置。全国農談会開催（大日本農会の成立）。	松方正義、大蔵卿就任（緊縮財政・デフレ政策開始）。開拓史官有物払下げ事件発生。自由党結成。	
一八八二	明治一五	幸助、設立された高梁教会で受洗。	大隈重信、東京専門学校設立（一九〇三年に早稲田大学と改称）。福沢諭吉、時事新報設立。農商務省、工場法立案に着手。	伊藤博文達、憲法取調べのため訪欧。軍人勅諭発布。中江兆民、『民約訳解』訳出。加藤弘之、『人権新説』発表。福島事件発生。立憲改進党結成。大阪紡績設立。	コッホ、結核菌発見。
一八八三	明治一六	幸助、二度に渡って家出の後、今治に落ち着く。	地方議会で養育院廃止決定。愛知県立病院長、後藤	府県勧業諮問会制度制定。鹿鳴館竣工。	マルクス死去。

一八八四	明治一七	幸助、徴兵検査のため帰郷。	新平、内務省衛生局御用掛に就任。原胤昭、投獄される。新島襄、『同志社大学設立趣意書』を発表。石井十次、金森通倫より受洗。武藤、慶應義塾卒業。原胤昭、教誨師に就任。小河滋次郎、東京専門学校卒業。内村鑑三、渡米。石橋湛山誕生。東京一橋高商設立。	地租条例発布(従来の地租改正法令は廃止)。前田正名(農商務省大書記官)、「興業意見」作成完了。華族令公布。加波山事件、秩父で農民暴動、自由党解党。	英国でフェビアン協会設立。エンゲルス、『家族、私有財産、国家の起源』を発表。
一八八五	明治一八	幸助、同志社英学校別科神学科邦語神学課入学。	日本初の感化院、東京感化院設立。内務卿、山県有朋、囚人死亡時の扶助手当てを否定する訓令(「苦役本分論」)を県令に発布。金子堅太郎(伊藤博文の秘書官)、北海道三県を巡察し、囚人酷使を奨励する復命書(「北海道三県巡視復命書」)を提出。武藤山治、渡米。櫛田民蔵誕生。	内閣制度実施。農事巡回教師制度・田圃虫害予防規則制定。東京帝国大学、衛生学講座創設。	独のベンツ、自動車を製造。エンゲルスの手でマルクスの『資本論』第二巻、発表される。
一八八六	明治一九		「養育院慈善会」設立。北海道庁長官、岩村道俊、囚人が死亡しても報告不要という訓令を発布。東京棉商社(鐘紡の前身)設立。英国、ブリストル孤児院のジョージ・ミューラ院長来日。	学校令公布。登記法公布(公示制度設定)。	

一八八七	明治二〇	孫三郎、倉敷小学校入学。	石井十次、岡山三友寺で孤児教育会設立。「職工条例及び職工徒弟条例」法案提出（廃案）される。後藤新平、『普通生理衛生学』を訳出。武藤、米国から帰国。	徳富蘇峰、民友社設立、『国民之友』発刊。大同団結運動起こる。西村茂樹『日本道徳論』を発表。	
一八八八	明治二一	幸助、同志社卒業、丹波第一教会に赴任。倉敷紡績株式会社創立。	原胤昭、北海道の釧路集治監の教誨師に就任。後藤新平、論文「職業衛生法」（五回シリーズ）を発表開始。林源十郎、受洗。内村鑑三、帰国。	市制・町村制公布。『日本人』に高島炭坑の惨状が掲載され、社会問題化。	
一八八九	明治二二	幸助、夏子と結婚。	東京養育院、市に移管。後藤新平、『国家衛生原理』を発表。	大日本国憲法、皇室典範発布。東京市制施行、東京市誕生。森有礼暗殺。平野紡績設立。	
一八九〇	明治二三	幸助、ラーネッド博士から按手礼を受ける。孫三郎、窪屋郡組合立高等小学校入学。	東京市養育院と改称。後藤新平、『衛生制度論』を発表。後藤新平、渡独。新島襄死去。	郡制・府県制公布。教育勅語発布。第一回帝国議会開設、第一回衆議院議員選挙。民法公布。徳富蘇峰、『国民新聞』発刊。立憲自由党結成。植村正久、『福音週報』発刊（翌年『福音新報』に改称）。摂津紡績設立。	ビスマルク辞任。初めてのメーデー開催。コッホ、ツベルクリンを創製。
一八九一	明治二四	幸助、丹波第一教会に辞表を提出し、北海道、空知集治監の教誨師に就任、北海道を一巡旅行する、東北・北海道の監獄をゼーバッ	田中正造、足尾鉱毒事件について議会で追求する。板垣退助、河野広中が北海道の集治監を来監。内務省、「職工の取締及び保護に関	濃尾大地震発生。「信用組合法案」が国会に提出される（未成立）。大津事件発生（津田三蔵四ヶ月後に北海道の集治監で獄死）。立	

		ハに随行・巡察していた小河滋次郎と出会う。	する件」を全国の商工会議所に諮問する（大多数の商工会議所が不賛成）。内村鑑三、不敬として免職。中上川彦次郎、三井銀行理事就任（工業重視政策）。中村正直死去。	憲自由党、自由党に改称。尼崎紡績設立。	
一八九二	明治二五		大井上輝前、「教誨規程」呈示、大井上は不敬と報道される。後藤新平、帰国、内務省衛生局長に就任。	鉱業条例。大日本私立衛生会の伝染病研究所設立。黒岩涙香、朝報社設立、『万朝報』創刊。金森通倫、プライデルの『自由神学』を訳出。	エンゲルス、『自然弁証法』を発表。
一八九三	明治二六	幸助、出獄人二名を寄宿させ、農業に従事させる。	岡田朝太郎、幌内炭坑の囚人労働を視察。小河滋次郎、神奈川県典獄に就任。山路愛山、徳富蘇峰の民友社に入社。	井上哲次郎『教育ト宗教ノ衝突』を発表。	
一八九四	明治二七	幸助、第一回北海道冬期学校を開設、岡田朝太郎の勧めにより不定期刑論を『監獄雑誌』に発表、教誨師を辞任して渡米（小河滋次郎が横浜港で見送る）、囚人労働継続を『大日本監獄協会雑誌』で主張した印南於菟吉に米国から反論。孫三郎、閑谷黌入学。	大井上輝前、屋外囚人労働の年内廃止を決定、免官される。小河滋次郎、『監獄学』を発表。新渡戸稲造、遠友夜学校創設。武藤山治、三井銀行に入社。内村鑑三、「義の為の戦争」、「代表的日本人」（英文）発表。	日清戦争勃発。全国農事会創立（全国的農会組織）。大阪の天満紡績でストライキ発生。	エンゲルスの手でマルクスの『資本論』第三巻、発表される。
一八九五	明治二八	幸助、米国各地の監獄を視察。	後藤新平、「明治恤救基金案」提出。武藤山治、鐘紡	下関講和条約締結、三国干渉起こる（露、独、仏）。	エンゲルス死去。レントゲン、X線を発

			兵庫工場の支配人に就任。	『東洋経済新報』創刊。	見。
一八九六	明治二九	幸助、帰国、伝道と講演、母（勝）死去、三好退蔵達との感化院設立計画に奔走、霊南坂教会に転会、『慈善問題』発表。	小河滋次郎、パリで開催の第五回万国監獄会議へ日本委員として出席（そのまま留学）。救世軍日本に伝わる。北海道のクリスチャン教誨師連袂辞職。	害虫駆除予防法。進歩党結成。	
一八九七	明治三〇	幸助、霊南坂教会の牧師に就任、『感化事業之発達』を発表、小河滋次郎と共に板垣退助に招かれ監獄改良について談話、植村正久・内村鑑三・本多庸一達と東京府下の慈善家の協議会を開催。孫三郎、東京専門学校に入学。	原胤昭、東京出獄人保護所創立。後藤新平、「帝国施療病院の設立案」、「恤救法案」、「救貧税法案」を提出、「労働者疾病保険の国庫補助」を建議。小河滋次郎、警視庁典獄、警視庁第四部長兼鍛冶橋監獄所長、監獄事務官に就任。内村鑑三、万朝報へ入社。	「信用組合第二次法案」が貴族院に提出される（第一次は明治二四年）。高野房太郎達が職工義友会を設立。片山潜、神田三崎町にキングスレー・ホールを開設。社会問題研究会設立（翌年解散）。	
一八九八	明治三一	幸助、兵庫県出獄人保護会を設立し顧問に就任、労働組合・期成会の演説会で片山・高野達と共に講演する、有馬四郎助に洗礼を授ける、内務省に板垣退助を訪問し監獄改良について意見を聴く、巣鴨監獄の教誨師に就任（典獄は有馬）、	内務省地方局、新設。後藤新平、「救済衛生制度ニ関スル意見」を提出。小河滋次郎、監獄局獄務課長、監獄局長事務取扱に就任、東京帝国大学法科大学と早稲田大学で監獄学を講義。	安部磯雄、片山潜達、社会主義研究会を創設。『国民之友』廃刊。内村鑑三、『東京独立雑誌』創刊。	キューリ夫人、ラジウムを発見。ビスマルク死去。

一八九九	明治三二	『慈善問題』を発表。幸助、社会学研究会に入会、霊南坂教会牧師辞任、警察監獄学校教授に就任、井上友一と知遇、妻・夏子、腹膜炎で入院、巣鴨家庭学校創設、社会学研究会で「死刑廃止論」を主唱。孫三郎、大原奨学貸資規則を発表、岡山孤児院の石井十次を初めて訪問。	武藤山治、鐘紡の支配人に就任。横山源之助『日本之下層社会』を発表。	農会法成立。	義和団事件発生。
一九〇〇	明治三三	幸助の妻、夏子、腹膜炎が再発し死去。幸助、生徒九五名と共に原胤昭の出獄人保護場を参観、内村鑑三の夏期講談会開設に助力し家庭学校を紹介、鉱毒調査有志会の会員に連署、内務省地方局事務取扱の嘱託に就任、各地への視察出張を開始する、貧民研究会を設立、『獄制沿革史』発表。	養育院感化部開部。山川均、不敬罪にとわれる。津田梅子、英学塾設立。救世軍、廃娼運動を展開。	感化法・精神病者監護法公布。産業組合法公布。治安警察法公布。社会主義研究会、社会主義協会に改称。立憲政友会結成。内村鑑三、『東京独立雑誌』を廃刊し、『聖書之研究』発刊。海老名弾正、『新人』発刊。大阪合同紡績設立。夏目漱石、英国留学。	
一九〇一	明治三四	幸助、寺尾きく子と再婚、『家庭学校』を発表、家庭学校内に慈善事業師範学校(師範部)開設。孫三郎、東京専門学校を退校、岡山孤児院の基本金管理者になる、石井寿恵子と結婚。	田中正造、天皇に直訴。東京市養育院月報創刊。福沢諭吉死去。中上川彦次郎死去。	安部磯雄、幸徳、片山、木下達が社会民主党を創立(即日禁止)。与謝野晶子、『みだれ髪』発表。植村正久と海老名弾正の神学論争始まる。内村鑑三、『無教会』発行。	英国、全労働衛生法規を統合し工場ワークショップ法へ。ノーベル賞設定。

一九〇二	明治三五	家庭学校失火（一二〇〇〜一三〇〇円の損害）、再建築、幸助、日本児童研究会協議会の発起人になる。倉敷紡績職工教育部設立。孫三郎、私立倉敷商業補習学校を設立し校長に就任。第一回倉敷日曜講演会開催。財団法人倉敷奨学会設立。孫三郎、備中連合教育会長に就任。	山路愛山、『信濃毎日新聞』で日曜講演会を勧奨。武藤山治、鐘紡内の生活条件改善に着手、兵庫工場内に乳児育児室を設置、幼年職工養成規則を作成。	日英同盟協約締結。	
一九〇三	明治三六	幸助、静岡の報徳社を視察、全国慈善事業家大会出席、日本慈善同盟会結成、渡米と渡欧。宮内庁、家庭学校に千円下賜。孫三郎、大原家所有田地の検分を開始する、岡山孤児院評議員に就任。	農商務省『職工事情』を出版。	内村鑑三、幸徳秋水、堺利彦、非戦論を唱えて万朝報を退社。堺、幸徳『平民新聞』を発刊（日露反戦を標榜）。東京市内に電車開通。早慶戦開始。	ライト兄弟、動力飛行機の初飛行に成功。スペンサー死去。
一九〇四	明治三七	幸助、帰国。警察監獄学校官制廃止。幸助、内務省地方局と宗教局の事務取扱嘱託に就任。幸助の父（金助）、死去。孫三郎、風邪から肋膜炎を罹病、入院、転地療養（明治三八年末まで）、家督を相続。	武藤山治、鐘紡で『女子の友』を発行、乳児の保育料を支給、職工福祉のための積立金を開始、鐘紡兵庫工場内に女学校を設立。	日露戦争開戦。肺結核予防令公布。与謝野晶子『明星』に「君死に給うことなかれ」を発表。木下尚江、『火の柱』、『良人の告白』を毎日新聞に連載、キリスト教的社会主義と非戦論を鼓吹。植村正久、東京神学社設立。	ベルギーのソルヴェー総合研究所創設。M・ウェーバー、『プロテスタンティズムの倫理と資本主義の精神』を発表。
一九〇五	明治三八	幸助、人道社を設立し、月刊『人道』を創刊、二宮翁	家庭学校のクリスマスで山路愛山が講演する。安部	ポーツマス講和会議開催。日比谷焼打事件。鉱業法公	マルクスの『剰余価値学説』（遺稿）発表

		五十年記念会の発起人となる。孫三郎、倉敷教会で溝手文太郎牧師から受洗、倉敷共和会長就任。	磯雄岡山教会牧師、毎週月曜日に倉敷で聖書講義開催。武藤山治、鐘紡共済組合設置、兵庫支店内に職工学校設置。アリス・アダムス、岡山に花畑施療所を開設。田口卯吉死去。	布（明治二五年の条例をより整備）。『平民新聞』廃刊。夏目漱石、『吾輩は猫である』を発表。	される。
一九〇六	明治三九	家庭学校、財団法人化（幸助、理事長に就任、校長と兼任）。孫三郎、倉敷町農会会長に就任、倉敷紡績の社長に就任。	岡山孤児院、大阪事務所設置。有馬四郎助、幼年保護会設立。武藤山治、鐘紡を退く。	韓国統監府設置。日本社会党結成。堺利彦、『社会主義研究』発刊。	
一九〇七	明治四〇	家庭学校、園芸部を開設。幸助、ブース大将歓迎会（渋沢栄一邸）の接待係になる、産業組合講習会講師嘱託、『二宮尊徳と其風化』、『二宮尊徳と剣持広吉』を発表。孫三郎、第一回大原家小作俵米品評会を開催、師団設置に反対して倉敷共和会長を辞任。	鐘紡兵庫病院完成。救世軍ブース大将来日。	足尾銅山でストライキ・暴動化。日本社会党に解散命令出される。加藤弘之、『我が国体と基督教』発表。	米国議会、日本移民制限法を可決。サンフランシスコで排日暴動発生。
一九〇八	明治四一	中央慈善協会発会式、幸助、評議員に就任（会長、渋沢栄一）。孫三郎、都窪郡農会副会長に就任。	山川均、赤旗事件で逮捕。武藤山治、鐘紡に再入社（専務取締役）。	監獄法公布。赤旗事件発生。戊申詔書発布。	
一九〇九	明治四二	家庭学校、西洋洗濯部を開設。家庭学校十周年。幸助、開場から一〇年を経た岡山孤児院の日向茶臼原	内務省主催第一回地方改良事業講習会開催。渋沢栄一、財界引退を発表。	新聞紙法公布。内務省、民間社会事業に国庫補助、職業紹介所設置のために六大都市へ補助金供与。賀川	ロンブローゾ死去。

一九一〇	明治四三	植民地を訪問。大原總一郎誕生。幸助、全国感化院長協議会に嘱託として出席、『社会と人道』を発表。孫三郎、第四回大原家小作俵米品評会時に大原奨農会を創設。孫三郎の父、孝四郎死去。	白瀬中尉達、南極探検へ出発（孫三郎支援）。	豊彦、神戸新川の貧民窟に移り住む。伊藤博文暗殺。韓国併合。農会法改正（中央農会としての帝国農会設立）。大逆事件によって幸徳秋水達検挙。	ミラノに職業病研究所設立。米国ハーバード大学に公衆衛生院創設。フロイト、『精神分析について』を発表。
一九一一	明治四四	幸助、恩賜財団済生会参事に就任。孫三郎、早稲田大学の労働問題調査会に対して資金援助・労働問題調査委託。	済生勅語。恩賜財団済生会設立。	工場法公布（施行は大正五年）。関税自主権回復。『青鞜』創刊。	F・W・テイラー『科学的管理の原則』を発表。米、カリフォルニアで排日運動発生。
一九一二	明治四五 大正元		福本誠（福岡県選出の衆議院議員）、養老法案提出（未決）。大井上輝前死去。	内務大臣、三教会同主催。渋沢栄一達、帰一協会設立。憲政擁護運動発生。鈴木文治達、友愛会設立。	F・W・テイラー、米国下院の特別委員会に喚問。中華民国成立。ブース大将死去。
一九一三	大正二	幸助、北海道の農場払下げ予定地を訪問、北海道庁より北見の社名淵に一、〇五〇町歩の土地払下げを受ける。孫三郎、三重県地主懇談会で小作金納制を主張。	大久保利武大阪府知事、小河滋次郎を嘱託として救済事業研究会を結成。児島虎次郎と石井友子（石井十次の長女）結婚。		独で労働生理学研究所設立。ウィルソン、米国大統領に就任。
一九一四	大正三	幸助、内務省嘱託を辞任、北海道の農場開場式を挙行。孫三郎、岡山孤児院長に就任、大原奨農会（財）化。倉敷日曜講演会（明治	石井十次死去。第一回全国仏教徒社会事業大会開催。	大阪紡績と三重紡績が合併して東洋紡績設立。賀川豊彦、渡米。	第一次世界大戦開戦。

一九一五	大正四	三五年スタート）終幕。幸助、藍綬褒章を受ける。	福原義柄（府立大阪医科大）『社会衛生学』刊行（日本初の〝社会衛生学〟というタイトル）。	中国に二一ヶ条の要求を提示。	F・W・テイラー死去。
一九一六	大正五	幸助、肺炎を罹病、小田原へ転地療養、静養後快方へ、北海道社名淵分校で冬期学校を開催。	内務省内に保健衛生調査会設置される（暉峻義等も参加）。河上肇『貧乏物語』を連載。	工場法施行。簡易生命保険法公布。大隈重信襲撃される。吉野作造、民本主義提唱。夏目漱石、加藤弘之死去。	
一九一七	大正六		内務省地方局に救護課新設。笠井信一岡山県知事、済生顧問制度を創設。山路愛山死去。	金本位制停止。明治三三年の産業組合法改正。国立感化院令公布。軍事救護法制定。賀川豊彦、帰国。	ロシア革命。
一九一八	大正七	幸助、満蒙へ視察旅行。孫三郎、米廉売資金を町に寄付。財団法人石井記念愛染園開園式。	米騒動勃発。大阪で方面委員制度開始。暉峻義等、細民長屋調査実施。東大に新人会設立。	武者小路実篤、宮崎・日向にユートピア共同体建設。自作農創設維持政策開始。尼崎紡績と摂津紡績が合併して大日本紡績設立。	英国で産業疲労リサーチ委員会設置。シベリア出兵。
一九一九	大正八	家庭学校創立二〇周年。内務省訓令で民力涵養運動が示され、幸助、講師を委嘱され各地で講演する。孫三郎、岡山孤児院長辞任、大原社会問題研究所と大原救済事業研究所を設立、後に両研究所が合併して大原社会問題研究所に。さつき会設立（孫三郎夫人が会長に就任）。	内務省地方局救護課が社会課に改称。武藤山治、第一回国際労働会議に出席（米国ワシントン）。河上肇、「社会主義者としてのゼー・エス・ミル」、「ミルと労働問題」を発表、『社会問題研究』発刊。井上友一死去。	渋沢栄一達、協調会設立。友愛会、日本労働総同盟友愛会に改称。野口英世、黄熱病原体発見。	パリで社会衛生研究所設立。米国、リー教授、『人間機械と産業能率』を発表。独、ワイマール憲法発布。F・リスト死去。R・ルクセンブルク暗殺。

一九二〇	大正九	幸助、石井十次六周年記念会に招かれ日向茶臼原に滞在。孫三郎、岡山県農会初代民間会長に就任、暉峻義等と共に予告なしで深夜に倉敷紡績工場を見学。	内務省地方局社会課が社会局となる。暉峻義等、テーラー・システムを批判。森戸事件発生。大塚素死去。	第一回メーデー開催。国立栄養研究所設置。戦後大恐慌、小作争議頻発。賀川豊彦、『死線を越えて』を発表。	国際連盟発足。ヒトラー、ドイツ国民社会主義労働党を結党。M・ウェーバー死去。
一九二一	大正一〇	幸助、大阪府社会課の小河を訪問。大原社会問題研究所の医学的労働研究部門が独立して、倉敷労働科学研究所が設立される。	武藤山治、鐘紡社長に就任。	職業紹介法公布。米穀法制定（米価安定のため）。原敬、安田善次郎暗殺。	日英同盟廃棄。中国共産党成立。
一九二二	大正一一	幸助、免囚保護調査委員を務める、徳富蘇峰夫妻を北海道分校に案内する。伏見宮、家庭学校視察。	労働行政が農務省から内務省社会局へ移管。江原素六、大隈重信、森鴎外、山県有朋死去。	健康保険法公布。少年法、矯正院法公布。日本共産党、結成（非合法）。アインシュタイン、来日。	ガンジー、投獄。ムッソリーニ、首相に就任。
一九二三	大正一二	幸助、家庭学校茅ヶ崎分校を開校、感化教育会副会長に就任、茅ヶ崎分校が関東大震災により崩壊（保母長、神代すみ子、圧死）、借入金返済のため本校の土地一部（六〇〇坪）売却。倉紡中央病院（後に倉敷中央病院と改称）の開院式。	田崎健作牧師、倉敷教会に赴任。武藤山治、大阪に実業同志会創立。	少年法・矯正院法施行。関東大震災。賀川豊彦、神戸の新川より東京に移転。	
一九二四	大正一三	幸助、満州・朝鮮半島方面へ巡察。北海道家庭学校創立十周年記念、巣鴨家庭学校創立二十五周年記念講演会（札幌）開催（牧野英	牧野英一、北海道家庭学校を訪問、「最後の一人の生存権」講義を行う。武藤山治衆議院議員に初当選。	メートル法施行。日本フェビアン協会設立。東大セツルメント開設。	米国上下院、日本人移民排斥法可決。レーニン死去。

一九二五	大正一四	一・山室軍平、講演）。倉敷労働科学研究所、機関誌『労働科学』を発刊。若槻内相、家庭学校視察。内務大臣、人道社に助成金。茅ヶ崎分校落成・開校式。孫三郎、岡山県農会会長辞任。孫三郎の母、恵以死去。さつき会、若竹の園開園（孫三郎夫人が園長に就任）。	細井和喜蔵、『女工哀史』発表。小河滋次郎、植村正久死去。	治安維持法・普通選挙法公布。	ヒトラー、『わが闘争』を発表。
一九二六	大正一五 昭和元	幸助、社会事業調査会臨時嘱託に就任。孫三郎、岡山孤児院解散を発表、倉敷絹織株式会社社長に就任。	内務省社会局官制改正（労働部・保険部・社会部）。日向茶臼原にて石井十次胸像除幕式開催。	川端康成、『伊豆の踊り子』を発表。	
一九二七	昭和二	幸助、審判所少年保護司嘱託に就任、高田慎吾追悼会（新宿）に出席、横井時雄追悼会（同志社クラブ）に出席、軽度の脳溢血を発症。倉敷紡績、輸出不振・創業初の欠損を計上、倉紡中央病院独立（倉敷中央病院に改称）。	山室軍平、北海道家庭学校を訪問。高田慎吾、横井時雄、徳富蘆花死去。	株式暴落・恐慌状態。岩波文庫刊行。	ハイデッガー、『存在と時間』を発表。
一九二八	昭和三	幸助、箱根で静養、徳富蘇峰が見舞に訪れる。	武藤山治、衆議院議員二回目当選。河上肇、左翼教授として京大を追われる。	普通選挙法による初の総選挙実施。三・一五事件（共産党関係者大量検挙）。治安維持法改正、死刑追加。日本商工会議所設立。	張作霖、爆殺。
一九二九	昭和四	孫三郎、倉敷商工会議所初	後藤新平、児島虎次郎、津	救護法公布。大山郁夫達、	

		代会頭に就任。	田梅子死去。	労農党結成。島崎藤村、『夜明け前』、小林多喜二、『蟹工船』を発表。	
一九三〇	昭和五	幸助、北海道家庭学校・農場の一群会機関誌『一群』創刊。労働科学研究所、孫三郎の個人経営に移る。孫三郎夫人、寿恵子死去。大原美術館開館。孫三郎、勲三等瑞宝章、紺綬褒賞飾版授与、中国銀行頭取就任。倉敷労働科学研究所、「補償体操」を提案。	床次竹次郎、北海道家庭学校を訪問。武藤山治、鐘紡社長を辞任、衆議院議員三回目当選。内村鑑三死去。	金輸出解禁実施。ロンドン軍縮条約に調印。日本共産党検挙。浜口雄幸、狙撃される。	インドのガンジー達の不服従運動激化。
一九三一	昭和六	幸助、徳富蘇峰と会談中に脳溢血再発。	渋沢栄一死去。	満州事変発生。金輸出再禁止。労働者災害扶助法施行。東洋紡績、大阪合同紡績を合併。野坂参三ソ連へ亡命。小林秀雄、『文芸評論』発表。	
一九三二	昭和七	幸助、歩行訓練開始、家庭学校を去って転地療養、借入金返済のため家庭学校本校の土地（二、〇〇〇坪）をガン研に売却。倉敷労働科学研究所、女性労働者の妊娠保護に関して提案。	武藤山治、衆議院議員に立候補せず、時事新報社の経営担当者を引受ける。河上肇、共産党に入党。	五・一五事件で犬養毅暗殺。井上準之助、団琢磨暗殺。矢内原忠雄、『マルクス主義とキリスト教』発表。	独でナチスが第一党化。米国、日本の満州侵略不承認。ベルグソン、『道徳と宗教の二源泉』を発表。
一九三三	昭和八	幸助、友人達から新居（鳥山）を寄贈される、きく子夫人死去、家庭学校名誉校長に推挙される、『留岡幸	少年救護法公布（感化院は教護院に改称）。河上肇、検挙される。新渡戸稲造、カナダで死去。吉野作造死	日本、国際連盟を脱退。小林多喜二、獄死。宮沢賢治、死去。	ルーズベルト、米国大統領就任、ニューディール政策開始。

		助君古稀記念集』贈呈式が挙行されるが欠席。	去。		
一九三四	昭和九	幸助、容体急変、有馬四郎助が見舞に訪問、その直後、有馬四郎助死去、その翌朝、**幸助死去**。	大原總一郎結婚。岡山石井記念協会発会式挙行（徳富蘇峰・山室軍平、講演）。武藤山治暗殺。櫛田民蔵死去。	帝国人絹疑獄事件発生。芥川賞・直木賞設定。	ヒトラー、総統に就任。
一九三五	昭和一〇	巣鴨家庭学校の残りの土地全て、ガン研に売却される。孫三郎、中国レーヨン社長に就任。	林源十郎死去。	美濃部達吉の「天皇機関説」が問題化。賀川豊彦、米国務省に招かれ、協同組合について指導。坪内逍遥死去。	独、再軍備宣言。
一九三六	昭和一一	倉敷労働科学研究所が解散・独立。		二・二六事件発生。メーデー禁止される。矢内原忠雄、『民族と平和』を発表。	独、ラインラント進駐。ミッチェル、『風と共に去りぬ』を発表。
一九三七	昭和一二	大原社会問題研究所、東京へ移転。倉敷労働科学研究所、東京へ移転（財団法人労働科学研究所として再出発）。	海老名弾正、木下尚江死去。	日中戦争勃発。日独伊三国防共協定調印。保健所法公布・保健所設置。志賀直哉、『暗夜行路』、川端康成、『雪国』を発表。矢内原忠雄、東大を追われる。	
一九三八	昭和一三		厚生省新設。小崎弘道、死去。	国家総動員法公布。日ソ停戦協定成立。国民健康保険法公布。	独、オーストリア併合。
一九三九	昭和一四	孫三郎、倉敷紡績・倉敷絹織の社長辞任。		ノモンハン事件発生。九鬼周造、『人間と実存』を発表。	独、チェコ併合。独ソ不可侵条約調印。独、ポーランド侵入。第二次世界大戦開戦。
一九四〇	昭和一五	孫三郎、学術振興功労者と	山室軍平、死去。	日独伊三国同盟調印。大政	英、チャーチル内閣

		して文部大臣より表彰される。		翼賛会結成。大日本産業報国会発会。全国に隣組作成される。津田左右吉、不敬罪で起訴。賀川豊彦、反戦論の疑いで憲兵隊に拘引。	成立。仏、独に降伏。毛沢東、『新民主主義論』を発表。トロツキー暗殺。ヘミングウェー、『誰がために鐘は鳴る』を発表。
一九四一	昭和一六			日独伊防共協定五ヶ年延長。御前会議で米英蘭との開戦決定、真珠湾を攻撃、米英に宣戦布告。小学校を国民学校と改称。ゾルゲ事件発生。関門トンネル開通。	米国、日本人資産を凍結。独伊、対米宣戦布告。
一九四二	昭和一七			日独伊軍事協定調印。翼賛政治会発足。与謝野晶子、死去。南原繁、『国家と宗教』を発表。	ガンジー、ネール他逮捕される。シュンペーター、『資本主義、社会主義、民主主義』を発表。
一九四三	昭和一八	**孫三郎死去**、正五位に叙せられる。		日独伊経済協定調印。	伊、無条件降伏。
一九四四	昭和一九			『中央公論』、『改造』に廃刊勧告出される。	連合軍、ノルマンディー上陸。
一九四五	昭和二〇		浮田和民死去。	三国同盟失効。東京大空襲。広島・長崎に原爆投下。条件付きでポツダム宣言を受諾、天皇放送。	ソ連、日ソ中立条約の不延長を通告。ローズヴェルト米国大統領、急死。伊、ムッソリーニ逮捕・虐殺。独、ヒトラー自殺。独、無条件降伏。ソ連、日本に宣戦布告・侵攻開始。

ら　行

わ　行

な 行

は 行

ま 行

や 行

さ　行

た　行

人名索引

あ 行

か 行

著者紹介

兼田麗子（かねだ・れいこ）

1964年静岡県生まれ。1966年より横浜市在住。現在、早稲田大学大学院社会科学研究科博士後期課程在学中。専攻、政治・社会思想。所属、政治思想学会、経済社会学会。修士論文「21世紀の日本の高齢者福祉——健康価値論からみたＮＰＯの役割、あるＮＰＯの事例研究を中心にして」。主要論文「留岡幸助の報徳思想と地方改良運動」、「留岡幸助とロバート・オウエン——北海道家庭学校とニュー・ハーモニー」、「大原孫三郎と倉敷労働科学研究所」、「渋沢栄一と大原孫三郎」を基に本書をまとめる。

福祉実践《ふくしじっせん》にかけた先駆者《せんくしゃ》たち
——留岡幸助《とめおかこうすけ》と大原孫三郎《おおはらまごさぶろう》——

2003年10月30日　初版第１刷発行©

著　者　兼　田　麗　子
発行者　藤　原　良　雄
発行所　株式会社　藤原書店
〒162-0041　東京都新宿区早稲田鶴巻町523
TEL　03（5272）0301
FAX　03（5272）0450
振替　00160-4-17013
印刷・製本　図書印刷

Printed in Japan
ISBN4-89434-359-2